汽车先进技术译丛

电动车辆的驱动

——使用总成本、能量效率、二氧化碳排放和顾客使用

[德] 丹尼·克莱恩贝格 (Danny Kreyenberg) 著
周 苏 译

机 械 工 业 出 版 社

本书通过对电动车辆技术的发展情况、可选择动力驱动的成本分析、生态平衡、顾客应用及车型开发与评价方面的描述，使读者对电动车辆的行业发展及技术状况有更全面的了解，能够更理性地应对电动车辆发展的热潮。

本书适合汽车专业师生，特别是可选择动力驱动、电动汽车及可再生电能方向的师生阅读使用，也可供政府及行业管理者、关注焦点在电动车辆上的企业领导阅读参考。

图书在版编目（CIP）数据

电动车辆的驱动：使用总成本、能量效率、二氧化碳排放和顾客使用/（德）丹尼·克莱恩贝格著；周苏译. —北京：机械工业出版社，2019. 3

（汽车先进技术译丛）

ISBN 978-7-111-62017-4

Ⅰ. ①电…　Ⅱ. ①丹…　②周…　Ⅲ. ①电动汽车 – 研究　Ⅳ. ①U469. 72

中国版本图书馆 CIP 数据核字（2019）第 028405 号

机械工业出版社（北京市百万庄大街 22 号　邮政编码 100037）

策划编辑：孙　鹏　责任编辑：孙　鹏

责任校对：陈　越　责任印制：郜　敏

北京圣夫亚美印刷有限公司印刷

2019 年 3 月第 1 版第 1 次印刷

169mm × 239mm · 13. 75 印张 · 2 插页 · 263 千字

0 001—2 500 册

标准书号：ISBN 978 - 7 - 111 - 62017 - 4

定价：89. 00 元

凡购本书，如有缺页、倒页、脱页，由本社发行部调换

电话服务

服务咨询热线：010 – 88361066

读者购书热线：010 – 68326294

网络服务

机 工 官 网：www. cmpbook. com

机 工 官 博：weibo. com/cmp1952

金 书 网：www. golden – book. com

教育服务网：www. cmpedu. com

封面无防伪标均为盗版

作者序言

本书的主要内容是作者的博士论文，涉及作者作为博士生在戴姆勒公司（位于 Kirchheim/Teck 市）参与新型车辆驱动战略能源项目和市场化所作的工作，以及作为研究人员在德国航天航空中心柏林交通研究所从事的相关工作。完成之际，我谨以最诚挚的心情向所有帮助和支持我工作的老师和同事们表示感谢！

首先，特别感谢我的博士生导师 Martin Wietschel 教授。从选题、具体内容直至最终定稿，Wietschel 教授始终以其深刻的洞见给予我充分的指导。同时，感谢 Ulrich Wagner 教授作为第二审稿专家和 Hagen Lindstädt 教授作为答辩专家对我的论文工作提出的宝贵意见。

在此，尤其感谢戴姆勒公司的企业导师 Jörg Wind 博士，使我能够接触到许多与本书相关的、重要且尚未研究的领域。同时，还要感谢戴姆勒公司我的上级、同事和同学们，与他们的讨论使我受益匪浅，一些相关的思路、灵感也为本书的结构和分析内容奠定了基础。感谢你们，Peter Fröschle 先生和您部门的各位同事，戴姆勒交通研究部门的 Stefan Gnutzmann 博士，德国电池公司的 Axel Kümmel 先生，还有我的同学们 Thomas Mayer、Fabian Israel、Gerardo Rodriguez Martinez、Dirk Christa、Florian Kleiner 和 Selcuk Yurt，本书涉及的工作离不开你们的帮助和支持。

特别感谢 Albstadt - Sigmaringen 大学 Frank Braun 教授，您专业的指导建议非常有助于本书涉及的双因素经验曲线改善工作。感谢 Bernd Höhlein 博士应用 Optiresource 程序对我相关学术杂志论文/会议论文的支持和帮助，以及与我进行的大量涉及能源系统分析的讨论。还要感谢 imug 公司和 Jan Devries、Alexandre Fuljahn 等同事对 408 名可替代驱动技术汽车潜在顾客所进行的问卷调查以及相应的联合分析。

本书涉及的研究工作源自“联邦政府交通及燃料策略项目（Mobilitäts - und Kraftstoffstrategie der Bundesregierung，项目号：Z14/SeV/288. 3/1179/UI40）”和“电驱动关键技术项目（Schlüsseltechnologien für die Elektromobilität，项目号：13N11855）”。因此，特别感谢德国联邦交通及数字基础设施部（BMVI）以及德国联邦教育和研究部（BMBF）对以上项目的资助。

最后，感谢我的家人长期以来对我的无条件支持和理解！

Danny Kreyenberg

全书摘要

目前，对可替代驱动技术汽车应用的讨论和分析主要集中在环境和气候保护，以及技术和经济的可行性方面。然而，除了这些方面，客户接受度也是影响可替代驱动技术汽车市场化成功与否的一个重要因素。就目前的市场发展状况而言，如果缺少政府的扶持和资助，那么德国联邦政府提出的目标，即至2020年德国将有一百万辆可替代驱动技术汽车，将无法实现。

本书涉及的研究工作，旨在研究和发现2010—2030年德国可替代驱动技术汽车可持续发展最重要的经济和生态影响因素。对此，本书首先对国家有关可替代驱动技术汽车的扶持政策（法律和财政措施）进行了概述。这些政策的影响和效果相当复杂，对此的研究尚浅，尤其是对不同客户群（私家车或公务车使用者）的影响和效果的研究更少。本书的研究对象集中在德国的私家车客户群。通过对408名受访者的问卷调查，采用联合分析法，确定购买一辆中级轿车时这些受访者的客户偏好。此外，本书还借助一种新的双因素经验曲线，研究实现电池和燃料电池极具挑战性的目标成本的条件。

联合分析的结果显示，不同私人客户对一辆轿车的要求大同小异。对私人客户而言，可替代驱动技术汽车的缺点如售价高、续驶里程数短、充电时间长的影响依然大于其优点如加速性能好、排放少和使用成本低。双因素经验曲线分析结果预测，在欧洲销售量如果达到10万辆，那么插电式混合动力汽车、增程式电动汽车和燃料电池汽车的价格会明显下降。因此，整车厂、零配件供应商在初期通过相互合作有可能加快成本降低。本书对可替代驱动技术汽车的环境影响分析表明，其全生命周期CO_2排放平衡主要取决于使用阶段。因此，按行驶里程数150000km/车计算，使用可再生能源生产的电力或氢气，纯电动汽车、增程式电动汽车和燃料电池汽车在生产、使用和回收过程中产生的CO_2排放总量可以比汽油发动机汽车减少近2/3。

本书提出的愿景模型（TECK模型）可以通过总持有成本（TCO）、能源效率、CO_2排放和客户价值（或客户偏好）这四个评估参数对不同的可替代驱动技术汽车进行研究。TECK模型基于针对汽车开发以及外部条件的可置信的、合理的假设。该模型首先可以帮助汽车制造商在研发开始之前模拟各种驱动技术方案可能产生的环境和客户影响。本书介绍了TECK模型的一个应用案例，即模拟提高可替代驱动技术汽车客户接受度的不同影响因素（或举措）的作用。TECK模型分析表明，任何单独一种影响因素（电池能量密度翻倍、电池成本减半、燃料价格翻倍、快速充电/加氢设施完善和5000欧元购置补贴）都无法明显提高2015年市场已有插电式混合动力汽车、增程式电动汽车和燃料电池汽车的客户偏好。因此，这些推进举措必须组合实施，必要时还须考虑实施的先后顺序。混合动力和插电式混合动力技术能够以较低成本与现有的内燃机驱动技术结合起来，取长补短，一开始就具有很高的客户偏好。此外，它们能够明显降低能耗和CO_2排放，且不需要额外的公共充电/加氢基础设施。因此，此类驱动技术汽车在近期最具吸引力和市场发展潜力。

目 录

作者序言

全书摘要

第1章 引言……………………… 1

1.1 动机 ……………………… 1

1.2 目标 ……………………… 2

1.3 方法 ……………………… 3

1.4 注释 ……………………… 6

第2章 研究范围和车辆技术……… 7

2.1 影响可替代和传统驱动的外部因素 ……………………… 7

2.2 德国轿车市场 ……………… 20

2.3 可替代驱动技术和传统驱动技术……………………… 25

2.4 研究问题的总结和讨论 ……… 39

2.5 注释 ……………………… 40

第3章 可替代驱动技术的成本分析 ……………………… 48

3.1 汽车使用的成本组成 ………… 48

3.2 借助双因素经验曲线的成本预测……………………… 63

3.3 可替代驱动技术汽车的TCO分析……………………… 82

3.4 研究问题的总结和讨论 ……… 92

3.5 注释 ……………………… 94

第4章 可替代驱动技术的生态平衡分析 ……………………… 98

4.1 可替代驱动技术生态平衡分析的理论基础……………………… 98

4.2 燃料生产的能耗和 CO_2 排放WtT分析 ……………………… 108

4.3 车载能耗和 CO_2 排放TtW分析 ……………………… 113

4.4 可替代驱动技术汽车的WtW分析 ……………………… 126

4.5 研究问题的总结和讨论 ……… 132

4.6 注释 ……………………… 134

第5章 可替代驱动技术的客户偏好分析……………………… 139

5.1 客户偏好测定的理论基础 …… 139

5.2 联合分析 ………………… 144

5.3 可替代驱动技术的客户偏好确定 ……………………… 152

5.4 研究问题的总结和讨论 ……… 154

5.5 注释 ……………………… 155

第6章 建模和模型输出结果评估……………………… 158

6.1 建模 ……………………… 158

6.2 模型应用 ………………… 162

6.3 模型输出结果 ……………… 169

6.4 研究问题的总结和讨论 ……… 178

6.5 注释 ……………………… 180

第7章 总结、结论和展望……… 182

7.1 总结与结论 ………………… 182

7.2 展望 ……………………… 188

7.3 注释 ……………………… 189

附录……………………… 191

参考文献……………………… 200

第1章 引　　言

1.1 动机

气候变化，人类的饮用水、食物、能源和交通，社会公正和生物多样性维系，这些问题是目前人类面临的全球性挑战[注1]。

这些挑战的主要部分来源于人类文明中尚不可持续的能源使用。人类社会利用能源的主要形式是热和光，用于实现工艺过程或发电。另外，我们需要能源以做功的形式驱动交通和运输工具（如轿车、货车、摩托车、巴士、有轨车辆、飞机和船舶等）以及驱动机器[注2]。能源必有其相应的载体，可划分为初级能源载体和次级能源载体。化石能源载体（如石油、天然气和煤炭等）、核燃料（如铀和钚）和生物质是初级能源载体。次级能源载体需通过转化过程获取，如石油残油液、汽油、柴油、煤油、乙醇和氢气等。开采和使用上述初级能源载体从两方面看会带来负面影响。首先，初级能源载体消耗远比其形成的速度快。其次，初级能源载体的转化与使用是通过燃烧实现的，会释放大量的温室气体和有害物质[注3]。

在节能减排领域，从环境和气候保护的角度，同时也从技术和经济可行性的角度来看，目前人们针对可替代驱动的应用正进行着深入的讨论。本书涉及的可替代驱动技术包括混合动力汽车（HEV）、插电式混合动力汽车（PHEV）、增程式电动汽车（REEV）、电池驱动电动汽车（BEV）和燃料电池电动汽车(FCEV)。这些汽车驱动形式的一大优势在于[注4]纯电动运行模式下无温室气体排放和有害物质排放。然而，交通可持续发展的前提是发电和制取氢气应该来自可再生能源。在一个更广泛的意义下，也就是在生态循环的框架下[注5]，还必须考虑生产和回收车辆时附带产生的能量消耗和排放，并将它们列入能量平衡和污染物平衡之中。

除了生态环保之外，用户接受度也是可替代驱动技术成功实现市场化的一个重要因素。德国轿车市场经过数十年的发展之后呈现出非常多样化的局面。50家汽车制造厂商目前可以为德国的客户提供超过8200种不同的基本车辆驱动方式组合【注6】。客户不仅可以选择制造商和车辆的驱动方式，还可以从很多的配置和颜色中选择自己心仪的款式。每个客户的个性化选择取决于各种需求和动机【注7】。什么是客户在选择某一种可替代驱动技术时考虑的重要因素，这方面的研究还刚刚起步。当前的研究表明，电池驱动的技术特性如充电时间和行驶里程数是非常重要的因素。此外，基础设施如充电桩或加氢站的可用性在客户购买决策中也具有重要作用【注8】。一种新技术要实现市场化，还必须给客户提供优于现有技术的某些特性。电驱动的驾驶体验和实现几乎零排放交通的可能性无疑是电驱动技术的优点。

上述提及的因素在可替代驱动技术领域中比在简单的汽车制造商-用户关系中要复杂得多。更进一步的其他影响因素还包括社会、供应商和竞争对手、立法、能源供应商和气候变化等【注9】。因此，近年来全世界范围内在可替代驱动技术领域发表了大量的研究结果，对其技术、生态和经济的潜力以及市场进行评估。研究基于不同车型设计，从理论和实践两方面对不同的可替代驱动系统进行比较、评估，并预测这些系统各自的技术和商业化发展趋势，呈现出特有的多样性和复杂性。这样的研究可以建立尚为新兴的可替代驱动领域中技术、生态、成本和用户需求之间的相互作用关系，继而采用敏感性分析对这些相互作用关系进行研究。只有如此，才能得到系统的、可靠的实施建议，以供工业界、政府和社会参考。因此，这类研究虽然非常困难，但又是十分必要的。

1.2 目标

针对从德国引入的可替代驱动技术汽车（也称为电动汽车），本书主要涉及以下三个问题：①引入该项技术在经济和生态上是否具有可持续性？②是否经济？③能够满足用户什么需求？

更详细地讲，本书的目的在于辨识和甄别从2010—2030年德国电动汽车经济和生态可持续发展的推动因素。书中尤其关注的是新技术成本下降的原因和影响，因为新型车辆驱动技术的价格可承受性对其进入市场可能具有积极的影响。此外，根据统计调查问卷的结果，本书给出了用户对可替代驱动技术（尤其是对其局限性）的接受度。书中还给出了大量的动力系统分析案例，介绍了在德国动力系统中常用的各种可替代驱动技术和燃料选项。图1展示了本书涉及的重点研究问题、知识关注点和研究方法。

本书涉及的学术重点是，提出和应用一种能够评估可替代驱动技术颇具挑战性目标成本的方法。另外，基于已有信息（数据），采用拓展的双因素经验曲线对电动汽车关键技术的案例进行估计、分析。书中还提出了一种方法，用于客观测量和评估不同种类可替代驱动系统的用户偏好。

本书是作者博士论文的成果，建立了一个能够描述所考虑系统复杂性的模型，并且借助这个模型解答图1所列出的重点研究问题。针对不同种类可替代驱动技术，该模型给出了评估指标中的重要信息，如总持有成本（TCO）、能源利用效率、二氧化碳排放量和私家车车主的客户偏好。书中的分析采用了德国汽车市场至2013年的真实数据和至2030年的预测数据。该模型也可以用于其他类型的销售市场分析。但该模型不是量产销售模型【注10】，不适于分析德国或其他市场的可替代驱动汽车客户购买行为。本书的模型不能计算可替代驱动技术汽车的销售预测和市场走向，但是所涉及的基础理论和方法可以作为未来量产销售模型的输入。

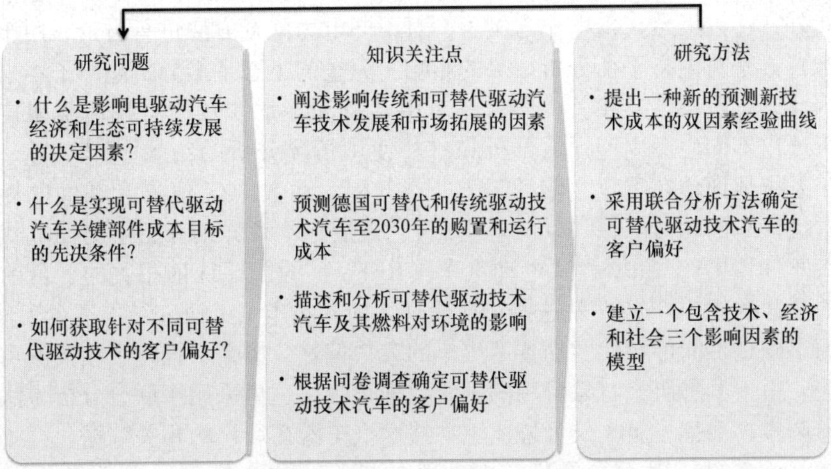

图1　重点研究问题、知识关注点和研究方法

1.3　方法

本书由第1章引言、第2章至第6章及第7章结论构成。第1章介绍全书涉及的研究框架，中间五章是本书的主要内容，最后一章总结本书所涉及的研究工作获得的核心知识，并给出了未来进一步研究的展望。第2章至第6章的开篇都有一段文字定义该章涉及的研究问题，同时每章都会给出相应的最新研究成果概述。此外，每章也安排了相应内容，对可用于这些问题的潜在方法和数据进行分析并展开相关的讨论。这五章的章尾都有一个研究结果的总结以及针对章首提出问题的解答。

第1章引言描述本书的撰写动机、目标和方法。

第2章对本书的研究框架给出了定义，介绍影响传统和可替代驱动技术汽车的外部因素【注11】，并对这些外部影响因素与本书涉及的技术评估之间的关联进行了讨论。这里主要讨论的是德国轿车市场。此外，本章详细描述了可替代驱动汽车及其关键技术。这些内容是后续章节分析可替代驱动技术汽车的经济性和生态性的基础。最后，在整车和零部件两个层面上进行了相应的系统比较。

第 3 章涉及两个方面的内容。其中一个内容是回答可替代驱动技术汽车的零部件目标成本是否以及在怎样的条件下能够实现的问题。为此选择电池和燃料电池堆作为电动汽车的关键零部件技术，采用新的双因素经验曲线进行研究。另一个内容是对不同的可替代驱动技术汽车，进行直至 2030 年的总持有成本（TCO）分析。这里特别关注了汽车的贬值损失问题。

第 4 章介绍必要的相关理论基础，用于可替代驱动技术汽车的生态平衡分析。此外，还以天然气发电作为例子，对不同电力配置方法进行讨论，用于评估不同配置方法对生态平衡分析结果的影响。完整的生态平衡分析超出了本书的框架，因此，本章不涉及相关内容。针对第 2 章和本章涉及的可替代驱动技术汽车，将给出不同生命周期评估分析和材料使用情况分析的结果【注12】。另一个重点在于系统地评估在重量、滚动阻力、空气阻力系数（C_w值）和辅助电耗的影响下电动汽车的动力电耗（动力电负载）。最后，本章详细介绍了与插电式混合动力汽车（PHEV）和增程式电动汽车（REEV）的能耗认证相关的、目前尚有争议的法律法规【注13】，并就这些法律法规如何影响本书的研究结果进行了讨论。

为了确定不同可替代驱动技术汽车的客户偏好，第 5 章描述了相关的可能性和方法。由于本书研究对象可用的试验数据很少，这里采用了联合分析方法，通过问卷调查，采集了 408 位可替代驱动技术汽车潜在用户的相关数据。

第 6 章介绍了用于本书研究而开发的模型。这个模型以前面章节引入的 TCO、能源效率、二氧化碳排放和客户偏好等作为输入量。模型的输出描述了这些输入量的组合影响并考虑了这些影响参数的相互作用。

第 7 章重温了图 1 中的重点研究问题，并根据前面章节介绍的内容对这些问题予以解答。此外，对本书涉及领域的未来研究课题和更深入的研究内容，本章也给出了相应的展望。

图 2 列出了本书所用的主要数据库。本书的研究分析将采用其中的数据，也就是说，这些数据经专门整理后以合适的形式作为输入，用于相应的理论方法（如双因素经验曲线方法和联合分析方法）。理论方法得到的结果和数据库中经处理后的数据共同作为第 6 章中 TECK 模型的输入。与理论方法和数据库相关的准确的计算步骤将会在相应的章节中予以详细描述，图 2 仅作为框架信息便于读者了解全书的内容。

本书的部分内容源于之前已经发表的论文，是作者同戴姆勒股份公司和德国航空航天中心科研合作的结晶。表 1 详细列出了本书相关内容与已发表论文之间的关系。此外，在书中对应文字处也注明了引用文献。

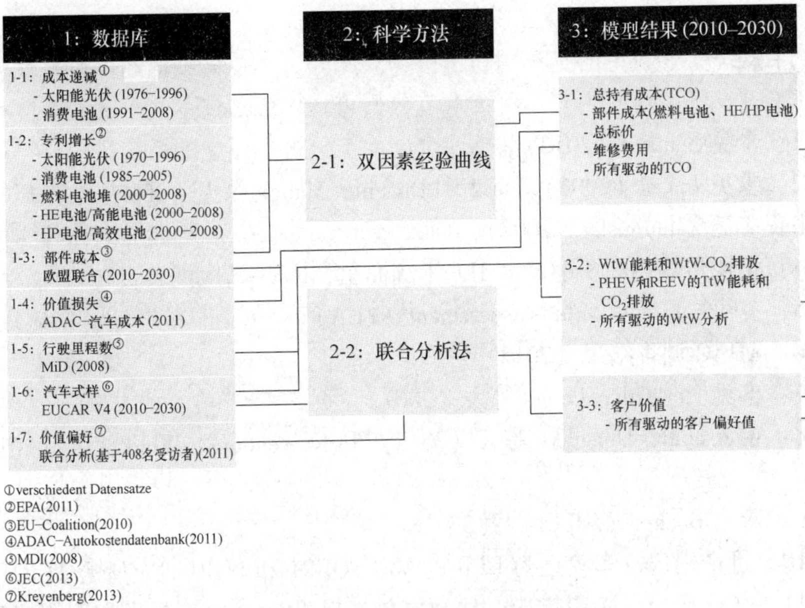

图2 本书涉及的主要数据库和研究方法

表1 已发表的本书部分内容

文中所在位置	作者	出版物	采用情况
第2章：2.1.2、2.1.3、2.3	Kreyenberg和Lischke等人（2015）	Erneuerbare Energien im Verkehr：Potenziale und Entwicklungsperspektiven verschiedener Erneuerbarer Energieträger und Energieverbrauch der Verkehrsträger，Studie für das BMVI	该章节的部分内容参考出版物，所使用内容具有独立版权。经共同作者审阅
第2章：2.4	Propf和Kreyenberg等人（2013）	Market penetration analysis of electric vehicles in the German passenger car market towards 2030，in International Journcl of Hydrogen Energy	结果参考出版物，未直接摘选出版物中的原文
第3章：3.2	Mayer和Kreyenberg等人（2012）	Feasibility study of 2020 target costs for PEM fuel cells and lithium – ion batteries：A two – factor experience curve approach，in International Journal of Hydrogen Energy	该章节的部分内容参考出版物，不具有独立版权
第4章：4.2.2	Kreyenberg和Wind（2012）	Erneuerbare Energien für die Mobilität，Konferenzbeitrog ouf dem 5. Deutschen Wasserstoff Congress in Berlin	图表参考出版物。具有独立版权。经LBST公司审阅
第4章：4.1.4 第2章：2.1	DLR和Wuppertal研究所（2015）	Beglei：forschung zu Technologien，Perspektiven und Ökobilanzen der Elektromobilität im Rahmen der Förderung des Themenfeldes "Schlüsseltechnologien für die Elektromobilität（STROM）" Studie für das BMBF	该章节的部分内容借鉴出版物。所使用内容具有独立版权。经共同作者审阅
第5章：5.3	Kreyenberg和Wind等人（2013）	Bewertung des Kundennutzens von Elektrofahrzeugen，in ATZ journal	所使用内容具有独立版权。经共同作者审阅

注：完整的文献信息见文献目录。

1.4 注释

注 1：参见 Sentker（2012）

注 2：参见 Lucas（2006），页 2 和 Duschl，Mauch 等人（2003），页 1

注 3：参见 Zahoranský（2007），页 2

注 4：相比传统内燃机驱动如 IEC - 汽油车，ICE - 柴油车

注 5：英语，Life - Cycle - Assessment（LCA）

注 6：ADAC 调查结果（2012）

注 7：参见 Herfurth，Peters 等人（2007），页 5

注 8：Wietschel，Dütschke 等人（2012）和 Kreyenberg，Wind 等人（2013），页 46

注 9：参见 Böcker（2011），页 5

注 10：量产销售汽车模型为 DLR 的 VECTOR21 和 IFEU 研究所的 TERMOD

注 11：气候变化，能源供应，法律措施，社会和交通工具，商业模式和机动选择

注 12：DLR 和 Wuppertal 研究所（2015）

注 13：UN/ECE（2010）

第 2 章　研究范围和车辆技术

研究问题：

1. 轿车对能源消耗和 CO_2 排放具有哪些影响？
2. 影响可替代以及传统驱动技术研发和市场化的外部因素有哪些？
3. 可替代和传统驱动汽车及其关键技术的发展现状如何？

2.1　影响可替代和传统驱动的外部因素

图 3 展示了五个影响可替代驱动和传统驱动的最主要外部因素。下文将对这五大因素进行详细的讨论和分析，并确定用于后续研究的重要参数。

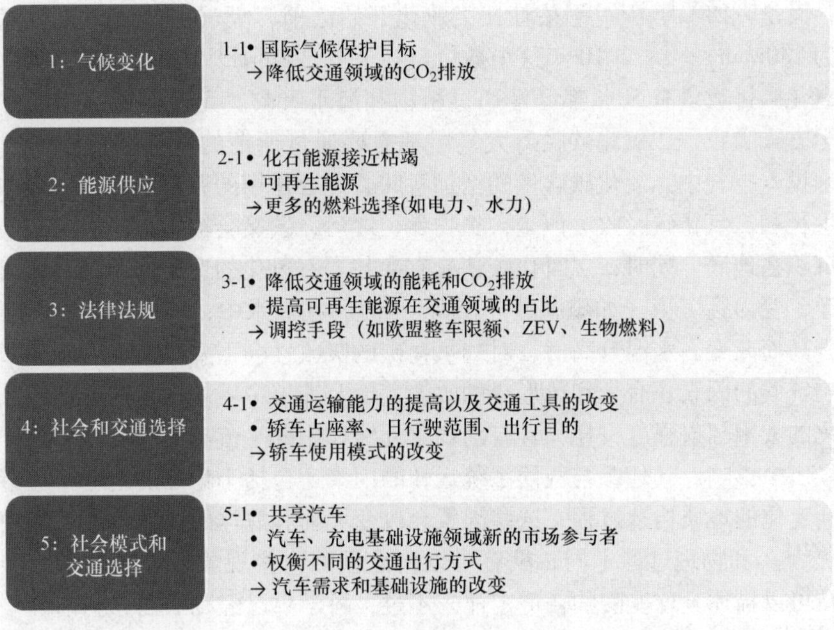

图 3　影响可替代驱动和传统驱动的外部因素

2.1.1 气候变化和交通 CO_2 排放

“人类目前正在进行一项大型的地球物理实验，这是一项历史上从未发生、未来也不可能重复的实验。” - Roger Revelle，1957，纽约时报

第二次世界大战结束后，著名科学家 Roger Revelle 对气候变化进行了研究，并于 1957 年在纽约时报上精确地指出了问题所在。但其实，人类早在几千年前就开始了对森林和沼泽的开垦和利用。在工业革命开始之前，人类已经参与到地球的气候系统之中。“气候”一词在如今的使用中是一个数学性的概念，用于描述某个地点在某个时间段内的可测温度。获取气候数据最好按照世界气象组织（WMO）给出的标准流程进行。依照该流程，应该每隔 6h 在不同的地点采集和记录如气压、温度和降水量这样的气象参数。[注14]

人类造成的气候变化，其实就是大气中温室气体浓度不断上升导致的全球变暖。大气中最重要的温室气体包括水蒸气、二氧化碳（CO_2）、甲烷（CH_4）、一氧化二氮（N_2O）和卤代烃（HKW）。太阳的短波辐射能透过温室气体到达地球表面，同时温室气体会吸收地面散发出的长波辐射，从而将长波辐射又均匀地向四周释放。热辐射的一部分由此重新回到地面，升高地面温度[注15]。这一作用被称为温室效应。没有这种自然的温室效应，地表的平均温度就不是如今的 14℃，而是 -18℃[注16]。据估计，工业化开始之前，大气中二氧化碳体积分数大约为 280ppm[注17]。2010 年这个数值已达到约 390ppm[注18]，尽管工业化造成的二氧化碳排放量有 50% 都已经通过植物和海水吸收。无论是通过生物方式还是化学方式吸收，二氧化碳脱离大气层都需要通过所谓的碳循环过程[注19]。对植物来说，空气中二氧化碳含量的增加意味着光合作用的原料增加，从而加快了植物生长和二氧化碳吸收。但是，植物死亡之后，碳又会被重新释放出来，或者长期沉积在地底。同时，二氧化碳还具有参与岩石风化的地质作用，通过河流进入海洋，变为钙沉积（如珊瑚礁）[注20]。但是，在海水中，气体的溶解性会随着水温升高而改变。水温升高时，对二氧化碳的吸收性会下降。全球变暖带来的其他影响气候的因素还有云和风形成的改变，以及冻层中甲烷含量的不稳定。和长期变化的太阳辐射强度一样，具有削弱紫外线作用的平流臭氧层的破坏同样也会对气候产生影响。其他参与气候系统运转的因素还包括不稳定的地球轨道参数以及不断变化的地质构造过程，这些因素会改变大陆和海洋的比例，或是加快火山活动[注21]。和物理过程不同，没有可以精准预测这些现象的气候数学模型，也不存在可以描述全球变暖的普适定律。不过，科学界已经判断出，当前的全球变暖最早可以追溯到 80 万年前，那个时候大气中的二氧化碳含量远没有现在这么高。到 1880 年，地球表面平均温度上涨了 0.85℃。北半球和北极地区平均温度上涨甚至超过 1℃。同时期世界各地的海平面平均上升了约 20cm[注22]。

如果无法阻止全球变暖，那么将会出现更多的极端天气、海平面上升加快、全球海水酸性增高等现象。此外，除了生态方面，全球变暖还会带来很多经济影响，从而造成很多全球性的安全问题。因此，当务之急是需要维护地球几个世纪以来较为稳定的生存条件【注23】。为了把全球变暖控制在一个能够承受的范围内，1988年11月成立了“联合国政府间气候变化专门委员会（IPCC）”。IPCC由世界气象组织和联合国环境规划署联合建立，目的是给决策者们和其他关注气候变化的人提供客观的气候变化信息【注24】。IPCC本身并不进行任何气候研究，但是它会提供目前该领域的研究状况和相关知识，从而给社会提供合适的行为建议。一项被广为引用的建议是，全球到2050年的温室气体排放量必须在1990年的水平至少减少一半，才能将全球变暖限制在2℃以内【注25】。

2010年，交通行业在全球二氧化碳排放量的比重占22%，继电热生产（41%）后排第二位，排第三位的是工业（20%）。大约2/3的交通排放来自道路交通（私人轿车、货车、摩托车和公交车）【注26】。近二十年，德国道路交通的二氧化碳排放量占总二氧化碳排放量的比重基本保持在17%～20%【注27】。目前，世界上还没有一套统一、具有约束力的针对交通或是其他方面的、旨在减少二氧化碳排放量的相关规定。不过，近几十年来，一些国家已经以监管调控或财政政策的形式确立了大量的法律法规。本书第2.1.3节将会对此进行详细阐述。

2.1.2 用于交通的能源和能耗【注28】

能源供给一直都是人类生存所需供应的主要部分。衣食住行、交流、工业、科技、日常业余生活都离不开能源供给。然而，世界上的自然能源载体分布并不均匀【注29】。能源载体可分为化石能源载体和可再生能源载体。化石能源载体是经历了漫长的地质年代，由动植物在特定的地质条件下形成的分解物，包括石油、天然气、褐煤和烟煤等。相比之下，可再生能源则是能够在较短时间内生产并能够更快再生的能源，包括风能、太阳能、水力、地热能和可再生原材料等。

1990—2012年，虽然德国的可再生能源占初级能源消耗【注30】的比重从1%上升至12%（图4左），但是初级能源消耗的绝大部分还是化石能源载体。同期，德国的初级能源消耗减少了7.7%。2012年，德国初级能源消耗的19%用于交通领域【注31】。交通领域由此成为近年来除家庭领域外能耗最大的领域（图4右）。具体原因将会在本书第2.1.4节进行详细讨论。

1990年，德国可再生能源发电总量几乎都来自水力，约50TW·h/年。随着供电法律以及可再生能源法（EEG）的实施，2012年德国可再生发电总量翻了五番。其中，上涨量主要来自陆地风力发电厂（51TW·h/年）和太阳能光伏（26TW·h/年）。水力发电上涨幅度较小，为22TW·h/年，而海上风力发电以及地热发电加起来不到1TW·h/年。作者和他人的合作研究（2015年）发现，德国长期性、技术上可持续的发电量可能在400TW·h/年到4000TW·h/年之间。下面分析计算的假设是德国长期性、技术上可持续的发电量为1000TW·h/年[注32]。

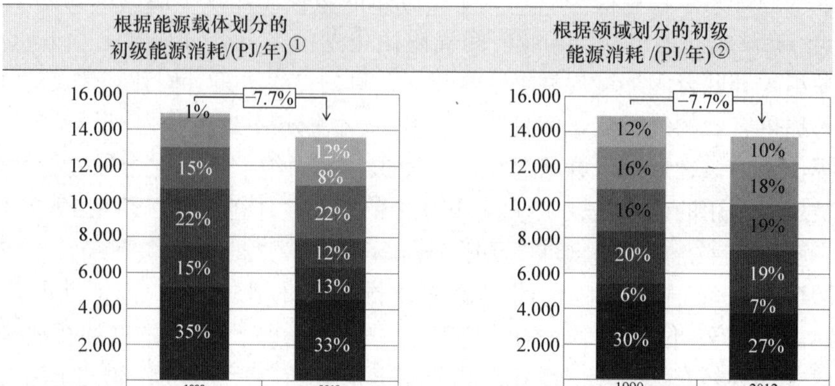

	1990	2012
可再生能源	196	1 591
核能	1 668	1 085
天然气、石油	2 293	2 954
褐煤	3 201	1 645
烟煤	2 306	1 769
矿物油	5 217	4 540

	1990	2012
商业、贸易、服务业	1 749	1 397
家庭/家用	2 367	2 431
交通	2 379	2 571
工业	2 977	2 599
非燃料消耗	958	978
能源	4 475	3 781

①BMWI(2013)。可再生能源包括木柴、泥炭、生物气体、垃圾、光伏、风能、水力。
未展示电力和其他初级能源消耗(如矿井沼气和不可再生垃圾)的外贸结余。
②BMWI(2013)。能源=电力和远程供暖。

图4 依据能源载体以及领域划分的德国初级能源消耗

表2展示的是一个理论上的对比结果。2012年用于交通的可再生能源发电量为100TW·h/年，技术上可持续的发电量为1000TW·h/年，扣除2012年的电力需求535TW·h/年，还剩余465TW·h/年。根据表2所给的前提条件，2012年德国有4100万辆纯电动汽车的电力是可再生能源，从技术可行性上看甚至能够达到19100万辆。如果人们将相同数量的电力用于氢气生产和输送，那么还可以驱动1800万辆纯电动汽车以及86万辆燃料电池电动汽车。基于德国2012年[注33]的轿车总量（4300万台），整个轿车交通从长远看可以变成由可再生能源电力驱动，甚至可以仅使用德国本土生产的能源，而不需要再使用生物燃料如乙醇或生物柴油[注34]。

在另一个分析中，对不同级别轿车的使用情况做了更加现实的假设，同时考虑了其他交通载体（轨道、船、飞机和货车），并使用了TREMOD交通排放模型。通过分析发现，至2050年交通领域的最终能源需求相比2010年最多会下降33%。轿车交通平衡了飞机以及货车交通流量的上涨率[注35]。

为了继续可持续性地降低社会的能源消耗，除了提高各领域的消费水平和挖掘节约潜力之外，还需要更加关注其他影响因素如能源基础设施。这方面值得一提的是，基础设施目前还不完善，现有的充电站和加氢站还很少。此外，还需要深入研究目前交通网络中不稳定的可再生能源供应、交通网络扩建以及合适储能器建设等问题[注36]。其他影响能源消耗以及能源供应的重要因素还包括天气情况、人口增长、家庭人口、房屋、交通结构、经济发展、能源价格、工业结构、能源生产力和法律法规[注37]等。

表 2 用于轿车交通的可再生能源发电量[注38]

燃料潜能				轿车数量			
燃料	η①	潜能②（100TW·h）	潜能③（465TW·h）	驱动类型	消耗④	轿车数量⑤（100TW·h）	轿车数量（465TW·h）
电力	89%	89TW·h/年	415TW·h/年	BEV	0.15kW·h/km	41×10^6	191×10^6
氢气	58%	58TW·h/年	268TW·h/年	FCEV	0.21kW·h/km	18×10^6	86×10^6
压缩天然气	41%	41TW·h/年	191TW·h/年	ICE－CNG	0.59kW·h/km	5×10^6	22×10^6
汽油	35%	35TW·h/年	163TW·h/年	ICE－G	0.57kW·h/km	4×10^6	19×10^6
柴油	35%	35TW·h/年	163TW·h/年	ICE－D	0.45kW·h/km	5×10^6	24×10^6

① 燃料生产和分配、通过电解生产氢气、通过甲烷作用生产压缩天然气、汽油和柴油生产的效率。参见 Kreyenberg 和 Lischke 等人（2015），第 57 页。

② 以 2012 年 100TW·h/年的可再生能源发电量为基础。

③ 以技术上可持续的发电量 1000TW·h/年为基础，减去 2012 年 535TW·h/年的用电需求，还剩 465TW·h/年。

④ 2010 年车辆的 NEFZ 消耗，参照 JEC（2013）。

⑤ 轿车年行驶里程数：15000km/年。

从国民经济角度看，能源供应也大大促进了社会富裕。在这个过程中，能源供应安全、能源价格、能源效率以及减排被视为未来能源政策是否成功的四大指标[注39]。

通过上文可以发现，交通是能源转型的一个关键部分。在交通方面，可再生能源生产者会找到一个同样能够高效利用能源的购买者。重要的前提条件是继续推进汽车电动化，并为具备相应基础设施的交通提供可再生能源[注40]。

2.1.3 相应的法律和法规[注41]

为了实现第 2.1.1 节中提到的环保目标，欧盟和德国采用了不同的监管调控以及财政手段[注42]。表 3 展示了有关德国轿车交通节能减排方面最主要的法律法规。此外，本节还将挑选一些其他国家的相关法规进行讨论。

表 3　不同调控、法律以及财政手段对能耗、温室气体排放以及可再生能源利用的影响

	手段	国家：DE 为德国，FR 为法国，NOR 为挪威，GB 为英国，USA 为美国	时间段：seit 表示从××时间开始，如：seit 1930 表示从 1930 年起	对交通领域能耗和温室气体排放的影响		对交通领域可再生能源占比的影响
				针对最终客户[1]	针对供应商[2]	
燃料	能源税/石油税[3]	DE	seit 1930	×	○	
	生态税[4]	DE	seit 1999	×	○	
	生物混合燃料[5]	DE	seit 2004	×	×	×
	可再生能源法[6]	DE	seit 2000	—	○	○
	排污交易制度[7]	DE	seit 2005	○	×	○
车辆	公车税[8]	DE	seit 2006	×	○	—
	机动车税[9]	DE	seit 2009	×	○	—
	欧盟总车限额[10]	DE	seit 2012	○	×	—
	环保奖金[11]	DE	2009—2010	×	○	—
	电动法[12]	DE	seit 2015	×	○	—
	购买奖金[13]	FR，NOR	seit 2008	×	○	—
	通行费和停车费[14]	DE，GB	seit 2003	×	○	—
	零排放车辆立法[15]	USA	seit 1990	○	×	—

① 车辆购买者，驾驶人。

② 汽车制造商（OEM）、铁路运输企业（EVU）、矿物油经济联合会。

③ 能源税法（2012）。

④ 能源税法（2012）§2 和电力税法（2012）§3。

⑤ 联邦污染防治法（2013）和联邦污染防治法（2010）。

⑥ 可再生能源法（2000）。

⑦ TEHG（2001）。

⑧ 温室气体排放交易法（2013）§6。

⑨ 机动车税法（2012）。

⑩ EU（2009）-443/2009。

⑪ BAFA（2009）。

⑫ 德国联邦议院（2014）。

⑬ ACEA（2013）。

⑭ IEA（2013）。

⑮ ARB（2008）。

符号含义：

×代表直接影响。

○代表间接影响。

—代表无影响。

能源税收/石油税：德国能源税收法规定了化石能源载体以及可再生能源载体的税收要求。依据该税收法，在德国需要缴纳石油税。石油税属于消费税，通过商品价格的方式由消费者最终承担。不同燃料的收税价格不同。柴油和汽油的收税价格差目前是 0.18 欧元/L[注43]。这个税差可视为隐性补贴，最初用于保护

商业的交通货物运输。石油税收是调整能耗以及减排的重要手段之一。因此，石油税也被视为是减少车辆行驶以及减少车辆燃料消耗的重要手段[注44]。

生态税：生态税是一种针对如电力燃料的能源税收。生态税从1999年起包括了一系列针对稀缺优质能源的税收规定，目的是为了提高能源使用效率。生态税主要是电力税以及对石油税（能源税）的额外加价。电力税和能源税都属于增值税。生态税中，电力为0.02欧元/(kW·h)，汽油和柴油为0.15欧元/(kW·h)[注45]。

生物混合燃料：近年来，交通中的生物燃料[注46]主要以生物柴油为主。2007年，由于纯生物柴油享受矿物油免税优惠，生物柴油的市场份额达到7.4%[注47]，为史上最高值。不过到2013年1月，这项免税政策已经不再具有效力，生物柴油价格从而也几乎接近于传统柴油价格[注48]，导致纯生物柴油作为燃料使用的需求大大降低。相反，经法规调整的混合生物柴油（将生态柴油添加进传统B7柴油中）在2012年仍然取得了2007年生物柴油销售额的70%。从2004年起，生物乙醇和汽油的混合物E5和E10（即乙醇汽油）大大提高了生态燃料的销售量。2012年生态乙醇在德国全部生态燃料销售量中的份额达到27%，生态燃料占全部燃料销售量的份额为5.5%[注49]。

可再生能源法：从2000年起，德国可再生能源法（EEG）一直促进着可再生能源产业的发展。可再生能源法的基本内容包括：1）电网运营商具有为消费者联网的义务，同时也需要为可再生发电厂扩大电网；2）优先输送可再生能源电力，而不是传统能源电力；3）固定可再生能源电力的价格（有效期一般高于20年）。由于技术上和地理位置的差别，可再生能源电力的价格也存在差异。产生的费用以可再生能源税的形式最终分摊到了每一个用电消费者的身上。特定用电消费者可通过申请免交征收额。此外，可再生能源法规定的征收金额主要是电力销售收入（卖给电力交易所如Sportmarkt和Merit Order）与供电购买费用之间的差价，且每年都会进行新一轮的计算。在这个过程中，可再生能源税额的提高抑制了现货市场电价上涨。2012年，可再生能源法针对家庭用电方面的征收金额为3.6ct/(kW·h)[注50]。自德国颁布可再生能源法以来，可再生能源电力消耗净额从2000年的6.4%上涨到2010年的16.8%[注51]。因此，可再生能源法同样决定了用于交通的网络用电。

排污交易制度：排污交易制度是一种基于市场的手段，用于规定一定温室气体排放量的征收费用[注52]。在德国，排污交易须依照温室气体排污交易法（TEHG）进行[注53]。发电厂或企业每排放一吨温室气体就会获得一张排放牌照。排放证明的总信用额不可超出立法机构[注54]规定的污染物最高限度。如果企业的排放额低于排放证明的总信用额，那么可将排放证明卖给排放物过多的公司。对于超出规定的排放量，企业须缴纳罚款。国家将把通过出售排放证明以及收取罚款的所得金额用作能源以及气候基金[注55]。对此，交通方面的电力生产者未来若不能遵守温室气体排放的最高限额，就需要通过额外购买排放证明来提高环保技术。排污交易制度的调控作用取决于温室气体排放限额以及超额排放所缴罚款的金额和其使用情况。

公车税：近年来，德国给一半以上的企业、公共机构以及所谓自由职业领域颁发了单位公车新车申报[注56]。大部分的单位公车[注57]都是供员工私人使用。对于单位而言，所获得的好处是员工须每月交付购车价格1%的费用（计入需纳税的工资中），或者根据驾车记录交付相应的费用。科隆大学金融研究所在一次关于“德国公用车税收处理办法”[注58]的研究中发现，由于1%的交付规定，大部分公司会选择购买能耗偏大的、污染较为严重的汽车。人们也会因此增加道路交通出行行为，导致过度的私人用车情况，因为根据1%的交付政策，真正的驾驶行为并不需要缴纳税收。同时，收取购车费以及驾车费的政策也不能使公司选择购买低耗环保的汽车[注59]。对于目前价格较贵的可替代驱动技术汽车而言，1%的交付政策甚至起到一个非常消极的作用，因为其价格更贵，依照该项政策人们需要缴纳更多的钱。因此，立法机构针对纯电动汽车、增程式电动汽车以及插电式混合动力汽车制定了另外一条规定。根据该项规定，使用者的汽车购置费可以少交不超过1万欧元的电池成本。到2013年12月31日，电池单位成本为500欧元/(kW·h)，随后的每年将降低50欧元/(kW·h)[注60]。针对燃料电池轿车的规定目前还在讨论中。

机动车税：在德国，车主每年都需要缴纳机动车税，才会被允许开车上路。从2009年7月1日起，往复式活塞发动机轿车根据CO_2排放量以及排气量缴纳机动车税。对于汽油发动机轿车，每100cm^3排气量收取2欧元；对于柴油发动机轿车，每100cm^3排气量收取9.5欧元。此外，根据新欧洲行驶循环工况(NEFZ)[注61]，每公里内每排放1g CO_2需缴纳2欧元的税费。对于纯电动汽车，凡是在2011年5月18日至2015年12月31日的购买者，可享有10年免机动车税的优惠，在2016年1月1日至2020年12月31日的购车者可享受5年优惠[注62]。

欧盟总量限额：和CO、C_MH_N、NO_X以及细小颗粒等有害物质排放相比(1970年初欧盟就有相应的规定)，针对轿车的CO_2排放很长时间以来还没有一个规定的限额[注63]。1995年，欧盟首次制定了减少轿车CO_2排放的政策。这项政策包括以下内容：1）汽车制造商具有自己提出降低汽车排放的义务；2）需要给消费者提供更加详细的相关信息；3）通过税收手段鼓励低能耗的汽车。按照欧盟2009年第443项规定，从2012年1月1日起，前面提到的第1点内容将产生法律效力[注64]。这项规定为欧盟范围内的汽车制造商规定了新车登记的最大CO_2排放限额，该限额主要取决于所有新车的平均重量以及整个欧洲所有新车的平均重量。2015 年，每辆售出汽车的平均排放量为 130g CO_2/km[注65]，到 2050 年须降低至 95g CO_2/km。对于排放量低于 50g CO_2/km 的轿车，会给予多重减税奖励[注66]。通过这些措施，一方面能够提高传统车辆的效率，另一方面可以提高可替代驱动技术汽车在欧洲的使用比例。对于违反规定的行为，汽车制造商须缴纳相关罚款[注67]。关于这项规定如何具体操作、怎样实施以及会对节能减排带来哪些具体影响，还在进一步讨论之中。

环保奖金：环保奖金是德国第二个振兴经济计划中涉及机动车报废以及新车上牌（年度优惠新车）的一项举措。从 2009 年 1 月 14 日至 2010 年 6 月 30 日，车主报销旧车并购买新车的话，可以获得 2500 欧元的环保奖金。一方面，环保奖金可以重新振兴金融危机后下滑的汽车销售状况；另一方面，能耗高、有害物质排放大的旧车也会被高效环保的新车所替代[注68]。海德堡 Ifeu 研究所所做的“环保奖金和环保—首次回顾”[注69]研究报告表明，环保奖金促进了旧车替换[注70]。这些旧车由于用时已久，已经无法安装减少有害气体的装置。相比之下，新车具备明显更高的能源效率，排污更少。可见，虽然还没有考虑新车生产和旧车处理的代价，但是改善汽车运行对环境的影响，环保奖金明显起到了积极的作用[注71]。

电驱动法：电驱动法（EmoG）可以促进电驱动汽车的普及。按照该项法规，城镇内的电驱动车辆（BEV、FCEV、REEV、PHEV[注72]）在公共区域内可以享有特权，比如停车优先权、免交停车费等。此外，特殊车道（如公交车道）还应让位于电驱动汽车。该项法规不具有执行的强制性，其有效期至 2026 年[注73]。因此，并没有规定城镇有义务执行该项法规。它只是提供了一个法律文件，鼓励营造一个电驱动汽车优于其他驱动汽车的行驶环境。

购置补贴：目前，德国还没有一项资助电驱动汽车购买的补贴政策。通常购置补贴方式是减免汽车购买增值税或者直接给予奖金（类似“环境奖金”）。挪威和法国等欧洲国家的购置补贴是用购买奖金的形式。法国从 2008 年起，按照“奖惩制度”对购车进行差别收税。凡是所购买车辆的排放量低于 20g CO_2/km，购买者可以获得最高 7000 欧元的奖金。奖金额度随着排放量增大而减少，有资格获得奖金的车辆排放量最高不能超过 110g CO_2/km[注74]。相反，凡是所购买车辆的排放量高于 135g CO_2/km，购买者必须支付 100 欧元的罚金。排放量越大，罚金越高。排放量高于 231g CO_2/km 时，罚金从 6000 欧元开始增加[注75]。在挪威，购买电动汽车可以享有增值税减免 25% 的优惠，同时免交机动车一般需缴纳的进口税[注76]。购买一辆大众 e－up，德国和挪威的购置差价超过 9000 欧元[注77]。购置补贴政策在挪威成效显著，大大促进了电动汽车的普及和应用，但是在法国却收效甚微。今后有必要对此进行更进一步的研究。

通行费和停车费：在电驱动法颁布之前，德国并没有一项电动车辆可以免交停车费的政策规定。但是在斯图加特市，电动汽车车主可以申请一个特别停车证明，凭借该证明可以在整个城市免费停车。在伦敦，驾驶电动车辆的车主不需交纳一天 10 英镑的“伦敦交通拥堵费”[注78]就可以在市区内免费通行。当然还有其他一些电动汽车的优惠措施如使用特殊车道，这里就不一一赘述。

零排放车辆立法：零排放车辆立法[注79]最早来源于美国联邦州加利福尼亚。根据当地 1990 年的零排放车辆规定，2003 年以后 10% 的轿车（大约 200000 辆）必须是零排放车辆（ZEV）。这项立法现在被视为是推动可替代驱动技术汽车发展的引擎。20 世纪 90 年代末所有大型汽车整车厂都对此做出了积极反应，大力研发纯电动汽车，之后又转而研发看起来更有前途的燃料电池汽车[注80]。当初的这项立法后来一直不断在修改。加利福尼亚有关部门表示，最初的立法现在看来已经无法实现，所以决定建立一套针对低排放车辆的积分制度。最新的零排放车辆立法规定了制造商零排放车辆的目标销售额（传统车辆销售额 × 零排放车辆年度上涨百分率）。生产或者销售可替代驱动技术汽车可以获得“ZEV 信用贷款”[注81]，由一个专用账号记录，可以抵消企业可能发生的相关政府罚款。鉴于 ZEV 立法的示范作用，美国其他 12 个州现在都已实行了该项立法[注82]。

总结和讨论

在对以上法律、政策进行分析总结的过程中发现，大部分的法律、政策都是针对最终用户（购车者或者驾驶人）。提供汽车和燃料的企业在大部分政策中只是间接被涉及。但是，只有直接面向供应方的政策（如混合生物燃料、欧盟总量限额、零排放车辆立法）才能使供应方对每项政策做出直接的反应。在德国，除了混合生物燃料，在交通领域没有其他任何强制使用可再生能源的相关法规和政策。除了将法规、政策按直接和间接针对最终用户和产品供应方划分之外，也可以将法规、政策分成针对研发、销售和车辆使用这三大类开展研究。

为了从以上政策实践中获得经验，并给未来促进可替代驱动技术政策提供建议，Enzensberger 和 Wietscher（2003）[注83]提出了以下三个指标，即有效性、效益以及可行性，用于在进一步的研究中对上述法律、法规的成效进行评判。一项有效的政策应该具有显著提高电驱动汽车的销售额以及降低二氧化碳排放量的效果。以“效益”作为指标，可以知道最高效地实现目标的政策，也就是在实现目标的前提下投入资金最少的政策。最后，还必须评估这些法律政策其政治和社会的可行性和接受度。有些鼓励政策经历了行政机构的层层关卡虽然出台了，但如果遭到利益集团的反对，可能起到完全相反的作用，甚至导致一项新技术的流产。

2.1.4 社会和交通工具选择

一直以来，人类都在探索如何携带更多东西，走得更快、更远。至今为止，人类发明了各种各样的交通和运输工具【注84】。在全球化日益发展的大背景下，不同国家之间的不同文化越来越依赖于人和商品的跨空间交流。交通保证了这种相互交流的正常运作，同时促进了社会文明、经济和文化的发展【注85】。近 200 年内，德国的客运交通发生了根本性的变化。19 世纪末到 20 世纪中期，铁路是使用最广的交通工具。随着汽车领域的发展，约 125 年前出现了一种更加个人化、更加灵活的交通工具。从 20 世纪中期开始，这种交通工具就一直主导着客运交通（图 5，左）。对机动客运交通的运输能力分析表明，轿车交通从 20 世纪 70 年代起就一直保持着非常高的比例【注86】。而同一时期内，公共交通在整个交通运输中的比例明显下滑。相比之下，铁路交通保持稳定，空运交通翻了近五番（图 5，右）。

客运交通领域运输能力的发展①

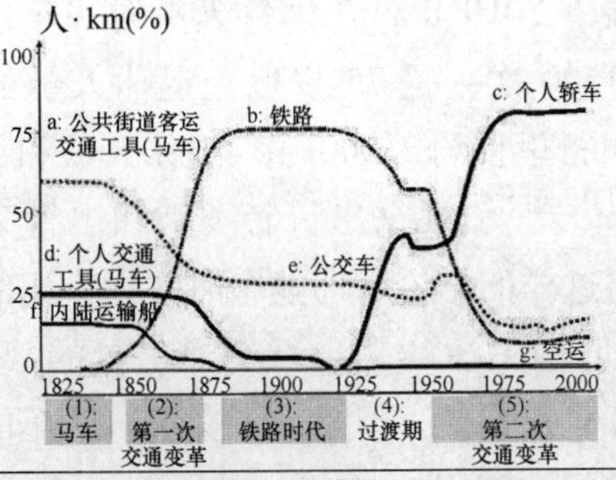

机动交通领域的运输能力②

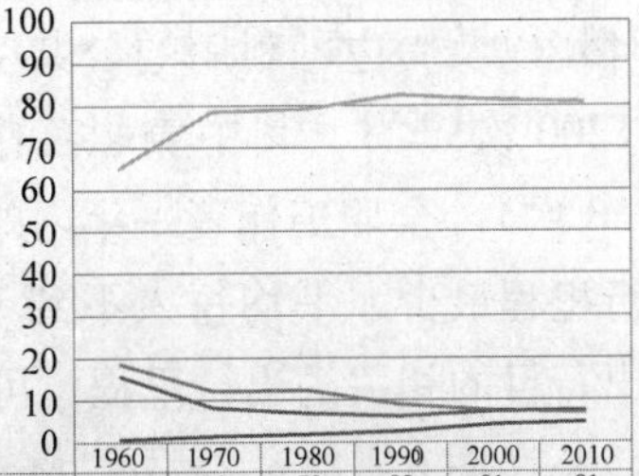

	1960	1970	1980	1990	2000	2010
个人机动交通	65	79	79	82	81	81
公共街道交通	19	12	12	9	7	7
铁路	16	8	7	6	7	8
空运	1	1	2	3	4	5

① Braess和Seiffert(2011)，第1页。
② 来自BMVBS(2000)的分析，第218页和BMVBS（2013），第220页。
个人机动交通(MIV)包括轿车和二轮机动车；公共街道交通(ÖSPV)包括公交车、有轨电车、地铁；铁路包括短途和长途快车。

图 5　1820—2010 年间德国客运交通发展情况

1975—2010 年，德国机动交通（即公共交通 + 轿车交通）的运输能力从 5564 亿人 km 上涨到 11170 亿人 km【注87】。1975 年联邦德国总人口为 6180 万，平均每人一年内机动交通的行驶里程约 9000km。统一后的德国 2010 年总人口为 8180 万，平均每人一年内行驶里程上涨到约 13700km（表 4）。此外，从表 4 中还可以看到至今没有被考虑过的非机动化交通方式，如步行和自行车。1975 年，联邦德国每位公民一年内平均行走 421km。2010 年，这个数值基本保持不变，约 423km。自行车行驶距离明显增加，从 1975 年的 220km/年上涨到 2010 年的 396km/年【注88】。

表 4　1975—2010 年间德国客运交通领域运输情况的发展

年份	交通运输情况总览①					每位居民的交通出行情况/(km/年)①				
	公共交通/10^9 人·km	机动个人交通/10^9 人·km	步行/10^9 人·km	自行车/10^9 人·km	人口数量/百万	公共交通	机动个人交通	步行	自行车	总额
1975	115.3	441.1	26	13.6	61.8	1 865	7 134	421	220	9 639
2000	195.5	849.6	30	23.9	82.3	2 377	10 328	365	291	13 360
2010	214.9	902.4	34.6	32.4	81.8	2 629	11 038	423	396	14 486

① 参照 BMVBS（2000），第 105 和 216 页进行的分析；参照 BMVBS（2013），第 219 页和 224 页进行的分析。公共交通（ÖV）包括公共街道客运交通和铁路运输、航空运输。

除了与科学技术发展有关之外，交通方式的选择还取决于旅行费用、行程距离、运输目的以及舒适度。但是，个人交通行为同样也依赖于自身的生活条件、住宅环境以及周边可利用的公共交通设施。2010 年，德国每人平均一年出行次数约 1200 次【注90】，其中兼职工作者约 1500 次，是 75 岁以上退休人员的 2 倍（约 750 次）。全职工作者一年内的平均出行里程约 21000km。退休人员和小孩平均出行里程最少，平均每人不到 10000km【注91】。根据出行者类别和出行工具观测与出行目的相关的出行里程，可以得出这样的结论，即业余时间内人们的出行里程最长（图 6，左）。另外，还有一点值得关注的是出行交通工具的载荷率。公共交通的载荷情况对整个交通系统而言非常重要，但是，下文仅对轿车的载荷率进行相关讨论。2008 年德国交通调查报告（MiD）显示，在国内行驶过程中几乎 2/3 的轿车上只有驾驶人一人。随着搭车共享交通模式的普及，2008 年德国轿车的平均载荷率为 1.5 人/车。其中，以出差或者工作为目的的出行其载荷率最低，约 1.1 ~ 1.2 人/车。以休闲出行为目的的载荷率最高，平均可达 1.9 人/车【注92】。但是，对于通常的 4 座或 5 座轿车来说，这个载荷率还是太低了。

与可替代驱动技术汽车的应用目的相关的另一个研究内容是与乘用车（轿车）日行驶距离相关的用车概率分布。图 6（右图）给出了德国的相关用车概率分布，数据来源于 2008 年 MiD 中的轿车行驶次数和出行距离【注93】。

从图中可以看出，大约 80% 的出行距离都不到 60km。这同时也说明，目前大部分的轿车日行驶距离处于纯电动汽车的可承受范围【注94】。对此，4.3 节将以电动汽车从油箱到车轮的能源消耗链（TtW）的角度展开进一步的讨论。

至于不同交通工具未来在满足德国交通需求方面各自的分工如何，目前还很难预测，也不属于本书的内容。随着人口结构变化、燃料价格上涨和交通工具方式的多样化【注95】，未来有关轿车载荷率和交通工具选择的研究会变得尤其重要。

根据出行目的的划分的交通运输发展情况/(10^9人·km)①	平均轿车日行驶范围②

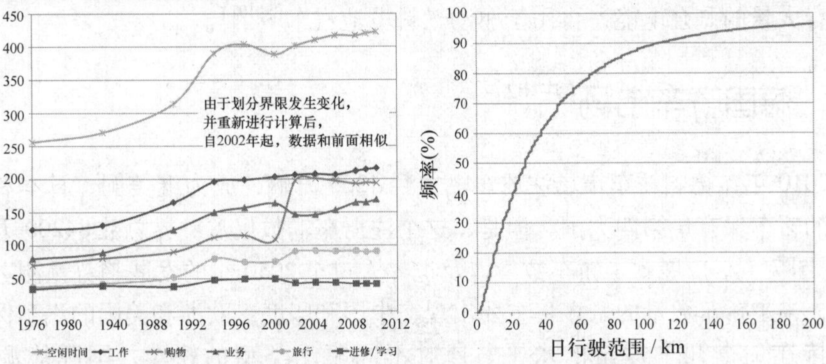

①BMVBS(2013)，第225页。此处没有展示"陪同出行"的出行目的。2010年，"陪同出行"所占的交通运输情况为6×10^9人·km。
②源于infas和DLR的MiD分析评估结果(2008)，共对16546趟出行进行了分析。

图6 以出行目的和出行距离为参数的轿车出行趋势

2.1.5 商业模式和交通选择

一直以来，汽车制造商的固定商业模式是把轿车卖给最终用户。近年来，汽车贷款业务和汽车零部件贸易也逐渐发展为汽车制造商重要的收入来源【注96】。最近，一些城区开始出现很多共享汽车出行服务，如 car2go 和 DriveNow。2012年，德国是继美国之后共享汽车注册用户最多的国家【注97】，平均 39 个用户分享一辆汽车。在国际范围内，捷克的汽车共享率最低，只有 7 人/车；最多的是以色列，高达 72 人/车【注98】。此外，相关的网络平台也越来越多，它们可以为一个商圈内的某段路程提供轿车或者同行服务【注99】。"使用替代拥有"这一新的模式究竟能走多远，目前还无法预测。不过可以肯定的是，不同的商圈与不同的城区之间轿车使用情况的区别在未来会越来越大。在人口饱和或者限车严格的地区，上面描述的发展趋势甚至可以提高汽车的载荷率和使用率，从而在相同交通运输量的情况下减少轿车数量。这一发展趋势将对电驱动交通产生怎样的影响，虽不属于本书的讨论内容，但是，一方面电动汽车充电时间长，燃料电池汽车基础设施还很缺乏，另一方面共享汽车出行服务又要求汽车的停车时间尽可能短，这应该是一对可能面临的矛盾。因此，很有必要尽快投资研发电驱动技术汽车以及建设相关的基础设施。

充电站以及加氢站也可能是未来电驱动技术汽车发展的主要推动力。正如 2.1.2 能源供应一节中提到的，利用可再生能源发电的能源系统会出现电能过剩的问题。对此，除了要完善电网建设外，还需要建立更多的储电装置【注100】。对此，电动汽车的动力电池既可以作为电网的用电负载，也可以作为电网的储电装置。在这个能源系统中，氢因其特有的性能，可以作为长期储能介质，以化学方式储存大量的剩余电能，再用于驱动燃料电池汽车【注101】。

2.2 德国轿车市场【注102】

2010 年，德国轿车市场注册车辆达到 4200 万辆，成为继美国、日本和中国之后的轿车保有量第四大国。但是，这个注册车辆数仅占世界总数 84200 万辆的 5%。图 7（左）展示了轿车数量以及世界人口至 2050 年的发展趋势预测。可以发现，未来轿车数量的增多将主要出现在中国和印度，欧洲和美国的汽车保有量会维持在一个几乎恒定的水平。针对不同驱动类型的轿车，国际能源机构（IEA）给出了相应的全球保有量预测，如图 7（右）所示。这个预测是基于一个乐观的假设情况，即可替代驱动技术汽车能够大批量商业化。根据 IEA 的预测，到 2050 年全球轿车保有量将会是现在的 2 倍。按照一辆车平均寿命 15 年估算，未来汽车产量将会大幅度增加。

2012 年，全球轿车生产量为 6300 万台。其中，欧洲占 23%，北美自由贸易区【注103】占 11%，日本和韩国分别占 20%，金砖国家【注104】占 37%。2012 年，德国轿车生产量为 540 万台，约占世界生产总量的 9%。2010 年，欧盟国家注册车辆的平均使用年数为 8.3 年。其中，爱尔兰最低（6.3 年），德国为 8.3 年。使用年数最长的是爱沙尼亚（12 年）。在欧洲，平均寿命小于 5 年、5~10 年和大于 10 年的轿车各占约 1/3【注105】。

轿车保有量和人口数量/百万①

	2010		2030		2050	
	轿车数量	人口数量	轿车数量	人口数量	轿车数量	人口数量
世界	842	6 909	1 382	8 309	1 810	9 150
欧盟27国	239	733	269	723	256	691
拉丁美洲	48	589	70	690	85	729
非洲	21	1 033	36	1 524	41	1 998
德国	42	82	46	79	43	73
中国	53	1 354	318	1 462	400	1 417
印度	13	1 214	92	1 485	311	1 614
日本	58	127	60	117	56	102
美国	210	318	227	370	202	404

按不同驱动划分的未来世界汽车保有量预测 /百万②

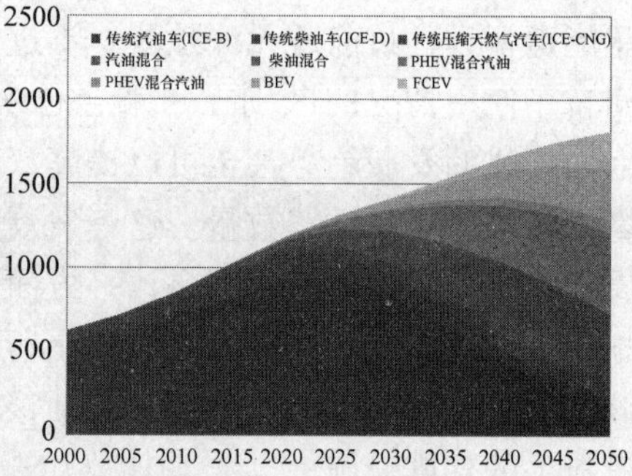

①来自IEA的汽车保有量(2012)。来自Eurostat的基本数据和人口预测(2010)。
②IEA(2012)，第443页改善情况。2°C情景下，2050年世界范围的轿车保有量为18亿。4°C情景下为25亿。

图 7 人口以及轿车保有量的发展趋势

2.2.1　汽车类型和新车市场

近年来，德国汽车保有量持续增长，到 2015 年 1 月 1 日已经达到 4440 万辆。2000 年德国还只有 3900 万辆。与 2000 年相比，2015 年保有量增加了 14%【注106】。表 5 展示了 2015 年 1 月 1 日德国轿车保有量以及 2014 年新车登记量的基本概况。可以发现，2014 年新登记的柴油轿车占比为 47.8%，明显高于 2015 年的保有量占比（31.2%）。这一趋势已经持续了很多年，明显改变了德国汽车保有量类型的情况。相反，新登记的混合动力轿车和电驱动轿车仅占 1.2%。

表 5　根据燃料类型划分的德国轿车保有量以及新车登记量

	2015 年轿车保有量①		2014 年新车登记量②	
	数量/辆	占比（%）	数量/辆	占比（%）
总额	44 403 124	100	3 036 773	100
汽油	29 837 614	67.2	1 533 726	50.5
柴油	13 861 404	31.2	1 452 565	47.8
液态气体（LPG）	494 148	1.1	6 234	0.2
天然气（CNG）	81 423	0.2	8 194	0.3
混合动力（HEV、PHEV）	107 754	0.2	27 435	0.9
电动（REEV、BEV、FCEV）	18 948	0.0	8 522	0.3

① 截止到 2015 年 1 月 1 日的保有量，参见 KBA（2015a）；混合动力包括 HEV 和 PHEV，电力驱动包括所有只通过电力驱动的车辆（BEV、REEV 和 FCEV），参照 KBA（2015b）。

② KBA（2015c）。

表 6 分别展示了按照汽车等级划分【注107】的 2014 年和 2008 年的轿车保有量。从 2008—2014 年，数量增加的主要是小型轿车和越野车。微型轿车（比如 Smart）和小型轿车（比如大众 Polo）从 980 万辆增至 1170 万辆，增加了近 20%。这一变化主要得益于 2009—2010 年德国推行的环保奖金政策【注108】。中级车型由紧凑型车（比如大众 Golf）和中级轿车（比如奔驰 C 级车）组成，2014 年在乘用车保有量中占 43%。相比 2008 年的 49%，中级车型的保有量占比下降了 6%。与此相反，越野车和 SUV 的保有量在 2008—2014 年间增加了 130%，高达 280 万辆。显然是不少中级车客户或中高级车客户转变了偏好，转为使用越野车和 SUV。

表 6 根据汽车等级划分的 2014 年和 2008 年的德国轿车保有量[注109]

	2014 年轿车保有量		2008 年轿车保有量	
	数量/百万	占比（%）	数量/百万	占比（%）
总额	43.8	100	41.2	100
微小型车	2.8	6	1.6	4
小型车	8.8	20	8.2	20
紧凑型车	11.6	26	11.5	28
中级轿车	7.4	17	8.6	21
中高级轿车	2.2	5	2.5	6
越野车和 SUV	2.8	6	1.2	3
其他①	7.4	17	7.5	18

① 高级车、跑车/赛车、房车、厢式旅行车、商用车。

2012 年远超过新车注册数一半（62%）的轿车不是私人购置的，而是企业、公共机构和所谓的自由职业者买去当作公车之用。因此，新注册的汽车中只有 38% 是真正意义上的私家车[注110]。但是，私人买家拥有总乘用车保有量中近 90% 的汽车。原因是公车一般持有期较短，使用后进入二手车市场，其中绝大部分又卖给私人客户[注111]。平均每年二手车市场有 650 万辆车，新车市场注册车辆为 330 万，前者的规模几乎是后者的 2 倍[注112]。德国过去十年平均每年有 980 万新登记上路的轿车，包括第一次注册的新车和转让所有权的二手车。

2.2.2 行驶里程数

德国没有一个权威性机构，对不同驱动技术轿车的行驶里程数进行记录并为科研调查提供有用的数据。因此，针对传统驱动技术汽车和可替代驱动技术汽车的交通模型和经济性研究只能对所研究对象汽车的行驶里程数给出一个假设值，这与真实的行驶里程数还是有差别的。好在还有德国技术监督联合会（TÜV）和德国汽车联合会（DEKRA）这样的机构，能够获取车辆真实行驶里程数。这些机构在定期的车辆大保养检查时[注113]必须记录车辆的行驶里程数[注114]。

不过，为了给交通政策以及规划制定提供真实的数据，通常采用问卷调查的方法。为此，德国开展了很多大规模的交通问卷调查[注115]。规模最大的一次是 2002 年由德国公路局（BASt）组织的，基于不同内容的调查问卷（比如车辆时速、跨国界交通等）对机动车的行驶里程数进行了实证调查。共有12.7万名车主参与此次问卷调查[注116]，返回答卷的比例约为70%。因为这项行驶里程数问卷调查距今十年多了，所以本书还需要参考一些其他的新问卷调查，并和BASt调查结果进行比较。

在发表的“德国交通数据的意义以及现状”一书中，作者Nobis和Luley对德国各种交通问卷调查给出了详细的介绍[注117]。表7概括了本书涉及的交通问卷调查的类型和范围。在“交通问卷（MOP）”调查中，历时三年对家庭调查对象进行了每年一次的交通行为问卷调查。调查对象需要给出自己家用轿车的年行驶里程数以及油耗情况，该项调查不涉及车型和等级。2002—2008年进行了另一项问卷调查“德国交通研究（MiD）”，这是一项集书面、电话以及网络方式于一体的综合性问卷调查，内容是行驶路径频率和交通工具使用分布。通过这种调查，每辆车所走的路径及路径距离也能记录下来。在“德国机动车交通（KiD）”问卷调查中，调查人员从德国交通部（KBA）的数据中随机抽取一定量注册的轿车和其车主，委托车主在某一天写一个行驶日记。最终收集的所有行驶路径日记应包括一周的每一天。2012年初给出了最后一次问卷调查结果。公开版本中不公布各种驱动类型车辆的行驶里程数据。弗朗霍夫研究所的“ISI REM2030”问卷调查仅针对经济交通领域。因此，下面的分析主要基于MiD（2008年）和BASt（2002年）的问卷调查获得的数据。

在KBA数据中问卷调查的车辆是与车型一一对应的，所以本书也按车型对MiD的数据进行相应的评估（表8）。分析显示，柴油汽车和天然气汽车（CNG/LPG）的行驶里程数明显要高于汽油汽车。这一结果和2002年BASt行驶里程问卷调查结果一致。在BASt的结果中，汽油汽车和柴油汽车的平均年行驶里程数分别为11934km和20925km[注118]。2008年MiD的结果中，汽油汽车和柴油汽车的平均年行驶里程数分别为11793km和21104km（表8）。德国经济研究所每年都会公布一份“德国交通数据调查报告”，2008年的数据显示，汽油汽车和柴油汽车的平均年行驶里程数分别为11900km和21100km[注119]。由此可见，MiD的调查数据是可信的，也将继续用于后面的研究分析。不过，MiD中可替代驱动汽车的样本数只有30辆，鉴于样本数过小，这里就不展示相关结果了[注120]。无论是MiD还是其他的问卷调查中都没有涉及可替代驱动汽车年行驶里程数的可用数据，所以本书的有关分析只能基于对年行驶里程数相应的假设[注121]。在以后进一步的研究中最好能获得年行驶里程数的可用数据。

表 7　交通问卷调查对比

	Mobilitätspanel (MOP)①	德国交通调查 (MiD)②	德国机动车交通调查 (KiD)③	弗劳恩霍夫研究所 (REM2030)④
调查年份	1994—2011	2002，2008	2002，2010	2012
调查时间段	每年一次，共三年	一年	一年	一年
调查项目委托人	BMVBS	BMVBS	BMVBS	无
调查项目受托人	KIT	Infas，DLR	WVI，IVT，DLR，KBA	弗劳恩霍夫研究所
调查范围	1000 个家庭	50000 个家庭	100000 辆车	354 辆车
报告周期	7 天	1 天	1 天	3 周

① KIT（2012）。

② infas 和 DLR（2008）。

③ KiD（2012）。

④ Fraunhofer ISI REM（2030）。

表 8　依照汽车等级和燃油种类划分的轿车年行驶里程数对比

（来自 MiD2008 以及 BASt2002）　　（单位：km）

	MiD 2008 年数据①			BASt 2002 年数据②	
	汽油	柴油	CNG/LPG	总额	总额
微小型车	10 428	19 257	19 800	10 985	11 325
小型车	10 904	19 135	15 78	11 534	11 238
紧凑型车	11 964	20 843	23 530	13 720	11 298
中级轿车	12 847	23 591	23 746	16 065	15 468
中高级轿车	12 551	24 251	20 538	17 422	16 730
高级车	14 785	22 114	15 000	16 407	18 664
越野车	11 721	19 813	16 700	16 171	16 010
跑车/赛车	9 774	13 036	15 000	9 880	—
厢式旅行车	11 847	19 321	21 380	13 853	—
内部加长车	13 588	20 401	20 839	17 075	—
公用车	12 060	18 445	18 190	16 690	18 320
房车	15 000	11 452	—	11 461	—
其他	11 193	19 784	16 533	13 323	—
最后结果	11 793	21 104	20 452	14 111	13 397

① Redelbach（2012），参照 MiD（2008）。

② BASt（2002），参照 IVT（2004），表 9，第 187 页。

2.2.3　燃油消耗

一辆轿车的燃油消耗除了和车身重量、载荷路径和驾驶人驾驶行为有关之外，还取决于发动机内部的能耗、辅助能耗（如空调、水泵、车灯的能耗）和车身设计（滚动阻力和空气阻力）。为了给顾客、CO_2 调控以及基于 CO_2 排放量的征税提供可比的数据，1996 年 1 月 1 日起，欧盟国家内规定对新欧洲行驶循环工况（NEFZ）[注122]下的车辆燃油消耗进行检测。获取 NEFZ 车辆燃油消耗值的操作流程如下，即在一个汽车转毂测试台架上运行预先定义的行驶循环工况，检测过程中运行条件须保持恒定，如环境温度、载荷、换档时刻和开始/结束时间等，同时保持辅助能耗不变（如不开空调等）。

图 8（左）展示了燃油消耗的变化趋势，右边展示了相应的 CO_2 排放量的变化趋势。如果假设燃料具有同样的碳含量，这两条曲线是可以放在同一个图中的[注123]，但是，为了看起来更加明晰，这里将二者分开展示。图 8 中上面的曲线分别展示了德国 2002 至 2012 年汽油以及柴油的消耗情况。

新注册车辆燃油消耗的变化/(L/100km)

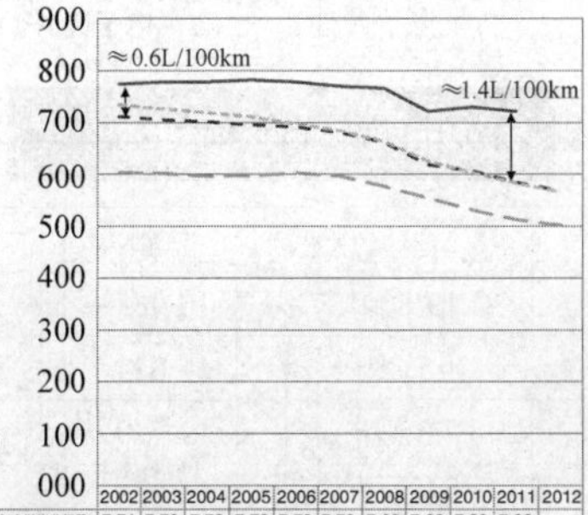

	2002	2003	2004	2005	2006	2007	2008	2009	2010	2011	2012
德国(汽油燃烧监视器)	7.74	7.78	7.78	7.72	7.78	7.70	7.66	7.22	7.30	7.22	
德国(NEFZ)	7.12	7.06	7.02	6.96	6.92	6.60	6.61	6.18	6.06	5.84	5.68
欧盟27国柴油车(NEFZ)	6.03	6.01	5.96	5.97	6.02	5.96	5.77	5.54	5.31	5.13	5.02
欧盟27国汽油车(NEFZ)	7.34	7.27	7.19	7.11	6.98	6.84	6.63	6.25	6.03	5.82	5.66

新注册车辆 CO_2 排放量/(g CO_2/km)

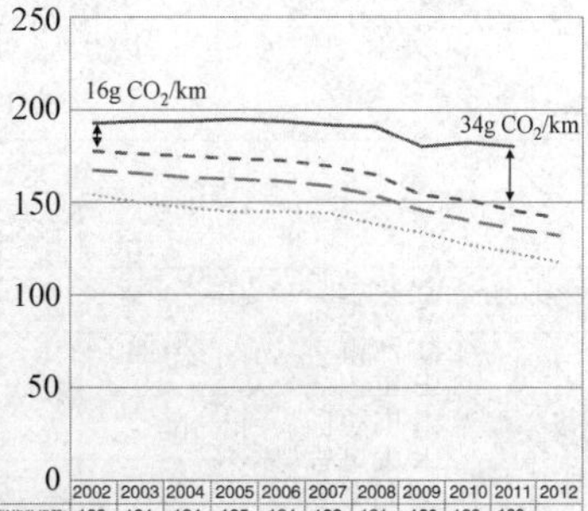

	2002	2003	2004	2005	2006	2007	2008	2009	2010	2011	2012
德国(汽油燃烧监视器)	193	194	194	195	194	192	191	180	182	180	
德国(NEFZ)	177	176	175	173	173	170	165	154	151	146	142
欧盟27国柴油车(NEFZ)	167	166	163	162	161	159	154	146	140	136	132
葡萄牙(NEFZ)	154	150	147	145	145	144	138	134	127	123	118

燃耗和 CO_2 排放：NEFZ，EEA（2013）；汽油燃烧监视器，Mock等人的（2013）。

图 8　德国和欧洲平均燃油消耗以及 CO_2 排放量的变化

图中曲线德国（汽油燃烧监视器）[注124]给出的是德国平均实际燃油消耗情况，与 NEFZ 车辆燃油消耗值之间的差别很大。此外，从图中可以看出，汽油和柴油燃料的消耗差别最小，葡萄牙车辆的 CO_2 排放在全欧洲最低。

2.3　可替代驱动技术和传统驱动技术[注125]

尽管电驱动技术在过去的几十年里总是被预言会取得成功和突破[注126]，但是，带有速度/转矩转换装置（传动机构）和起动/换档离合器的往复式活塞内燃机[注127]在全球范围仍然是最普及的轿车驱动技术。其中的原因在于柴油和汽油的能量密度高，所带燃料和传动系统[注128]的重量和结构间比例好，同时内燃机性能具有很好的鲁棒性（抗严寒、高温以及振动）。除了上述技术特点之外，内燃机的经济性也有优势，制造和运行成本不高[注129]。内燃机的缺点在于汽油、柴油和天然气在燃烧过程中会释放出大量的温室气体、有害物质并发出噪声，同时其燃料资源是有限的。下面介绍本文涉及的车辆驱动技术及其关键零部件（图9）。

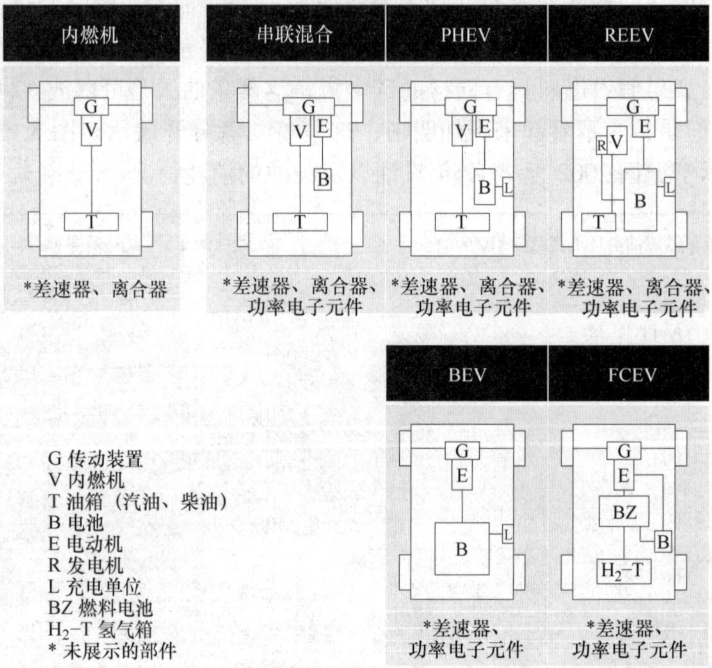

图9　可替代驱动和传统驱动技术的系统结构

图9中展示的车辆驱动技术还没有大批量生产和大规模市场化，涉及这些汽车的性能和能耗信息依然存在很大的不确定性。因此，对于这种复杂驱动系统，有关其经济性和生态性的研究以往都必须给出许多假设和参考大量的文献报告[注130]。

2000年前后，学术界和汽车行业也面临了相似的问题，当时应用于内燃机的多种生物燃料，用各种初级能源制取的氢气所驱动的燃料电池汽车等新技术引起了社会的广泛关注和讨论。对此，欧洲的EUCAR[注131]、CONCAWE[注132]和JRC[注133]共同成立了一个联盟，采用“从油井到车轮”的分析方法[注134]对可替代和传统驱动汽车的能源消耗和温室气体排放进行了大量的研究[注135]。

该联盟在2013年6月发布的第4版“从油井到车轮分析报告”中补充了

2010 年和 2020 年之前版本中尚未包括的可替代驱动汽车 BEV、PHEV 和 REEV 的内容[注136]，因此，这个分析报告被用作本书相关分析的基础。“从油井到车轮分析报告第 4 版（EUCAR V4）”是在 AVL 公司牵头的一个项目下由众多的欧洲汽车工业专家共同完成的[注137]。该联盟的这个项目旨在设计性能具有最大可比性的不同驱动技术轿车。EUCAR V4 所用的样车大小类似于一辆大众 Golf。模拟车辆能耗之前，欧洲整车厂[注138]和 AVL 首先定义了样车采用不同驱动技术时无论如何必须达到的性能指标。根据定义的性能指标，V4 所有的车辆必须达到从起步到 100km/h 的加速时间为 11s、最高速度 180km/h 和最长续驶里程 500km。不过，纯电动汽车例外，由于其电池过重，2010 年只需达到最高速度 130km/h 和最长续驶里程 120km；2020 年则必须到达最高速度 160km/h 和最长续驶里程 200km。所有车辆的传动系统和储能器（燃油箱和电池）的设计都必须满足上述性能指标。

V4 中所有车辆的能耗模拟都是在 NEFZ 工况下进行的。欧洲汽车质量检测和尾气排放标准也是以 NEFZ 工况作为基础的[注139]。此次研究只模拟研究了 2010 年和 2020 年前后各种驱动技术的车辆。对于 2030 年的情况，所有参与的专家表示还存在很多不确定性。因此，后面的分析不改变相应的技术参数值，从而保证第 3 章和第 6 章中的成本计算不会包含太多的不确定性。但是可以推测的是，到 2030 年所有驱动车辆的能耗将会降低 10%。从 2020 年起，通过诸如轻量化等技术，能耗基本上每年可降低一个百分点。

2.3.1　关键技术

内燃机

近年来，汽车制造商采取了一系列优化内燃机的措施，明显减少了燃料消耗和有害物质排放。这些优化措施包括减少摩擦损耗、降低内燃机重量、变工况过程中的尾气循环利用、空燃比调节以及尾气催化处理技术等。此外，所谓的“小型化”措施也可以提高单位排气量的功率，如增压、可变气门控制、燃油直喷、受控自燃和提高压缩比等。以上措施可以提高发动机的整体效率[注140]，汽油发动机的效率上升至 0. 36，柴油发动机上升至 0. 43[注141]。Cornal Stan 在《车辆可替代驱动技术》一书中详细阐述了这些改善措施[注142]。

电池

为了驱动一辆汽车，需要不断给其输送必要的能量[注143]或者从某一车载能量储存器中获取能量[注144]。如果一种储能器通过电化学转换装置能够再充电，那么它就是所谓的可充放电电池。“电池”这一概念最早是指多个电池单体[注145]的串联，可充放电电池则指多个可重复充放电电池单体的串联[注146]。目前，习惯用法都用“电池”一词表示“可充放电电池”，本书也遵循此原则。

电池可定义为一种电化学能量储存器，充电时通过化学物质的迁移将电能转换成化学能储存起来，放电时通过逆反应把电能释放出来[注147]。

车用动力电池由电池单体、包括单体监控的电池管理、电子电气单元（配电箱）、传感器、安全元件、冷却装置和壳体组成。其中，电池单体的成本占电池成本的60%～80%[注148]。车用动力电池要满足以下五个方面的要求：1）安全性；2）寿命（循环充放电次数及抗老化性能）；3）成本；4）能量密度；5）功率密度[注149]。目前评估可替代驱动汽车的动力电池之间的差别时主要是看以上五个方面。不是每一种电池都适用于任何一个用途。在其发表的文章"电驱动汽车储能装置的技术路线图"[注150]和"电驱动汽车储能装置的综述（EMOTOR）"[注151]中，弗劳恩霍夫系统与创新研究所（Frauenhofer－ISI）详细分析了每种电池技术的潜力。下面重点介绍本书分析要用到的功率型电池（HP 电池）和能量型电池（HE 电池）。

HP 电池[注152]主要用于混合动力电动汽车和燃料电池电动汽车。这两类汽车对电池的储电量要求不高。但是，其起动、加速以及制动过程对电池功率要求很高。因此，选择 HP 电池工作点必须保证加速时电池能够提供足够的电能。此外，在制动时必须在很短时间内储存发电机发出的电能。通常情况下，HP 电池的工作点[注153]保持在荷电状态50%～60%。所以，HP 电池储存的大部分电能其实是没有被利用的。然而，只有这样才能避免电池的深度放电，使电池具有足够的充放电循环次数，从而延长电池寿命[注154]。

HE 电池[注155]主要用于增程式电动汽车以及纯电动汽车，在设计和使用上与 HP 电池明显不同。为了达到尽可能高的续驶里程数，HE 电池储电量的绝大部分实际上都会被使用。但是，深度放电次数增加会减少电池的循环寿命，并导致电池单体的性能衰减[注156]。另外的特征参数还有电池系统的能量密度和功率密度，它们影响电池的重量和体积。此外，快速充电模式需要较大的充电功率[注157]。在结构和使用上，用于插电式混合动力电动汽车（PHEV）的电池是上述两种电池系统（HE 电池和 HP 电池）的折中。为了简单起见，本书下文将其统称为 HE 电池。

锂离子电池系统因其能量密度高和所用活性材料的多样性，非常适合作为 HP 和 HE 电池系统。除了成本之外，未来的挑战还在于新活性材料的批量生产技术。新活性材料能够提高电池系统的能量密度、安全性、大电流特性和使用寿命[注158]。

电机

作为水力、火力和风力发电厂的发电机，电机可以说是全球发电的基础[注159]。同时它也是工业、商业和消费行业等必不可少的动力工具[注160]。过去，电机在汽车制造行业主要用于刮水器、座椅位置调节器和活动车顶或敞篷车顶。在汽车发电机中，电机运行在发电模式下为轿车提供电流。目前，在可替代驱动汽车中电机作为轿车的牵引发动机。

电机噪声很小，而且不会排放有害物质。相比内燃机，它可在很宽的转速区间内高效运行。此外，在制动过程中电机可运行在发电模式，将动能转化为电能[注161]。电机由一个固定的部分（定子）和一个旋转的部分（转子）组成。通过定子端输入或输出电能，通过转子端输入或输出机械能。相应的能量转换发生在定子和转子之间的空气间隙中。电机一方面可以根据电流类型划分，即直流电机、交流电机和三相交流电机，另一方面又可以按工作原理划分，即同步电机和异步电机[注162]。在大类别下还有一些次级分类，这里不做进一步讨论。

在以上电机类型中，永磁同步电机（PSM）是目前混合动力汽车和纯电动汽车最常用的电机。它的优点主要是低负荷范围的效率高，体积小，机械和电子结构简单，易于控制[注163]。

PSM 的缺点是需要使用稀土金属[注164]。稀土金属可以提高磁体的耐高温性以及在机械碰撞下或其他磁场下的抗退磁稳定性。稀土金属最主要的作用是加强永磁体的磁场，从而提高 PSM 的效率[注165]。由于稀土金属资源有限，混合动力和纯电动汽车越来越多地采用他励同步电机、异步电机和横向电机[注166]。本书的分析中不考虑这些电机。

电子电气单元（配电箱）

电子电气单元[注167]的作用是将电池输出的直流电与车辆的电力需求相匹配。为此，配电箱必须把电池输出的直流电转化为电机需要的交流电，或者将制动回收产生的交流电转换成电池的直流电。这样的功能需要通过可快速接通的功率半导体来实现，功率半导体可以导通或者截止电流。此外，通过配电箱中的直流 - 直流变换器（DC - DC 变换器）[注168]，还可将动力电池的高压电流转化为车载网络蓄电池的 12V 电压电流。与内燃机汽车采用的 12V 电压发电机相比，DC - DC 变换器效率更高、重量更轻以及维护成本更低。电子电气单元未来会变得更加紧凑、轻便、功能更强，价格也会更低[注169]。因此，研发新型功率半导体以及其包装和冷却技术具有非常重要的意义[注170]。有关目前具有的和未来可能出现的功率半导体种类，本书在此不做详细阐述。

燃料电池堆

与电池不同，燃料电池工作时还原剂（燃料）和氧化剂是不断从外部输入的。因此，只要存在氧化剂和还原剂，理论上燃料电池就可以供给无限的能量。车用燃料电池使用的燃料一般是氢气，但也可以是天然气或甲醇[注171]。

燃料电池中电能是通过氢气这种化学能量载体的氧化反应[注172]直接产生的。氢气和空气（氧气）分别导入至一个多孔的、带催化涂层的电极。两个电极中间是复合材料构成的电解质。燃料电池工作时，氢气质子和氧气发生化学反应生成水，并且形成一个正的电势，两个电极之间的电势差（电压）因此而产生。电解质在此作为隔离体，阻止两种气体直接接触，这样两个电极只能通过外电路进行电子迁移。燃料电池可以根据其电解质材料分类［如聚合物质子交换膜燃料电池（PEMFC）和固体氧化物燃料电池（SOFC）］，也可以根据其工作温度分类（低温、中温和高温燃料电池）。车用燃料电池主要是PEMFC【注173】。

PEMFC是一种低温燃料电池，其工作温度在40~100℃之间。PEMFC采用带导电石墨层的聚合物薄膜作为电解质。这种膜对于反应气体的杂质，尤其是对于氢气中的一氧化碳十分敏感，所以氢气必须首先经过彻底的去杂质处理才能加入氢瓶。电极处有一薄铂催化剂层，可以提高氢原子分解为质子和电子的反应速度。铂作为催化剂的缺点在于价格高昂且开采投入大。燃料电池最小的单元是膜电极（MEA）。每一片单池实际上只能产生0.5~1V的电压，为了得到更高的电压，采用多个单池或MEA组成燃料电池堆【注174】。燃料电池研发的主要目标在于：1）提高性能和降低成本；2）提高鲁棒性（抗干扰及冗余能力）和可靠性；3）延长运行寿命和耐久性【注175】。

燃料电池外围设备

燃料电池外围设备指的是为了实现氢气－氧气电化学反应发电所需的除燃料电池堆之外的其他部件，主要包括空气供应、增湿、氢气供应和冷却系统。

空气供应功能由一个空气模块实现。空气模块对环境空气进行过滤和压缩【注176】。目前，主要是利用电动涡轮压气机进行空气压缩。电动涡轮压气机在燃料电池空气供应要求范围内效率最高。为了加湿吸入电堆的空气，需要先将排气中的水蒸气冷凝下来，使入堆空气增湿后再输入电堆。

氢气供应功能由一个所谓的阳极模块实现。阳极模块对氢气进行加湿并为燃料电池提供所需的氢气量。目前，PEMFC的工作温度最高可达95℃。这一点的好处在于燃料电池的余热在冬天可以用来给驾驶舱升温；其缺点是冷却介质与环境之间相对较小的温差对冷却系统提出了更高的要求。因此，为了减少冷却成本，未来可以考虑提高燃料电池的工作温度。此外，减少增湿和简化供氢也是实现燃料电池汽车技术商业化的重要工作【注177】。

储氢罐

氢气在常压下是一种非常轻的气体。车用时通常以纯氢压缩气态、纯氢低温液态、物理/化学化合物等形式储存氢气。被压缩至20~90MPa的高压氢气储存在高压储氢罐中【注178】。高压储氢罐可以分为四种类型。第一类储氢罐由厚壁的不锈钢或者铝组成，因而非常牢固和抗压，但是相对较重【注179】。由于重量较轻，近年来这类储氢罐添加了复合材料【注180】。第二类和第三类储氢罐的金属内壁部分或完全覆盖了一层碳纤维网，不仅更加坚固，而且可以减轻储氢系统的重量。第四类储氢罐完全由塑料内胆和塑料压力罐组成。目前在轿车上，第四类储氢罐可以几乎无泄漏地储存 70MPa 的高压氢气。圆锥状或球状储氢罐因其压力分布较合理，更适合储存这种高压下的氢气[注181]。从中、长远来看，车辆特需的储氢特点（如重量轻、体积小、坚固、使用寿命长和成本低等）使得车载储氢装置还有很大的改善潜力[注182]。有关液态储氢和物理/化学化合物储氢等技术的内容，本书在此不赘述。但是，随着技术进步，它们可能也会成为车载储氢装置的可选项。

轻量化[注183]

近年来，由于技术可能性的增加以及客户对于安全性和舒适性要求的提高，汽车变得越来越重。传统的内燃机汽车，车身约占整车重量的 40%，传动系统和燃油箱占 40%，剩下的 20% 是内室重量。

语义习惯上“轻量化”这一概念指的是减少车身重量。但是，轻量化已经拓展至减少其他部件的重量，如传动系统、能量存储器以及内室配置等。轻量化对可替代驱动汽车的作用尤其明显，因为每减少 1kg 重量，电池和燃料电池系统就可以相应地设计得小一些，从而降低成本。

宝马在它的 i3 和 i8 两款车型上舍弃了承载式车身结构的理念。这两种车型目前都由两个模块构成。一个是“行驶模块”，集行驶系统、传动系统和能量存储系统于一体。另一个是“生活模块”，其实就是碳纤维复合材料[注184]制成的驾驶舱。这种结构除了经济性问题外，还有使用该材料的总的能量平衡和汽车维修等问题。

2.3.2　内燃机汽车

在内燃机中，燃料的化学能通过活塞、连杆和曲轴转为热和机械功。车用内燃机主要有汽油机和柴油机。这两种燃油发动机的主要不同在于点火方式，柴油机因其气缸内的高压缩比可以自燃点火；由于气缸内的压缩比受汽油防爆燃性的限制不能太高，汽油机则需要一个外部点火系统[注185]。

表 9 给出了 EUCAR V4 研究中模拟的汽油车与柴油车数据。从 2010—2020 年，燃油消耗的减少主要归功于 2.3.1 中所提及的节能减排措施。

表 9　汽油汽车和柴油汽车的技术发展趋势[注186]

驱动/参数	单位	2010	2020	2030
<u>汽油发动机</u>	—	DISI①	DISI	DISI
排量	L	1.4	1.4	1.4
功率	kW	90	85	85
气缸数量	—	4	3	3
模拟				

（续）

驱动/参数	单位	2010	2020	2030
消耗（NEFZ）	L/100km	6.33	4.43	3.99③
CO_2 排量（NEFZ）	g CO_2/km	150	105	95③
柴油发动机	—	DICI②	DICI	DICI
排量	L	1.6	1.6	1.6
功率	kW	85	85	85
气缸数量	—	4	4	4
模拟				
消耗（NEFZ）	L/100km	4.53	3.30	2.97③
CO_2 排量（NEFZ）	g CO_2/km	120	88	79③

① DISI－直接喷射火花点火。

② DICI－直接喷射压缩点火。

③ 此处假设，能耗比2020年改善10%。

2.3.3 混合动力汽车

“Hybrid”这个词来源于希腊语，意思是“混合的”或者“来自两个来源的”。根据定义，一辆混合动力汽车至少拥有两种能量存储装置和两种能量转换装置。两种能量转换装置分别是内燃机和电机，而两种能量储存装置分别是燃油箱和电池。一般文献将“混合动力”概念区分为微混、中混、全混和插电式混合动力。这种区分主要是参照电机功率以及电动实现的其他辅助功能【注187】。近年来，汽车制造商也给出了一种按照汽车结构分类的方法，即将混合动力汽车划分为并联式混合动力汽车、串联式混合动力汽车和混联式混合动力汽车。下面以EUCAR－V4研究中的汽车为例介绍这种分类方法。

并联式混合动力汽车（HEV）

并联式混合动力汽车有内燃机和电机两套动力系统，这两套系统通过传动系统与车轮胎发生机械连接。两个能量转换器是并联的，从而实现功率叠加【注188】。

将并联式混合动力配件集成到已有的内燃机动力系统上，这通常是相对容易的，不需要改变车身结构。最主要的改变之处是需要将带电机的混合驱动机构、电池以及运行控制策略添加到内燃机的动力系统中。表10展示了EUCAR－V4研究中汽油P1并联式混合动力的技术发展趋势。为了避免过于复杂繁多，接下来主要对汽油混合动力汽车进行分析。柴油混合动力在技术上是可行的，也是EUCAR－V4的研究对象。但是，在实际中除了一些个例外一般不会考虑柴油混合动力方案，主要是因为柴油动力系统价格较高。

表10 汽油P1并联式混合动力的技术发展趋势[注189]

参数	单位	2010	2020	2030
内燃机		DISI	DISI	DISI
排量	L	1.4	1.3	1.3
功率	kW	90	70	70
气缸数量	—	4	3	3
电机		PSM	PSM	PSM
功率（最高值）	kW	24	24	24
电池		HP Li-lonen	HP Li-lonen	HP Li-lonen
内能	kW·h	1.4	1	1
功率	kW	30	30	30
模拟				
消耗（NEFZ）	L/100km	4.44	2.92	2.63①
CO_2 排量（NEFZ）	g CO_2/km	106	70	63①

① 此处假设。能耗比2020年改善10%。

并联式混合动力汽车可以在纯电动、纯内燃机和两者混合式这三种驱动模式下运行。按照内燃机布置的不同，比较普及的是以下P1至P4这四类并联式混合动力汽车[注190]。

P1-并联式混动：电机和内燃机通过同轴连接，产生共同的转矩。P1混动功能主要包括起/停、制动能量回收和增强加速功能。其典型代表是奔驰混合动力车型S400混动。

P2-并联式混动：电机位于变速器输入端，可以通过一个离合器与内燃机分开。所以，P2混动可以实现纯电动驱动行驶，同时能够实现无拖带内燃机功耗的制动能量回收[注191]。其典型代表是大众途锐混合动力版。

P3-并联式混动：电机置于变速器后面，牵引力在换档过程中可以保持不变，从而提高行驶舒适性。此外，在离合器打开的情况下也能实现纯电动驱动。

P4-并联式混动：电机装在一根轴上，内燃机装在另一根轴上。由此，电机可以助力牵引。P4混动的缺点是只能通过在内燃机上额外再添加一个电机来实现内燃机的起/停功能和变工况运行功能[注192]。

插电式混合动力汽车（PHEV）

插电式混合动力汽车（PHEV）属于混联式混合动力汽车。PHEV在结构上和并联式混合动力汽车非常相似，但它配置更大的电池并可以通过外部电源充电。凭借其更大的电池和功率更高的电机，PHEV已经能以纯电动模式进行短距离的行驶（表11）。

表 11　汽油插电式混合动力汽车的技术发展趋势[注195]

参数	单位	2010	2020	2030
内燃机		DIS	DIS	DIS
排量	L	1.4	1.4	1.4
功率	kW	90	70	70
气缸数量	—	4	3	3
电机		PSM	PSM	PSM
功率（最高值）	kW	40	38	38
电池		HE Li - lonen	HE Li - lonen	HE Li - lonen
内能	kW · h	3.7	2.7	2.7
功率	kW	50	50	50
模拟				
电力续驶里程（NEFZ）	km	20	20	22①
消耗 ECE - R101	L +	3.17	2.11	1.90①
电力消耗 ECE - R101②	kW · h/100km	4.07	2.70	2.43①
CO_2 排量 ECE - R101	g CO_2/km	75	50	45①

① 此处假设，能耗比 2020 年改善 10%。

② 包括充电损失。

目前，欧盟的法规是有利于这种车型的。根据法规，可以根据 PHEV 的纯电动续驶里程数、电能消耗情况以及正常行驶工况下汽车排放量对燃料燃烧产生的 CO_2 排放量进行加权折算[注193]。这种“不计动力电池排放”的折算方式使得整车制造商未来可以在其量产车的总排放量限额及交易方面大大受益[注194]。

增程器

增程式电动汽车（REEV）属于串联式混动汽车。串联式混动一般采用的是驱动功率大的电机（表 12）。

REEV 中内燃机不用于驱动或拖动，只是当动力电池的荷电状态（SOC）低于某一阈值时带动一台发电机给动力电池充电。REEV 配置的是 HE 电池，其储电量远高于 PHEV 所用电池的储电量。如表 12 所示，REEV 可以实现 80km 的纯电池驱动行驶。REEV 的优点是内燃机可以在排放和油耗较低的转速范围内给电池充电[注197]。但是，为了能够充分发挥电驱动系统的效率优势，行驶时应该尽量采用电驱动模式，仅在“紧急情况”下起动内燃机。

表 12　增程式电动汽车的技术发展趋势[注196]

参数	单位	2010	2020	2030
内燃机		DISI	DISI	DISI
排量	L	1.4	1.2	1.2
功率	kW	55	47	47
气缸数量	—	4	3	3

（续）

参数	单位	2010	2020	2030
电机	kW	57	50	50
		PSM	PSM	PSM
功率（最高值）	kW	90	75	75
电池		He - Li - lonen	He - Li - lonen	He - Li - lonen
内能	kW · h	14.9	11.8	11.8
功率	kW	100	90	90
模拟				
电力续驶里程（NEFZ）	km	80	80	88①
消耗 ECE - R101	L +	1.09	0.85	0.77①
电力消耗 ECE - R101②	kW · h/100 km	11.58	9.12	8.21①
CO_2 排量 ECE - R101	g CO_2/km	26	20	18①

① 此处假设，能耗比 2020 年改善 10%。

② 包括充电损失。

2.3.4　电池驱动汽车（纯电动汽车）

和其他驱动形式的汽车相比，电池驱动汽车（BEV）的系统构造相对简单，主要由能量存储器、电机以及控制器组成【注198】。在 BEV 中，充电电流会通过换流器转化为直流电并储存于电池中。和混合驱动汽车不同，BEV 上没有配置另外一个能量储存器。此外，电池还要给其他的辅助负载如供暖、空调、电助力转向与电助力制动等供电。表 13 给出了 NEFZ 循环工况下的能耗数据（不包括辅助负载耗电）【注199】。

表 13　纯电动汽车的技术发展趋势【注200】

参数	单位	2010	2020	2030
电池		HE - Li - lonen	HE - Li - lonen	HE - Li - lonen
内能	kW · h	17.8	22.1	22.1
功率	kW	100	90	90
电机		PSM	PSM	PSM
功率（最高值）	kW	90	70	70
模拟				
电力续航里程（NEFZ）	km	120	200	220①
消耗（NEFZ）②	kW · h/100km	14.49	10.59	9.53①
CO_2 排量（NEFZ）	g CO_2/km	0	0	0

① 此处假设，能耗比 2020 年改善 10%。

② 包括充电损失。

2.3.5 燃料电池汽车

严格来说，燃料电池汽车（FCEV）也属于具有两个能量储存器和两个能量转换器的串联式混动汽车。FCEV 的储能器是储氢罐和电池，能量转换器是燃料电池和电机。燃料电池中氢的化学能在氧的作用下通过“冷燃烧”转换成电能，直接驱动电机。此外，燃料电池产生的直流电还可用于辅助负载如空气压缩机或空调压缩机。还有一部分直流电可以给 HP 锂离子电池充电，使其在负载增加过渡过程中或在电机峰值负载下能够提供短时的补偿电功率。此外，电池也可回收汽车制动时产生的能量，并在某些行驶阶段再用于驱动车辆（比如起动阶段），从而降低能耗。燃料电池汽车的技术发展趋势见表 14。

表 14 燃料电池汽车的技术发展趋势[注201]

参数	单位	2010	2020	2030
燃料电池堆		PEM	PEM	PEM
功率	kW	70	55	55
电池		HP - Li - lonen	HP - Li - lonen	HP - Li - lonen
内能	kW · h	1.4	1	1
功率	kW	30	30	30
电机		PSM	PSM	PSM
功率（最高值）	[kW]	85	70	70
氢气箱				
内能	kg H_2	3.0	2.3	2.3
模拟				
电力续驶里程（NEFZ）	km	500	500	500①
消耗（NEFZ）	kg H_2/100 km	0.624	0.448	0.403①
CO_2 排量（NEFZ）	g CO_2/km	0	0	0

① 此处假设，能耗比 2020 年改善 10%。

2.3.6 系统比较

上文描述的汽车驱动方案之间的差别在于各自的驱动系统和能量储存器。因此，下面主要从整车、驱动系统以及能量储存器这三个方面对不同驱动技术的汽车进行系统比较[注202]。

汽车能耗以及续驶里程车重

图 10（左）展示了 NEFZ 工况下不同驱动车辆的能耗情况（kW · h/100km）。通过图表可见，BEV 的效率最高。REEV 和 FCEV 效率相近。到 2020

年，内燃机汽车的效率采用前文提及的增效措施还会明显提高。图 10（右）展示的是车辆净重（包括 90% 的燃料）和车辆在 NEFZ 工况下续驶里程之比，即续驶里程车重。从这个特征量可以看出，不同驱动技术汽车的质量与续驶里程之比是如何分布的。续驶里程车重越小越好。BEV 因其电池过重，相应的续驶里程车重最大。

汽车消耗/ (kW·h/100km)　　　　续驶里程车重 /(kg/km)

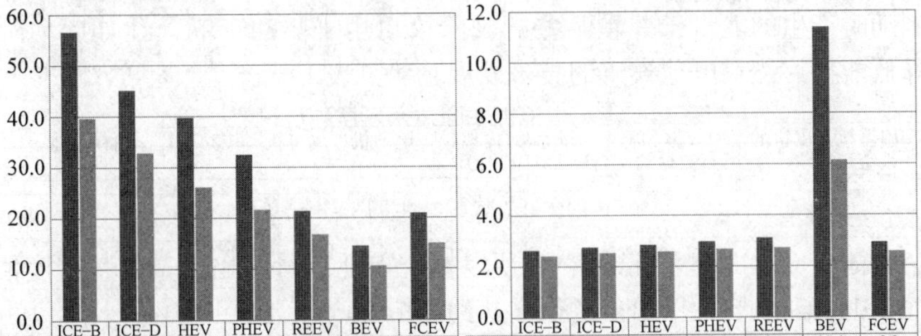

	ICE–B	ICE–D	HEV	PHEV	REEV	BEV	FCEV
■2010	56.6	45.0	39.7	32.4	21.3	14.5	20.8
■2020	39.6	32.8	26.1	21.6	16.7	10.6	15.0

	ICE–B	ICE–D	HEV	PHEV	REEV	BEV	FCEV
■2010	2.6	2.7	2.8	3.0	3.1	11.4	2.9
■2020	2.4	2.5	2.6	2.7	2.7	6.2	2.6

NEFZ消耗。其中，PHEV和REEV根据ECE-R101划分为电力和内燃机驱动两种情况。
车重：见附录中的表46～表52，所有数据均来自EUCAR（2013）。

图 10　汽车能耗与续驶里程车重

动力传动系统和整车的功率密度

驱动技术不同，其动力传动系统的部件也不同。ICE 汽油机和 ICE 柴油机汽车的动力系统仅由内燃机和传动装置组成【注203】。电动系统（HEV、PHEV、REEV）则还需要电动机（或发电机）。BEV 和 FCEV 仅通过电机和传动装置实现其驱动。其中，FCEV 的动力传动系统还包括必须为电机供电的燃料电池系统。图 11（左）展示了内燃机和电机两者驱动功率之和与整个动力系统重量的比（比重量功率密度）。其中，传动系统由内燃机、传动装置、电动机、发电机和燃料电池系统（如果有的话）组成。由图可见，BEV 的比重量功率密度最大。但是，图 11（右）显示，如果考虑整车重量的情况下，与 HEV 和 PHEV 相比，BEV 由于所配置的电池过重，其相应的比重量功率密度要低得多。

燃料和燃料储存器的能量密度

图 12（左）展示了不同车用气态以及液态燃料的能量密度。因为在锂离子电池的充放电过程中（即锂离子的嵌入和脱嵌过程中）不会产生重量上的变化，所以此图给出的是取自 EUCAR V4 的基于电池总重量的比重量能量密度。通常情况下，比重量能量密度也可以基于单池重量给出。但是，由于不包括电池管理

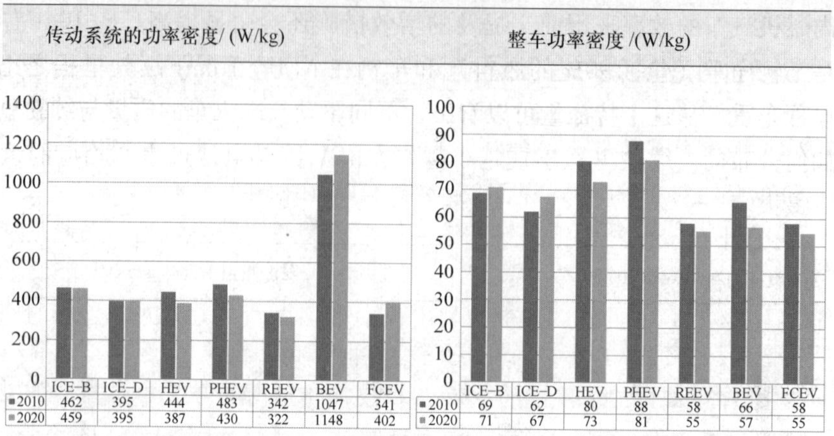

内燃机与电机的牵引效率和整个传动系统(内燃机、电动机、发电机、传动装置、燃料电池系统)重量的商，所有数据均来自EUCAR(2013)。

图 11　传动系统和整车的功率密度

系统、电池壳以及冷却系统[注204]，所以基于单池重量的比重量能量密度值会较高，如 2011 年文献[注205]给出的值高达约 0.14kW·h/kg。

图 12（右）展示了相关燃料对应的燃料系统的比重量能量密度[注206]。同时，图中还显示了电池驱动技术（REEV 和 BEV）的一个核心问题，因 HE 电池能量密度太小，与气态或液态燃料相比，车载电池只能储存很少一部分能量。图 12 虽然没有给出相应的比体积能量密度，不过这个指标参数对燃料系统集成至车辆的空间布置非常重要。氢气或者天然气等气体燃料虽然具有很高的比重量能量密度，但是因其比体积能量密度较低，需要占用较大空间。

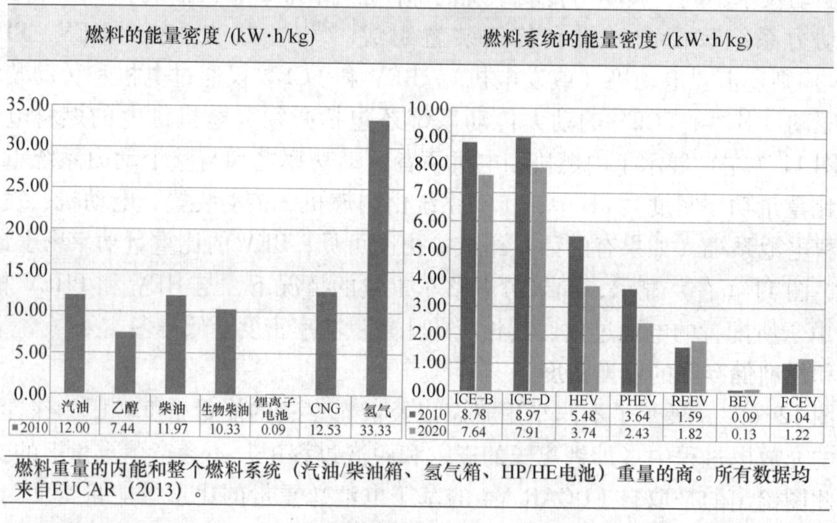

燃料重量的内能和整个燃料系统（汽油/柴油箱、氢气箱、HP/HE电池）重量的商。所有数据均来自EUCAR（2013）。

图 12　燃料以及燃料系统的能量密度

2.4 研究问题的总结和讨论

针对本章开篇提出的研究问题，下面给出相应研究结果的总结及讨论。

1. 轿车交通对能源消耗和 CO_2 排放具有哪些影响？

• 2012 年，德国 19% 的一次能源消耗来自交通领域。因此，交通是继家用领域之后近年来能耗最大的领域。但是与 1990 年相比，德国的一次能源消耗整体下降了 7.7%。一方面原因是能源利用效率得到提高，另一方面是煤的使用比例减少，越来越多地被天然气和可再生能源替代。

• 2010 年，全球 CO_2 排放的 22% 来自交通领域。因此，交通领域是继电热生产（41%）后第二大排放来源，第三是工业领域（20%）。全球交通排放的 2/3 来自道路运输（轿车、货车、摩托车、公交车）。过去 20 年，德国道路运输领域的 CO_2 排放占总排放的比例基本保持在 17% ~20%。比较严峻的问题是，未来全球汽车的保有量将会大幅增加，预计 2050 年保有量将是 2010 年的 2 倍。2010 年，德国汽车保有量仅占全世界汽车保有量的 5%，2030 年以后这一比例还会继续降低。

• 2012 年，德国可再生能源和资源从量上看足够交通运输之用，但是，其能源形式和资源状态却不都是目前可直接应用的或用传统技术可加工处理的。2012 年德国的可再生能源发电量为 100TW · h/年，足够用于 4100 万辆 BEV 和 1800 万辆 FCEV。从中、长远看，德国的所有轿车都可采用可再生能源电驱动技术，甚至再生能源电力也全部是德国本土提供的。

• 近年来，虽然轿车的 NEFZ 能耗持续减少，但实际能耗却减少不多。与此同时，汽车的总行驶里程数每年不断增加，导致整个交通的能源消耗进一步增加。为了应对这一能源消耗增长趋势，应用可替代驱动技术势在必行。

2. 影响可替代以及传统驱动研发和市场化的外部因素有哪些？

• 本章对气候变化影响、能源供应、法律法规、社会和商业模式以及交通方式选择等专题进行了分析研究。为了实现气候保护目标，立法者出台了一系列法律法规。其中，大部分的政策主要针对最终顾客（车辆买主以及驾驶人）。绝大部分政策最多只是间接地涉及汽车和燃料供应商。但是，直接面向供应商的政策（如混合生物燃料、欧盟车辆总排放限额、零排放车辆立法等）能使供应商根据每项政策直接采取相应的减排措施。在德国，除了混合生物燃料之外，没有其他任何强制使用可再生能源的相关法规。

• 近年来，德国柴油汽车的占比越来越大，其中的具体原因本章没有进行深入讨论、分析。相比汽油汽车，柴油汽车能耗更少，燃料价格也更便宜。此外，柴油汽车行驶性能也明显优于汽油汽车。

• 2012 年，单位公车占德国新车登记量的比例高达 60%。因此，单位公车市场也是可替代驱动技术的一个重要市场。

3. 可替代和传统驱动以及它们关键技术的发展现状如何?

• 本章涉及的 HEV、PHEV、REEV、BEV 和 FCEV 之间的区别主要在于技术特性。BEV 虽然能量转换效率最高，但是因为其动力电池的比重量能量密度很小，所以未来 BEV 在续驶里程数方面还不具有与其他已普及的驱动形式汽车的可比性。

• 对 EUCAR - V4 车辆进行的研究虽然没有考虑费用，但是从技术角度来看比“欧洲联合研究车辆”（2010 年）涉及的内容更深入，时效性更强。第 3 章将会把两个研究结合起来，采用欧洲联合研究中给出的部件成本计算 EUCAR - V4 车辆成本。

4. 进一步的研究展望

• 不同法律法规和政策对于可替代驱动技术应用和推广的影响，值得展开进一步的研究。根据 Enzensberger 和 Wietschel（2003 年）的观点，相关政策因素的影响可以从经济效益、效率和可行性这三项评判指标着手进行分析。尤其值得研究的是电动汽车超强度优惠补贴政策的影响。另外，根据 Propfe 和 Kreyenberg 等人的观点，燃料如汽油/柴油、氢和电等的价格对可替代驱动技术应用和推广也具有不可忽视的作用[注207]。

• 此外，还需要深入研究人们的交通行为。“使用替代拥有”的交通方式在未来可以大大提高轿车的载荷率和使用率，从而在相同运输需求情况下降低汽车保有量。诸如移动手机的网约车平台和多样化交通工具（如自行车、轿车和公共交通等）的精确定位等的应用普及为“使用替代拥有”这样的交通方式奠定了技术基础。

2.5 注释

注 14：参见 Latif（2012），页 6 及以后各页

注 15：参见 Geo 研究中心（2012），页 6

注 16：Jones，New 等人（1999），页 173

注 17：英语：parts per million，德语：Teile pro einer Millionen（百万分之几）

注 18：相比之下增长 40%

注 19：参见 Latif（2012），页 12 及下页

注 20：Geo 研究中心（2012），页 5

注 21：参见 Emmermann（2008）

注 22：IPCC（2013a）

注23：参见 Latif（2012），页15及下页

注24：IPCC（2013b）

注25：IPCC（2013a）

注26：IEA（2012）

注27：BMWI 于1992—2012年所进行的分析（2013b）

注28：本段落主要基于文章：Kreyenberg，Lischke 等人（2015），页20及以后各页

注29：参见 Zahoransky（2007），页1

注30：初级能源指从大自然中所获取，并能够为人类所使用的所有能源类型。Ziesing，Görgen 等人（2012），页16

注31：交通领域的能耗包括轨道交通、街道交通、航空以及沿海航运。Ziesing，Görgen 等人（2012），页30

注32：参见 Kreyenberg，Lischke 等人（2015），页76

注33：德国联邦统计局（2013）

注34：可参见第2.1.3节（法律法规）和4.2节（WtT 燃料生产）

注35：参见 Kreyenberg，Lischke 等人（2015），页16及以后各页

注36：Stolzenburg，Hamelmann 等人（2014）

注37：来自 BMWI（2013a）和 BMWI（2012）

注38：参见 Kreyenberg，Lischke 等人（2015），页16

注39：德国联邦统计局（2009）

注40：参见 Kreyenberg，Lischke 等人（2015），页138

注41：本段落主要基于文章：Kreyenberg，Lischke 等人（2015），页31及以后各页

注42：参见 Kreyen，Lischke 等人（2015）；联邦政府（2010）；EU（2009a）2009/28/EG；EU（2009b）2009/30/EG；BlmSchG（2009），37a

注43：能源法（EnergieStG）2012。2006年，能源法取代了石油税（MinöStG），规定汽油税为0.65欧元/L，柴油税为0.47欧元/L

注44：参见 Mehlin，Nobis 等人（2002），页53

注45：IHK（2013）

注46：本文的生物燃料指生物柴油、生物乙烷和植物油

注47：参见 Adolf，Fehrenbach 等人（2013），页125

注48：能源法（2012）。从2013年1月1日起，生物柴油和植物油的能源税收为0.45欧元/L

注49：BMU（2013），页8

注50：BMU（2012），页6

注 51：参见 BMU（2011），页 3

注 52：主要包括以下 7 种温室气体：CO_2、CH_4、N_2O、H - FKW/HFC、FKW/PFC、SF6、NF3

注 53：TEHG（2011）

注 54：在欧洲：欧盟排放贸易体系（EU ETS）

注 55：参见 Schachtschneider（2013），页 6 及以后各页。通过能源和气候基金会的帮助，未来能够实现对电力驱动的经济资助

注 56：KBA（2013b）

注 57：公车指非私人注册的车辆。公务车指所有公车，包括私人使用的公车

注 58：参见 Thöne，Diekmann 等人（2011）

注 59：参见 Thöne，Diekmann 等人（2011），页 5 及下页

注 60：参见联邦参议院（2013），页 16

注 61：免税限额之上。其极限值在 2011 年 12 月 31 日为 120g/km，从 2012 年 1 月 1 日起为 110g/km，从 2014 年 1 月 1 日起为 95g/km

注 62：燃料法（2012）

注 63：参见 Wansert（2012），页 19

注 64：欧盟（2009c）

注 65：该数值基于新的标准循环工况，即欧洲行驶循环工况（NEFZ）。关于 NEFZ 的详细讨论，可参见第 4.3 节（可替代驱动的 TtW 能耗）

注 66：此种措施也被称为超级贷款。按照规定，2012 年和 2013 年为 3.5 辆车，2014 年为 2.5 辆车，2015 年为 1.5 辆车，2016 年起为 1 辆车

注 67：参见 Peters，Doll 等人（2012），页 118 及以后各页

注 68：BAFA（2009）

注 69：Höpfner，Hanusch 等人（2009）

注 70：平均研究时间段为 14.4 年

注 71：Höpfner，Hanusch 等人（2009）

注 72：CO_2 排放量小于或等于 50g CO_2/km，电续驶里程小于 40km

注 73：德国联邦议会（2014）

注 74：ACEA（2013b）

注 75：GTAI（2012）

注 76：AVERE（2012）

注 77：Schwarzer（2013）

注 78：IEA（2013）

注 79：英语：Zero Emission Vehicle（ZEV）regulation 零排放标准

注 80：参见 Braess 和 Seiffert（2011），页 112

注 81：参见 Wansert（2012）

注 82：参见 Wallentowitz，Freialdenhoven 等人（2010），页 20

注 83：Enzensberger 和 Wietschel（2003），页 36 及以后各页

注 84：参见 Braess 和 Seiffert（2011），页 1 及下页

注 85：参见 Merki（2008），页 8，以及参见 Braess 和 Seiffert（2011），页 1

注 86：MIV 指汽车或两轮的机动车交通。目前，德国的 MIV 交通主要指汽车交通

注 87：1975 年时，未包括 DDR（德意志民主共和国）的人口。单位 pkm 表示人与其所行驶的路程

注 88：BMVBS 于 2000 年和 2013 年的分析

注 89：参见 PWC（2012），页 33

注 90：一条路的定义为，走到目的地的路程。此处分析所基于的 BMVBS 数据来源包括空闲时间、工作、购物、出差、旅游、求学

注 91：参见 Kunert 和 Radke（2012），页 4

注 92：infas 和 DLR（2008），页 90 及下页

注 93：关于 MiD 2008 的其他信息参见第 2. 2. 2 节（车辆行驶里程）

注 94：参见 Propfe 和 Schmid（2011）以及 Sammer，Meth 等人（2008）

注 95：参见第 2. 1. 5 节（社会模式和交通选择）

注 96：VDA（2013）

注 97：2012 年时，德国共享汽车注册用户为 22 万人；美国为 806332 人。2014 年，德国已达到 757000 人。Breitinger（2014）

注 98：Breitinger（2014），2012 年的数据

注 99：如 Mitfahrgelegenheit. de，autonetzer. de 或者 Nachbarschaftsauto

注 100：参见 Genose 和 Wietschel（2011）

注 101：参见第 4. 2 节（WtT 燃料生产）

注 102：本段落主要基于 DLR 和 Wuppertal 研究所（2015），页 301 及以后各页

注 103：NAFTA 代表北美自由贸易协议。其成员国包括美国、加拿大和墨西哥

注 104：BRIC 代表金砖四国，即巴西、俄罗斯、印度和中国

注 105：ACEA（2013a）。汽车许可时间到期后，大部分的欧洲汽车可以继续在其他市场行驶（如俄罗斯或非洲）。由此延长了汽车的使用时间

注 106：德国联邦统计局（2013）

注 107：根据与德国汽车工业的协商，KBA 按照市场、技术等标准将轿车划分为 13 种级别。KBA（2013a），页 39

注 108：BAFA（2009）

注 109：德国联邦统计局（2013）和 KBA（2014）

注 110：KBA（2013b）

注 111：Gnann，Plötz 等人（2012），页 10

注 112：DAT（2013），页 21。2003—2012 年的新车登记量和旧车所有权转让数量的平均值

注 113：定期调查时间。对于轿车而言，第一次的检查时间为登记后的第 36 月，之后每 24 月进行一次。此外，还需对出租车、摩托车和轻便摩托车、公交车进行调查，时间间隔为 12 ~ 24 月一次

注 114：BGBI（2012）

注 115：MiD - 德国交通研究，MOP - 德国交通研究委员会，SrV - 最具代表性的交通问卷调查系统，KiD - 德国机动车交通，BASt - 关于车行驶里程数的调查

注 116：BASt（2002）。BASt 于 2013 年 9 月至 2015 年底进行了一项针对德国汽车年行驶里程数的研究项目“2014 汽车年行驶里程调查”。文中未展示其调查结果

注 117：Nobis 和 Luley（2005）

注 118：IVT（2004）

注 119：BMVBS（2013），页 303

注 120：Redelbach（2012）；样本数据为 29166；年行驶里程总数通过 MiD 中的加权系数得以计算

注 121：可以参考弗劳恩霍夫（Frauenhofer）ISI REM 2030 年数据

注 122：EG（2013）

注 123：1L 汽油约 2.36kg CO_2，1L 柴油约 2.62kg CO_2，可参见 JEC（2013），页 12

注 124：分析结果来自 Mock、German 等人（2013），页 3，页 12。Internet-datenbank Spritmonitor. de。2001—2011 年，平均每年约有 5000 位私人车主在该网上注册，汽油车和柴油车各占一半

注 125：本段落主要基于 Kreyenberg，Lischke 等人（2015），页 89 及以后各页

注 126：Hoffman（1969）；Biedermann，Birnbaum 等人（2002）

注 127：往复式内燃机：根据汽油或柴油机的原理进行工作

注 128：传动系统包括发动机、驱动装置和驱动轴

注 129：参见 Braess 和 Seiffert（2011），页 158

注 130：可参见如 TNO，AEA 等人（2011），页 60；或 Kley（2011），页 61；Mock（2010），页 95

注 131：欧洲汽车理事会 R&D

注 132：欧洲空气和水保护协会

注 133：联合调查中心

注 134：可参见第 4 章

注 135：EUCAR/CONCAWE/JRC（2011）的 WtT 和 TtW 报告

注 136：JEC（2013），下文称之为 EUCAR V4

2010 年的车辆满足 2008—2012 年的车辆技术，下文称之为 2010

2020 年的车辆满足 2020 年以后的车辆技术，下文称之为 2020

注 137：Daimler，BMW，VW，Porsche，Opel，Ford，PSA，Renault，Fiat，Volvo 和 Scania

注 138：原始设备制造商：本文指汽车制造商

注 139：关于 NEFZ 的详细讨论见第 4.3 节

注 140：有效效率是热效率（理想参照过程）、过程差效率（理想参照过程与实际过程之区别）和机械效率

注 141：参见 Braess 和 Seiffert（2011），页 162

注 142：参见 Stan（2008），页 53 及以后各页

注 143：比如以电力网络连接的形式（如街道交通、火车）

注 144：电能储存器可以是电池、超级电容器或飞轮。本文只对电池进行研究

注 145：电池单体由两个电极、电解质、分离器和外壁组成

注 146：参见 Jossen 和 Weydanz（2006），页 5 及下页

注 147：参见 Böcker（2011），页 49

注 148：参见 NPE（2010），页 2

注 149：参见 Wallentowitz，Freialdenhoven 等人（2010），页 85

注 150：弗劳恩霍夫研究所（2012）

注 151：Sauer 和 Thielmann（2013）

注 152：英语：High Power（HP）电池，下文称之为功率型电池或 HP 电池

注 153：英语：State of Charge（SOC），荷电状态

注 154：参见 Ketterer，Karl 等人（2009），页 43 及下页

注 155：英语：High Energy（HE）电池，下文称之为能量型电池或 HE 电池

注 156：衰减可理解为因物理效应（如重结晶化）、机械负载（如振动）和化学反应（如腐蚀）等所致的物质性能劣化。Wenzl（2007）

注 157：参见 Ketterer，Karl 等人（2009），页 44 及下页

注 158：参见 Jossen 和 Weydanz（2006），页 151

注 159：唯一例外是光电，其电力由太阳能电池中的光电反应产生

注 160：参见 Fischer（2004），页 11

注 161：参见 Gerl（2002），页 73

注 162：参见 Fischer（2004），页 15

注 163：参见 Hofmann（2010），页 122 及以后各页

注 164：稀土金属，即元素周期中的化学元素。稀土金属可用于消费品生产（计算机、手机或数码相机）或电动机生产。生态研究所（2011）

注 165：参见 Berkel（2013），页 10 及下页

注 166：参见 Hofmann（2010），页 129

注 167：也称为电流转换器

注 168：参见 Hofmann（2010），页 139 及下页

注 169：德国大陆 Continental（2012）

注 170：参见 Braess 和 Seiffert（2011），页 145

注 171：参见 Gerl（2002），页 89. 下文只对以氢气为燃料的燃料电池进行研究，因为它最适合用于汽车

注 172：和内燃机中的氢气燃烧过程不同，这里没有热膨胀过程。因此，燃料电池中的反应也被称为冷燃烧

注 173：参见 Gerl（2002），页 92 及下页

注 174：参见 Böcker（2011），页 63 以及参见 Braess 和 Seiffert（2011），页 121

注 175：参见 Braess 和 Seiffert（2011），页 124

注 176：这种情况发生在工作压力为 110kPa 的部分负载工况下和压力为 250kPa 的满负载工况下

注 177：参见 Braess 和 Seiffert（2011），页 124 及下页

注 178：Eichlseder 和 Klell（2008），页 85 及以后各页

注 179：参见 Gerl（2002），页 135

注 180：德语：Verbundwerkstoffe

注 181：参见 Eichlseder 和 Klell（2008），页 91 及以后各页

注 182：参见 Braess 和 Seiffert（2011），页 125

注 183：关于轻量化的详细介绍参见 Friedrich（2013）

注 184：CFK 为碳纤维强化塑料。英语：carbon - fiber - reinforced plastic（CFRP）

注 185：参见 Braess 和 Seiffert（2011），页 158

注 186：2010 年和 2020 年的数据参考了 JEC（2013），2030 年数据源于作者的推导

注 187：参见 Wallentowitz 和 Freialdenhoven 等人（2010），页 52 及以后各页

注 188：参见 Gerl（2002），页 76

注 189：2010 年和 2020 年的数据参考了 JEC（2013），2030 年数据源于作者

的推导

注190：参见 Braess 和 Seiffert（2011），页133及以后各页

注191：制动时，电动机作为发电机

注192：参见 Reif，Noreikat 等人（2012），页36

注193：第4.4节（可替代驱动的 TtW 能耗）中进行了大量研究

注194：Braess 和 Seiffert（2011），页140

注195：JEC（2013）

注196：JEC（2013）

注197：参见 Gerl（2002），页75

注198：参见 Wallentowitz 和 Freialdenhoven 等人（2010），页59

注199：可参见第4.3节

注200：JEC（2013）

注201：JEC（2013）

注202：对比基于 EUCAR V4（2013）中所使用的数据，时间为2010年和2020年以后

注203：驱动轴也属于传动系统，此处不予考虑

注204：电池管理系统。指充电和放电管理，同时也对电池的充电状态进行监管

注205：弗劳恩霍夫研究所（2012），页8（2011年的数据）

注206：燃料系统指汽油或柴油箱、储氢瓶或 HP/HE 电池

注207：Propfe，Kreyenberg 等人（2013）

第3章　可替代驱动技术的成本分析

研究问题：

1. 可替代驱动技术的成本分析中哪些成本是最重要的？至2030年的成本预估中存在哪些不确定性？

2. 满足哪些条件才能实现深具挑战性的电池和燃料电池目标成本？

3. 可替代驱动技术的总持有成本（TCO）受哪些成本变化的影响最大？这种敏感性分析结果对于这些可替代驱动技术汽车的制造厂商和客户的意义是什么？

3.1　汽车使用的成本组成

从个人角度来看[注208]，私人轿车的使用价值是超过其所支付的购买费用、维护成本和运行成本的。原则上讲，使用一辆轿车并非一定要购置它之后才可以实现。轿车提供的移动性也可以通过拼车、搭乘或乘坐出租车予以实现[注209]。但是，从社会角度来看，轿车提供的移动性还会产生其他外部成本，如道路和桥梁的建设和维护成本、防止噪声伤害居民的噪声成本、空气污染引起的疾病治疗成本、因发生交通事故致残需要治疗的费用成本以及汽车温室气体排放带给下一代所致的费用成本。从一种较整体的分析角度来看，汽车使用成本必须考虑每次行驶时产生的这些额外社会成本[注210]。有关这方面的研究不在本书的范围内，后续的讨论也不涉及相关内容。本章仅介绍不同种类替代驱动和传统驱动轿车的购买费用、维护成本和运营成本。

一辆轿车的购买以及其后续的牌照发放主要可以分为私人买主和商用买主两种[注211]。被授权牌照的私人买主数量在过去几年中回落并少于商业买主。2012年私人买主获得汽车牌照的百分比仅为38%，余下的62%为商用牌照[注212]。德国汽车托管部（DAT）多年以来开展了一项对超过1000位新旧车辆拥有者的问卷调查[注213]。根据其2012年的报告显示，新车的平均价格自1992年上涨了67%，而这些私人轿车买主的家庭平均收入却仅增长了46%。车主或许就需要通过租赁或者贷款等汽车金融方式来填补这部分资金空缺[注214]。根据德国汽车托管部（DAT）的评估，过去几年中私人轿车租赁顾客新增约20%。其2012年的数据显示，70%的新车私人购买者在购买过程中使用了贷款，其中8%全部贷款，62%部分贷款。因此，新增的私人买主中现金支付者约占10%[注215]。商用轿车买主借助汽车金融方式租赁或贷款的比例可能会更高。银行业的业务部门和汽车工业联盟（AKA）[注216]的租赁机构每年都会发布源自整车制造商银行的有关新车/二手车交易的新闻稿，到2010年仍然还将私人汽车拥有者和商用汽车拥有者区分统计。同年，整车制造商银行发放了145亿欧元贷款，其中125亿欧元（86%）流向了商用轿车贷款者[注217]。根据德国租赁公司联邦协会的数据，2012年租赁车辆的价值[注218]已经占到所有车辆购买价格的68%[注219]。下面将从不同客户群体的角度来讨论不同种类的轿车购置方法的优缺点。

现金购置：采用现金方式购置轿车的用户获得该车辆的使用权。购买者可自己随意使用、出租或者转卖该车辆。现金购置买主也无需支付汽车金融方式形成的费用。但是，由此产生的现金利息损失和流动性损失确是不能忽视的一个事实。作为现金购买者，其好处是可以获得较优惠的价格折扣[注220]。

金融购置：汽车金融购置方式通常通过独立的金融机构或者整车制造商银行来实现。如果轿车购置是通过某一独立金融机构的贷款实现的，买主就能以现金购买者的身份与经销商讨价还价，从而获得较优惠的价格折扣。如果轿车购置是通过整车制造商银行的贷款实现的，往往可以使某一款车型的价格低于经销商给出的价格。这两种金融购置方式最终都使得买主具有车辆拥有权，也是与汽车租赁相比最大的差别[注221]。

汽车租赁：汽车租赁涉及的不是车辆的拥有权，而是车辆的使用权。租车人根据自己的喜好和需求选择某一品牌相应配置的车辆。租赁公司从整车制造商或供应商处获得此辆车，并具有该车辆的所有权。租车人每个月按固定的租赁费支付使用、折旧、贷款利息和管理费用。当约定好的使用时间到期后，车辆又返还至租赁公司处[注222]。商业客户可以将租赁费用作为企业经营费用，从而减少税收支出。私人客户不能享受此项优惠，其租赁的好处是不必长期存钱购车就可以使用车辆[注223]。

无论是私人购车主还是商业买主，通过汽车金融购置或租赁方式获取新车的比例居高不下，这说明了以下一个事实，即这些客户做决定时是考虑了每个月需支付的利息、还款或租赁费用的。汽车工业协会（AKA）的一项调查显示，除了获取新车时车辆本身的费用，通过汽车金融购置或租赁方式获取新车的七成客户都对用于支付维护保养、车险和保修延长的费用[注224]做了相应的预算。

虽然轿车的商业买家和商业持有者是可替代驱动车辆的一个值得关注的客户群体，但不包括在本书的研究范围内。若要做相关的研究，必须详尽分析商业买家和商业持有者的汽车金融购置方式、折旧和保有时长；此外，须缴纳的公车税在公车私用的情况下对商用轿车购置的影响也必须考虑在内[注225]。本书的重点在于研究不同车辆保有时长下私人买主的费用成本。下面将展开对私人买主这个客户群体的车辆购置成本（折旧成本和金融购置成本）、维护和运行成本（保险、车税、燃油费、保养/维修和轮胎等）的分析。

3.1.1 车辆购置成本

本文研究涉及的可替代驱动技术是非成熟技术[注226]，所以，相应的汽车没有或者很少有可靠的市场价格。因此，下面的分析必须给出有依据的配件、相关技术以及整车的价格走势。文献中一般将产品的生命周期用一个阶段模型描述，即将产品的生命周期按引入、增长、成熟、饱和以及衰退这五个阶段划分。在新产品引入阶段，新技术的供应商或制造商通常不能够让第一批客户分担产品的全部研发成本和市场引入成本。这会产生新技术在市场引入之前和引入阶段的亏损，但这部分亏损可以在产品增长阶段和成熟阶段得以补偿[注227]。因此，目前在市场上出现的电动汽车可以看作仍处于市场引入阶段并且产生相应的亏损。至于这个亏损有多大以及企业必须承担多久，则取决于这款电动汽车日后的销售量以及在市场上可以实现的售价。

如3.1节汽车使用的成本组成中所介绍，轿车买主购买一辆车时，除了要支付购买费用，采用现金购置方式会产生资金占用，采用金融购置方式还要支付贷款利息和手续费用。如果车辆在使用过后又被卖出，通常又会因为车辆的老化和磨损产生贬值损失。从企业经济学角度看，这个贬值损失就是折旧[注228]。

表15给出了各种不同的影响轿车贬值损失和剩余价值的因素，并列举了它们的市场影响案例。这里选用的内、外部因素分类方法参照了某一汽车研究所发表的一篇资料[注229]。外部因素源自外界，不取决于生产商或供应商的干预。例如，这些外部因素可以是经济的、法律的相关政策，或者是某些特定车型的客户需求。内部因素是生产商或供应商主动影响或干预的因素，例如价格折扣或者是保修延长。这些因素如何相互作用于有关的趋势预估结果，这类研究还处于初期阶段。为了能够预估或预测轿车的剩余价值，Nau的博士论文[注230]详细研究了轿车的贬值损失。其工作按以下三个层面展开：①宏观经济层面。②新车市场和二手车市场。③某一特定车型特性。该研究结果表明，车型换代和外观改善对轿车的剩余价值影响很大；燃料价格只对很少几种车型造成影响。除了众所周知的常识，即小型轿车的价格通常要比中级轿车的价格稳定，该论文还得到另一个结论，即小型轿车相对于中级轿车而言，其剩余价值更容易受经济发展的影响[注231]。

表15 影响车辆剩余价值变化的因素

影响因素		例子	作用
外部因素	经济和法律政策	环保奖金	环保奖金减少了二手车的供应，同时，新车和年度优惠汽车的市场需求提高。对于小型车辆来说，这有利于保持剩余价值①
	顾客需求和顾客行为	顾客对汽车配置的需求	真皮内饰会减少小型车辆的剩余价值，但是会提高高级车辆的剩余价值②
内部因素	贸易层面	折扣活动	车辆未来剩余价值的基础不是标价，而是折扣价。折扣越高，日后剩余价值越低③
	金融服务者	筹资便利化	生产能力过剩有利于市场化，但是也会降低剩余价值④
	生产者	控制产量	当市场上的新车数量少于二手车时，其剩余价值甚至会高于售价（例子：赛车/跑车）⑤
		延长保修期	通过延长保修期，生产者可以保证技术或经济上的风险（如电池故障）⑥

①《世界》报刊（2009）。
②《商报》报刊（2013）。
③《世界》报刊（2009）。
④ 车队管理（2010），第69页。
⑤ AMS（2010）。
⑥ Schwacke（2014）。

后续展开的贬值损失（或折旧）分析采用了2011年ADAC轿车价格数据库中的数据，其中的轿车约有18000种不同的基础车型与驱动的组合【注232】。这些源自DAT－SylverDAT数据的ADAC数据是实际的经销商销售价格，即所谓的销售收入报告数据【注233】。DAT－SylverDAT数据还用于汽车银行、租赁公司、汽车修理店、保险公司和汽车运营商确定其拥有汽车的剩余价值。表16和图13所选的车型因其剩余价值变化走势是这个数据库中的极端案例，这一点在后续的分析中会做进一步阐述。表16左边列出了从ADAC数据库中得到的车辆总标价、持有三年且行驶45000km后的剩余价值和持有三年且行驶90000km后的剩余价值【注234】。

表16右边显示的折旧费（欧元/天）按如下方式计算，即（车辆的总标价－不同行驶里程后的剩余价值）/三年天数。按此计算，保时捷911在最初三年持有且行驶45000km后的平均折旧费为50欧元/天。就折旧费的绝对值而言，与其他车型如Dacia Logan的6欧元/天比较，其折旧费要高许多。但是，从图13可以看出，就相对于总标价（购买价格）而言，保时捷911的剩余价值要高许多，即其折旧相对要小得多。从图13也可看出，相对而言保时捷是价格最稳定（最保值）的车型，宝马7er是价格最不稳定（最不保值）的车型。

表 16　基于 ADAC 汽车成本数据库（2011）的价值损失计算结果

车型	ADAC 汽车费用数据库①			剩余价值计算			
	BLP/欧元	*RW*/欧元	*RW*/欧元	*WVL*②/（欧元/天）	*WVL*②/（欧元/天）	α③	β③
		3 年，45000km	3 年，90000km	3 年，45000km	3 年，90000km		
	173 042	118 406	105 566	50	62	0. 9156	0. 9999974
	126 571	41 069	37 180	78	82	0. 7103	0. 9999978
	25 195	13 5474	11 762	11	12	0. 8522	0. 9999969
	25 093	14 016	12 172	10	12	0. 8632	0. 9999969
	10 656	4 247	3 688	6	6	0. 7714	0. 9999969

① ADAC 汽车费用数据库（2011），来源于 DAT 关于二手车的相关记录。此外，ADAC 建议生产者可以推出一种汽车配置全套价（包括空调、油漆、整车动力控制等）。车辆运送以及车辆许可证的费用估计共 500 欧元。ADAC（2013）。

② $WVL_{t,\mathrm{km}}$ =（BLP - $RW_{t,\mathrm{km}}$）/3 年天数。

③ 表 16 中的回归参数值是利用软件工具 MS Excel 所做的回归分析结果。其中，分析采用了最小二乘法。

表 16 中列出的回归参数值 α 和 β 是利用软件工具 MS Excel 所做回归分析的结果，数据取自 ADAC 数据库中不同行驶里程下的总标价和剩余价值。剩余价值计算方法：

$$RW_{t,l} = \alpha^t \beta^l BLP \tag{3-1}$$

式中，$RW_{t,l}$是随保有时长 t 和行驶里程 l 变化的车辆剩余价值（欧元）或（%）；α 是保有时长回归参数；β 是行驶里程回归参数；t 是车辆的保有时长（年）；l 是车辆的行驶里程（km）；*BLP* 是车辆的总标价（欧元）或（%）。

一辆车的剩余价值（*RW*）就可以按此计算，即总标价（*BLP*）乘以一个与车型相关的回归参数 α 的 t 次方，再乘以一个与车型相关的回归参数 β 的 l 次方。式（3-1）在计算车辆的剩余价值时考虑了汽车的保有时长和行驶里程数。

分析保有时长回归参数 α 时很容易发现，与 β 相比较，不同车型的 α 值差别很大（表 16）。α 值越大，车辆折旧就越小。这里涉及的不同汽车的 β 值几乎没有变化。α 值极有可能是一个同时表征了某些内部影响因素和外部影响因素的参数。与车辆行驶里程数相比，这些因素对车辆折旧的影响更大[注236]。至于本文拟研究的可替代动力车辆，其 α 值和 β 值呈现怎样的规律，ADAC 数据库中的数据不能给出答案[注237]。特别的一种假设情况是，如果 β 值差别很大，那么生产商就不应该对损坏的部件进行保修，而这应该是生产商车辆耐久性的一个问题。ADAC 数据库中电驱动汽车很少，其中一款是丰田普锐斯，相比较而言这款车的折旧较低（图 13）。

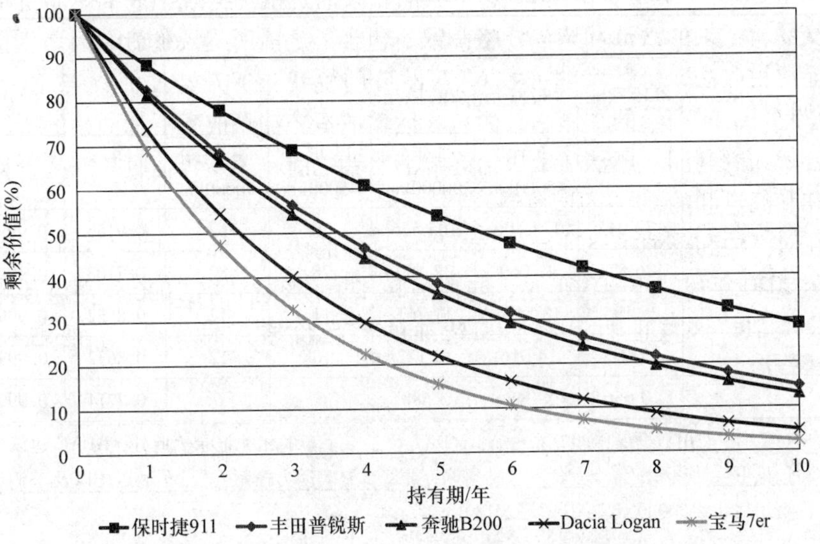

图 13　年行驶里程数为 14111km 的汽车的折旧变化[注235]

在后续的对可替代动力和传统动力汽车的折旧分析中，为了尽可能真实地评估未来的车辆折旧，丰田普锐斯的折旧值将用作基准值。但是，这里用来计算车辆折旧的式（3-1）仍然存在其他的不确定性。式（3-1）假定年折旧率是不变的，这样就会得到一个不变的里程折旧率。为了克服这些不确定性，第 3.3.4 节灵敏度分析中将讨论车辆折旧对于 TCO 的影响。

3.1.2　维护成本

维护成本是汽车所有者或者驾驶人在使用汽车过程中产生的成本。维护成本主要包括燃料成本、因车税和保险产生的固定成本以及保养和维修成本。下面进一步解释说明这种成本的构成，并且对这种成本的发展变化进行预测分析，以用于进一步的研究。

燃料成本（汽油，柴油）

汽油和柴油生产需要原油这种原材料。原油一般不存在于它被使用的地方，这对汽油和柴油的供应和价格产生了很大的影响。除了原油开采、提炼和运输环节实际产生的成本之外，加油站的汽油和柴油价格波动还受其他因素的影响。对此采取的应对措施可以是增加或减少原油的供应或者开采量。比如，石油输出组织[注238]的配额措施，对私有油田采取的石油管制或者国有化措施等就属于这类措施。此外，贸易禁运、原材料贸易和股市证券交易所的投机交易，以及因政治暴动或者恐怖袭击所致的供应短缺恐惧心理都可能对原油价格产生影响[注239]。

图 14（左）给出了德国 2013 年汽油和柴油价格的构成。这个产品价格与鹿特丹交易所记录的汽油和柴油价格一致，包含了之前所提及的影响因素。根据德国的能源税收法，每升汽油征收 65.5 欧分的税费，每升柴油征收 47 欧分的税费[注240]。图 14 表示的利润率总额包含运输成本、储藏成本、加油站的折旧费用以及合伙人的利润。燃油在销售给终端消费者之前，还须再征收其产品价格、石油税和利润总和的 19% 的增值税。

在对汽油和柴油价格进行预测时做了这样的假设，即石油税、利润率和增值税率至 2030 年保持不变。但是，与德国联邦交通部在进行 2030 年交通预测时做的假设类似，这里也假设汽油和柴油的产品价格按每年 2.1% 的增长速度上涨[注241]。

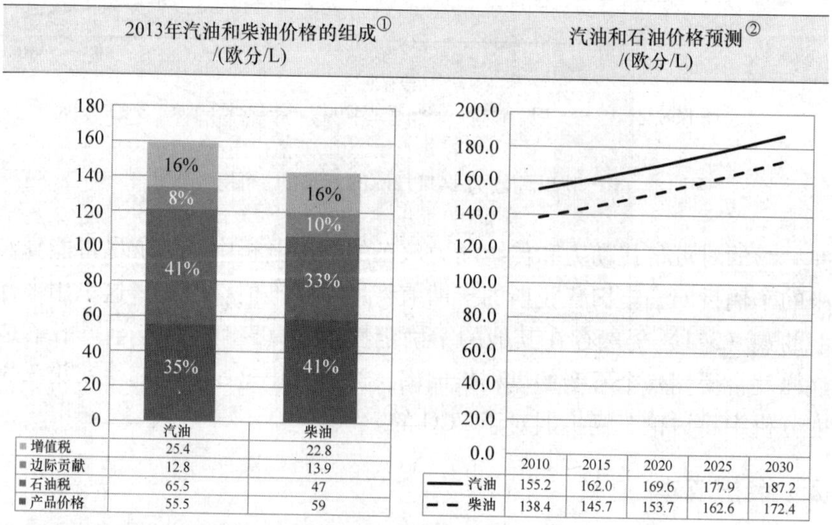

①MWV（2014b）汽油=特级汽油（95辛烷值，E5）；MWV（2014a）。
石油税包括生态税（15.3欧分/L）。
②以2013年为参考，汽油和石油产品价格上涨2.1%。BMVI（2013），第3页。

图 14　德国汽油和柴油的价格组成及价格预测

不同驱动形式的轿车，如汽油内燃机汽车、柴油内燃机汽车、插电式混合动力汽车和增程式电动汽车，其燃料成本的计算公式如下：

$$k_A^K = v_A^K k^K l_A \tag{3-2}$$

式中，k_A^K是汽车驱动的燃料成本（汽油，柴油）（欧元）；v_A^K是汽车驱动的燃料消耗（L/km）；k^K是燃料价格（欧元/L）；l_A是汽车驱动的行驶里程数（km）。

燃料成本（电）

家庭用电价格由发电、电网使用和运营销售的实际成本构成。2013 年实际成本占用电价格的50%。此外，德国立法部门会对电费征收各种各样的税费，这部分占用电价格另外的50%（图15，左）。过去几年，国家法定的税费增长明显，为可再生清洁能源的生产设施建设以及并网提供资金支持[注242]。至2030年，电价如何变化取决于众多的影响因素和作用机制，本书不做详尽介绍。

企业咨询机构波士顿咨询公司（BCG）在其2013年3月发表的趋势报告2030+中，为了计算能源使用的成本，详细分析了这些影响因素和作用机制[注243]。这里采用的家庭用电价格就来自于这项研究报告（图15，右）。

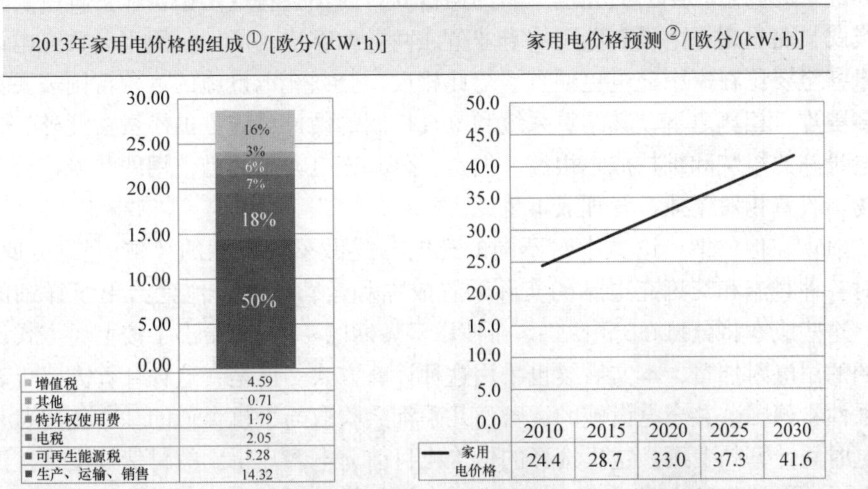

①BDEW（2013），第6页，针对年用电量为3500kW·h的三人家庭。

②以2010年为参照；2010年和2020年数据来自BCG（2013），第18页。其他数据均线性插值计算得出。

图15 德国家用电的价格组成及价格预测

因为不是每个客户都只使用家用电给自己的汽车充电，所以这里也考虑了其他的充电可能性，比如，在不同网电功能和充电方式的公共充电站或半公共充电站进行充电。本书研究的一个重要内容是，探究未来的充电位置、充电功率、充电形式和充电价格。为此，要做的第一步是根据空间和技术的特征对各种各样的充电可能性进行分类。

根据空间特征分类，充电选择（或充电可能性）通常按充电位置的不同可分为①私有充电设施；②半公共充电设施；③公共充电设施。私有充电设施装在家庭的车库或者停车位。半公共充电设施安装在雇主或者顾客的停车位，比如在购物中心、体育中心或者饭店等处的停车位。这种情况下所有充电设施的充电接口都是连接在一起的。公共充电设施属于乡镇或城市的设施，对所有人都是开放的，比如可以建在公路边、停车位或者火车站旁。这些公共充电设施的运营方可以是私营企业，如电业公司或者私人投资商，也可以是城市和乡镇。

根据技术特征分类，充电选择按充电功率和充电形式的不同可以分为交流电充电和直流电充电【注244】。DIN EN 61851 标准详细描述了采用不同电缆线连接的充电技术【注245】。

私有充电设施的使用者按其实际消耗的电量（kW · h）付费给供电方。此外，充电客户出于安全和舒适的考虑，还要选择电功率为 3.7kW 或 11.1kW 的单相电流或三相电流充电。现阶段，半公共充电设施和公共充电设施几乎都是按充电时间计费，一方面是为了满足法律法规的要求，另一方面运营商也考虑了技术和经济的因素。半公共充电设施的运营商一般不会将电量销售作为其主要的经营模式，而是用充电设施吸引本身业务或商务的客户。所以，用半公共充电设施充电甚至要比在家中充电更便宜。与此相反，公共充电设施的运营者则需要克服诸多困难。相比之下，其结算系统和电气控制的硬件设施更加昂贵。此外，公共充电设施的组装和维护成本很高。但是，公共充电设施因为使用的是城市公共停车场，收费相对便捷，管理成本也少。

Kley 在他的博士论文中对不同的充电方式做了经济性的评估【注246】。此外，针对各种直流和交流充电站的实际购置成本和运营成本，他也给出了详细的假设。这些成本将分摊在充电站 15 年使用寿命期间。表 17 给出了按上述方式计算得到的用电附加费，本文后续也采用这种计算方式。但是，这种计算方式也有其局限性，德国公共充电设施的运营商几乎都会收取与手机类似的基本使用费和按充电时间计算的费用。这里选择的估价比目前充电客户得到的付费标准更接近于充电设施运营商的实际成本。充电设施市场仍然处在扩张之中，与其去比较各种不同的收费形式，采用这种方式估价更加实用。此外也要考虑到，半公共充电设施和公共充电设施的运营商可以参考工业用电制定其电价。这样的话，图 15 所示的许多税费就无需计算在内了。至于相关的法律法规将来如何变化，目前还不清楚。此外，通过并网功能可能获取的潜在收益还没有考虑在内，如从动力电池向电网回馈电能或者通过动力电池调节电网峰谷等。尽管一些示范性项目已经验证了相关技术的可实现性，但目前还无法预测电动汽车和充电站在设计充电方案时是否会考虑以上这些功能【注247】。

表 17 给出了本书中采用不同充电方式的附加费，可以看出私人充电设施产生的附加费最少。与此相比，半公共充电设施由于充电桩中计量系统和结算系统的实际购置成本和运营成本较高，导致其附加费较高。公共充电设施的附加费最高，因为其实际购置成本和建造成本较高，比如租用充电设施安装位置和保护设施免受损害或破坏的费用。直流充电站充电快，能够给更多的车辆充电，尽管其购置成本和运营成本较高，但是经济效益较好【注248】。由于充电设施的组件涉及的是一些常用的电子元件，将来也会产生组装成本和生产成本，在本书的计算中假定充电桩的成本至 2030 年不会减少。

表 17 充电基础设施费用概览

<table>
<tr><th>地点</th><th colspan="3">充电模式/功率①</th><th>购买价格/欧元②</th><th>运行费用/（欧元/年）②</th><th>额外费用/[欧分/(kW·h)]②</th><th>在本研究中的额外费用/[欧分/(kW·h)]③</th></tr>
<tr><td rowspan="4">私人领域</td><td rowspan="2">AC</td><td rowspan="2">3.7kW</td><td>230V</td><td rowspan="2">150 ~ 350</td><td rowspan="2">5 ~ 15</td><td rowspan="2">1 ~ 2</td><td rowspan="2">1.5</td></tr>
<tr><td>16A</td></tr>
<tr><td rowspan="2">AC</td><td rowspan="2">11.1kW</td><td>230V</td><td rowspan="2">350 ~ 800</td><td rowspan="2">13 ~ 50</td><td rowspan="2">2 ~ 5</td><td rowspan="2">3.5</td></tr>
<tr><td>3 × 16A</td></tr>
<tr><td rowspan="4">半公共领域</td><td rowspan="4">AC④</td><td rowspan="2">11.1kW</td><td>400V</td><td rowspan="4">1 500 ~ 3 600</td><td rowspan="4">375 ~ 930</td><td rowspan="4">4 ~ 11</td><td rowspan="4">7.5</td></tr>
<tr><td>16A</td></tr>
<tr><td rowspan="2">22.2kW</td><td>400V</td></tr>
<tr><td>32A</td></tr>
<tr><td rowspan="6">公共领域</td><td rowspan="4">AC④</td><td rowspan="2">11.1kW</td><td>400V</td><td rowspan="4">2 800 ~ 11 250</td><td rowspan="4">700 ~ 2 445</td><td rowspan="4">9 ~ 34</td><td rowspan="4">21.5</td></tr>
<tr><td>16A</td></tr>
<tr><td rowspan="2">22.2kW</td><td>400V</td></tr>
<tr><td>32A</td></tr>
<tr><td rowspan="2">DC</td><td rowspan="2">50kW</td><td>450V_{dc}</td><td rowspan="2">25 950 ~ 45 500</td><td rowspan="2">1 808 ~ 5 670</td><td rowspan="2">10 ~ 21</td><td rowspan="2">15.5</td></tr>
<tr><td>100A</td></tr>
</table>

① NPE（2011），第 19 页。

② Kley（2011），第 42 页。使用了方案（情景）K1、K2、K4、K5 和 K7。

③ 此处的额外费用取了平均值（中间值）。

④ 三相电流效率通过该公式（略）进行计算。

表 17 中列举了不同的充电技术，这些技术被应用的频率取决于充电消费者和其充电使用模式。能够使用私人充电设施的消费者，只有在紧急情况下才会使用公共充电设施。而没有私人充电设施的消费者只能在半公共充电设施或公共充电设施给自己的车辆充电。

纯电动汽车、插电式混合动力汽车和增程式电动汽车的用电成本按如下公式计算：

$$k_A^S = v_A^S k^{S,H} l_A + k^{S,I} \tag{3-3}$$

式中，k_A^S 是汽车驱动的用电成本（欧元）；v_A^S 是汽车驱动消耗的电量（kW·h/km）；$k^{S,H}$是家用电价格［欧元/(kW·h)］；l_A是汽车驱动的行驶里程数（km）；$k^{S,I}$是电气设施成本（欧元）。

$k^{S,I}$可用下式计算：

$$k^{S,I} = v_A^S\, l_A\, (k_{privat}^{S,I}\, p^{S,I} + k_{halb-öffentl.}^{S,I}\, p^{S,I} + k_{öffentl.}^{S,I}\, p^{S,I})\, MwSt \tag{3-4}$$

式中，$k^{S,I}_{privat}$ 是私人充电设施的交流用电附加费［欧元/(kW·h)］；$k^{S,I}_{halb-öffentl.}$ 是半公共充电设施的交流用电附加费［欧元/(kW·h)］；$k^{S,I}_{öffentl.}$ 是公共充电设施的交流或直流用电附加费［欧元/(kW·h)］；$p^{S,I}$是充电比例（%）；$MwSt$ 是增值税（%）。

燃料成本（氢）

燃料电池汽车仍处在小量的示范运行阶段，氢的消费量也比较小，所以加氢站目前还没有形成氢的市场价格。在清洁能源合作伙伴示范项目（CEP）中，氢的价格定为9.50欧元/kg（包含增值税）。这个价格是政策优惠价，由CEP各合作方在2011年协商确定，在此之前的氢价是8.00欧元/kg。2011年开始，CEP假定所用氢的50%由可再生能源生产，这必然导致CEP加氢站的氢价上涨，因此象征性地用9.50欧元/kg代替了原来的氢价【注249】。图16（左）给出了2013年CEP氢价与欧洲合作研究预测的氢价之间的比较。根据欧盟合作研究的结论，加氢站/基础设施的建设成本和运营成本是早期加氢站氢气成本的主要部分，原因是早期的加氢站利用率低且规模也小。到2020年，加氢站规模将变大，加氢站的利用率也会上升，这将有效减少加氢设施的成本，如图16（右）所示。氢燃料的价格变化主要取决于未来加氢站的规模和利用率。值得关注的是，2010年几乎都是天然气制氢，而2020年之后天然气制氢几乎完全会被集中电解和分

2013年加氢站的氢气价格/(欧元/kg)①　　　　氢气价格预测/(欧元/kg)②

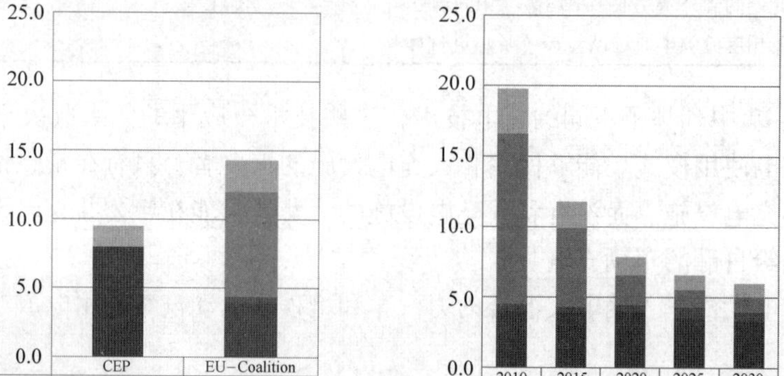

	CEP	EU-Coalition
增值税	1.5	2.3
加氢站/基础设施建设费用		7.6
分配/销售		0.5
生产		3.9
清洁能源伙伴价格(CEP价格)	8.0	

	2010	2015	2020	2025	2030
增值税	3.2	1.9	1.3	1.0	1.0
加氢站/基础设施建设费用	12.1	5.6	2.1	1.2	1.1
分配/销售	0.5	0.4	0.5	0.8	0.6
生产	4.0	3.9	4.0	3.5	3.3

①欧盟联合（2010），第38页。2013年的数值根据表格计算得到。CEP价格摘自CEP（2013）。
②以2010年为参考，2010年至2030年的数值摘自欧盟联合（2010），第38页，加上19%的增值税。

图16　德国氢气的价格组成及价格预测

布式电解制氢代替，然而氢气的生产成本至2030年却几乎保持不变[注250]。本书对氢气成本不再做进一步的深入分析。对于加氢设施成本，应该与现在已经有的CNG加气站进行比较。对于氢气的生产成本，有必要评估其涉及的电解制氢设备的购置成本和运行成本。

除了增值税，氢燃料迄今为止还免付各种能源税。鉴于未来可能失去的石油税收入，目前还不清楚立法者以后会不会征收氢燃料税。本书的相关计算假定，持续至2030年免征氢燃料税。

燃料电池汽车氢燃料成本的一般计算公式如下：

$$k_A^{H2} = v_A^{H2} k^{H2,P+D} l_A MwSt + k^{H2,I} \tag{3-5}$$

式中，k_A^{H2}是汽车驱动的氢燃料成本（欧元）；v_A^{H2}是汽车驱动的氢消耗量（kg/km）；$k^{H2,P+D}$是氢生产成本和配送成本（欧元/kg）；l_A是汽车驱动的行驶里程数（km）；$MwSt$为增值税（%）；$k^{H2,I}$是加氢设施成本（欧元）。$R^{H2,I}$可由下式计算：

$$k^{H2,I} = v_A^{H2} k^{H2,T+I} l_A MwSt$$

式中，$k^{H2,T+I}$是加油站和加氢设施建造的总成本（欧元/kg）。

固定成本

车辆的固定成本是定期产生的费用，与车辆是否行驶无关。它包括汽车保险、车辆税、车检费和排放检测费。另外，停车费和车库或车位租金也可归于车辆的固定成本[注251]。

汽车保险：汽车可能造成的损失可以通过不同种类的保险来投保。汽车保险包括汽车责任险、车船险、安全通行证、乘员意外险和法律保护险。本书只考虑汽车责任险和车船险这两种最重要的汽车保险项目。汽车责任险是一项强制性的保险，涵盖针对车主的索赔。按照约定限额，它能够赔偿人身伤害、财产损失或经济损失。此外，部分车船险承担由盗窃、破坏、恶劣天气、野兽和电缆线路造成的损坏。全额车船险为自身过失和非自身过失造成的事故（例如轮胎水滑或大雾天气）以及由肇事逃逸造成的损坏提供保险[注252]。可以推断，可替代动力驱动汽车也会涉及与传统动力汽车一样的事故和损坏。因此，到目前为止还没有专门针对可替代动力汽车的保险政策。在德国，保险的费用与诸多因素相关，如车型、车辆行驶里程、车辆登记所在地以及考虑到投保人驾车无损年份长短而给出的优惠折扣。对所有动力类型的汽车，本书都选用汽车责任险150欧元/年和全额车船险200欧元/年。

车辆税：在德国，轿车的车辆税是根据发动机排量和二氧化碳排放量并按照车辆税法规定的计算标准征收的[注253]。根据该计算标准可以算出本书涉及的EUCAR－V4轿车的税额，见表18。由于汽车效率的提高，国家从车辆税得到的税收不断减少。为了弥补这一税收损失，国家从立法的角度肯定会对可替代动力车辆征收与其市场占有率相对应的附加税。

后面的计算都假定，所有车辆因车检和排放检测以及停车的费用为200欧元/年。

表18 车辆税的计算

车辆类型	排量①/L			CO_2 排量①/($g\ CO_2/km$)			税收②/欧元		车辆税③/(欧元/年)		
	2010	2020	2030	2010	2020	2030	HR	CO_2	2010	2020	2030
ICE-G	1.4	1.4	1.4	150	105	95	2.00	2.00	88	48	28
ICE-D	1.6	1.6	1.6	120	88	79	9.50	2.00	152	152	152
HEV	1.4	1.3	1.3	106	70	63	2.00	2.00	28	26	26
PHEV	1.4	1.4	1.4	75	50	45	2.00	2.00	28	28	28
PEEV	1.4	1.2	1.2	26	20	18	2.00	2.00	28	24	24
BEV	–	–	–	0	0	0	0	0	0	0	0
FCEV	–	–	–	0	0	0	0	0	0	0	0

① JEC（2013），NEFZ中的 CO_2 排量参见第2.3节。

② 排量（HR）=每100cm^3 2欧元；基于 CO_2 的税收：超出可免税限额之外的每 $g\ CO_2/km$ 需缴纳2欧元。限额：2011年21月31日为120g/km。

③ 按照税收法（有效期至2030年）计算车辆税。

保养维修费：本书将保养维修费分为计划内和计划外费用，后续的TCO计算只考虑计划内保养维修费。

计划内保养维修费：计划内保养维修包括车辆磨损部件的定期更换，以免造成危害，更确切地说有利于保障车辆后续安全运行。内燃机轿车的保养维修费用主要由润滑油、排气、制动、轮胎、电池、照明系统及各种机械易损件（例如带传动机构和减振器）的检修和更换费用组成。关于这部分费用，德国汽车俱乐部（ADAC）有一个可以用于燃油车保养维修成本分析的大数据库【注254】。对于在2.3.1电动汽车关键技术中列出的部件，尚没有此类可用的数据库。可以预期，通过废除维修频率较高的内燃机，能够减少电动汽车保养维修费用的支出【注255】。

计划外保养维修费：过去一段时间常常发生整车制造商大规模汽车召回事件。汽车召回的原因多种多样，但主要是产品安全原因。过去几年，德国的汽车召回事件数量明显上升。根据联邦汽车运输管理局（KBA）1998—2012年的记录，1998年发生召回事件最少，共计55次；2011年召回事件达到了历史最高的186次【注256】。虽然汽车召回的费用原则上由整车制造商承担，但这种费用对于后续研究仍有意义。随着整车电气化程度的提高，又会出现因新的部件（例如高能量电池、高功率电池、电机、燃料电池系统或者功率电子器件）导致的汽车召回事件。

本书采用了 Propfe 和 Redenbach 等人的保养维修费用计算方法[注257]。在公开发表的文献中可以发现，他们基于 ADAC 数据库，对可替代动力中级轿车的保养维修费用进行了大量的建模工作。其中，每款车的保养维修成本由 31 种不同类型的费用组成。对于汽油/柴油机汽车、混合动力汽车、插电式混动汽车和燃料电池汽车，按 7 欧分/km 计算保养维修费；对于纯电动汽车和增程式电动汽车，由于不使用或者较少使用易磨损部件较多的内燃机，其保养维修成本较低，分别按 6 欧分/km 和 5 欧分/km 计算[注258]；对于燃料电池汽车，虽然不使用内燃机，但是 1/3 的保养维修费用于燃料电池，因此在保养维修成本上并不具有优势。Propfe 和 Redelbach 等人在他们的研究中假定，用于纯电动汽车和增程式电动汽车的动力电池寿命分别为 489000km 和 922000km，而用于燃料电池汽车的燃料电池系统寿命则为 400000km。实际运行情况下，这些零部件能否维持这么长的运行寿命有必要进一步研究。

3.1.3 评估车辆的 TCO 分析方法

利用 TCO 分析方法[注259]，除了购置费用外，后续使用阶段会发生的诸如保养维修或者耗材购买费用在购买产品前也能通过计算获得。TCO 分析方法通常用于比较各种备选产品，以确定总持有成本最低的产品。TCO 分析在美国的应用最早可追溯到 1928 年，但是直到 20 世纪 80 年代，公司及各类组织机构开始从手工处理信息向计算机辅助处理信息转变时，TCO 分析才真正得到重视并在科学实践中得到应用[注260]。高德纳咨询公司当时发现，在计算信息技术成本时，一直只考虑了软件和硬件的实际购置成本。为此，高德纳咨询公司提出了一个 TCO 的概念，它囊括了信息技术成本的全部内容，包括 IT 的维修以及保养成本[注261]。Krämer[注262]后来对 TCO 概念给出了如下基本定义：“TCO 这一概念用于计算获取从购买产品到产品使用寿命结束期间的所有成本，并提供一个特征参数，使得管理层依此可以做出可靠、客观的决定。” Wynstra 和 Hurkens[注263]对 TCO 方法的特征描述如下：“这是一种公司及组织机构内部会计部门用于评估、选择供应商或供应品的计算方法。计算内容不仅包括产品或外委服务的购置费用，还包括相应替代方案产生的全部费用。” 最近一段时间以来，TCO 方法也被用于制造业。例如，多年来戴姆勒公司和设备供应商就达成了相关协议，共同商定了最大允许的拟新购生产设备 TCO 成本，如未能遵守该 TCO 规定，供应商会被要求提出改进措施甚至会被要求缴纳相应的罚金[注264]。

过去，在 B2B（Business－to－Business）的商业模式中，TCO 计算方法主要用于提供数据，供管理层针对某一特定资本投资的决策作为参考之用。在 2006 年公布的“驾驶”咨询报告中，麦肯锡将这种 B2B 应用移植到 B2C（Business－

to - Customer）模式的轿车终端客户中[注265]。对于可替代动力驱动的成本分析，TCO 这一概念是目前公认的一种整体成本分析的代名词，在文献中可以找到相关的应用。其中心思想是，通过较低的运行成本为可替代动力汽车相对较高的购置成本筹措资金。这种说法是否成立以及在何种情况下成立，将在 3. 3 节可替代驱动的 TCO 分析中进行探讨。图 17 描述了作为基础的 TCO 计算内容框图。

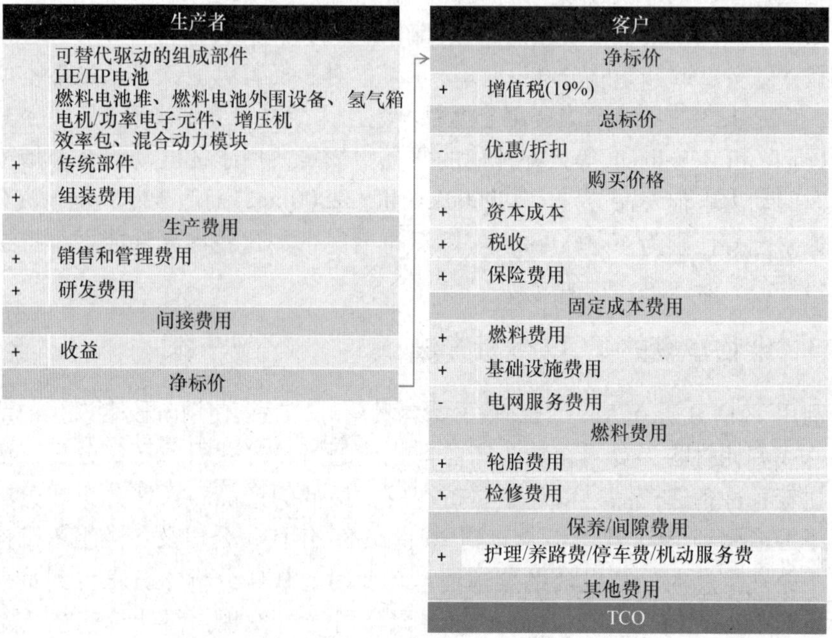

图 17　TCO 分析的计算内容框图

由于 TCO 分析没有考虑投资选择的不同产品功能以及由此导致的不同客户需求[注266]，单一指标 TCO 方法用于投资决策的不足之处近年来也受到越来越多的批评。调查表明，截至目前，TCO 方法在工业企业中成功应用的例子很少，这也佐证了上述观点[注267]。1995 年，Lisa Ellram[注268] 将 TCO 方法分为两类，一类是“基于货币的 TCO 方法”，另一类是“基于价值的 TCO 方法”。Wynstra 和 Hurkens[注269] 在他们发表的论文“Total Cost and Total Value of Ownership”中也采用了这样一种处理方式。他们的研究还考虑了终端客户的情况，如果产品对客户而言体现出更高的“价值”，那么客户可能愿意花更多钱为这个终端产品埋单。汉诺威大学制造技术与机床研究所（IFW）也注意到了单一指标 TCO 方法用于投资决策的不足之处，并提出了一种“总持有成本与总持有效益”（Total Cost and Benefit of Ownership）的方法（TCBO）。该方法借助 TCO 分析对于投资效益的评估，进一步拓展了产品生命周期成本分析方法[注270]。这里“总持有效益”（Total Benefits of Ownership，TBO）描述了一种更全面的分析方法，涵盖了投资生命周期中所有对公司有益的影响。通过比较TCO/TBO和TCBO这两种方法，可以获得有关投资的经济性判断。为了进行TBO测算和评估，可按以下五个步骤进行[注271]：1）根据效益清单辨识用户特征。2）将用户特征分成直接影响、间接影响和潜在影响这三类。3）将用户特征货币化。4）比较TCO和TBO。5）决策与选择。

在第5章可替代驱动的客户偏好分析中，还会对该思路做进一步的讨论。研究可替代驱动汽车的客户偏好可以从以下这些指标着手，即功能性（如续驶里程、充电时间和加氢时间）、形象外观、设计、行驶动力学、服务以及环保性（如CO_2排放和能量效率）等。

3.2 借助双因素经验曲线的成本预测[注272]

可替代驱动汽车的动态发展趋势取决于许多目前尚不确定的因素，如电池、燃料电池或电驱动装置这些部件的价格变化。有趣的是，在20世纪80年代中期，可再生能源领域也遇到过类似的问题。当时就提出这样一个问题，即可再生能源生产的每度电的成本或价格在可预见的未来会不会降低到一个有竞争力的范围内。

本文涉及的经验曲线分析方法已经被证明是成本预测的有力工具。20世纪60年代中期，Henderson在大量实验研究的基础上证明了经验曲线的泛存在性。他将经验曲线法表述如下[注273]：“整个制造业每增加一倍的累计产品经验，产品创造的价值中包含的成本就会降低20%~30%，对于每个供货商也是如此。”正如Henderson这句话描述的，经典的经验曲线方法是基于产品单位成本和累计产量之间的单变量函数关系。这种方法后来被称为单因素经验曲线方法。近年来，这种单因子方法已经扩展为双因素或多因素经验曲线方法。在双因素方法中，通常将企业的研发活动作为第二成本递减因素，集成到Henderson的经典经验曲线中。然而，如何适当测量第二因素以及如何将第二因素融入经验曲线中，在文献中仍然存有分歧[注274]。

因此，接下来介绍的研究内容涉及一种新型的双因素经验曲线方法，以避免或者最小化这些文献常提及的双因素方法的弱点。另外，基于这种新方法，要对以下问题给出相应的解答，即可替代动力驱动部件（如燃料电池堆、高能量锂离子电池和高功率锂离子电池）的颇具雄心的目标成本到2020年能否和如何实现？这些目标成本源自麦肯锡咨询公司与各个整车厂合作完成的欧洲联合研究项目“适用于欧洲的动力传动系统投资组合”[注275]。

3.2.1 传统的单因素经验曲线

早在1936年，Wright在飞机制造的实验研究中发现，飞机的累计生产量每增加一倍，每架飞机的制造成本就会以恒定的比例降低[注276]。20世纪60年代中期，Henderson在调查了不同产品单位成本和价格的梯度后发现，单位生产成本以及总单位成本都和Wright发现的关系相符[注277]。“经验曲线效应”这个概念就是来源于这种对应关系。Henderson发现的规律在数学上可以表示为

$$k_n = KumX_n^a k_1 \tag{3-6}$$

式中，k_n是第n个产品的单位成本（欧元）；k_1为第1个产品的单位成本（欧元），$Kum\ X_n$是累计的第n个产品；a是递减参数且$a<0$。

虽然Henderson的研究清楚地表明，产品的单位成本和总生产量相关性很强，但是，在他的研究中尚未给出有关实际观察到的成本递减效应的根本原因。因此，下面介绍经验曲线效应的相关主要因素，为后续3.2.3节中讨论有关新型双因素经验曲线方法的内容做铺垫。

公开文献中涉及与经验曲线效应相关的影响因素主要有以下五个方面：

1）固定成本递减效应描述了这一事实，即通过产量的提高，生产的固定成本会被均分到大量的产品上。只要不是以扩大投资的方式实现了产能增长，那么每一件产品的固定成本就会降低[注278]。

2）规模经济现象通常发生在产量提高的情况下。尽管文献中通常认为1）中提及的固定成本递减效应是规模经济的子效应，但为了将成本递减的原因尽可能地区分开来，这里仍将两者视为相互独立的因素。另外，通过保障折扣，产量增加的同时购买量也会增加，形成更有利的购买条件，这样可以产生一个特定的“规模经济”效应[注279]。

3）Wright提出的单位成本递减[注280]。这里考虑的重点是一种学习效应，即通过不断地重复工作过程，生产效率得以提高。对此，Coenenberg等人[注281]做出这样的解释：“增加产量意味着随着时间推移，工人、职员和经理在生产过程中学会了更高效地完成各自的工作”。

4）生产工艺优化与先前所讨论的因素3）相比，具有结构上的变化，这种因素与特定的（不限于技术的）操作流程有关[注282]。例如，通过改善制造工艺的结构缩短了某一产品的生产时间，由此增加了这个生产过程的最大产能。原本需要扩大投资来增加产能，现在不需要了，这与上文提及的固定成本递减效应异曲同工，对单位产品成本的减少也有积极的作用。

5）技术进步既可以在新产品也可以在生产工艺中体现。实证研究表明[注283]，未来产品成本的大约90%是通过开发和生产规划确定的。这说明，技术进步这一因素对整个经验曲线效应至关重要。

很显然，前4个因素与生产，或更准确地讲，与累计产量相关。因此，可以将其视作一个与累计产量相关的因素集，和经典单因素经验曲线理论中描述的一样，这个因素集产生的效应就是成本递减效应。虽然技术进步对未来的产品成本也至关重要，但是与产品生产数量没有必然关联。因此，本文尝试将技术进步作为第二因素用于经验曲线。

3.2.2 用于测量技术进步的可能指标

在一般文献中，考虑了工艺技术部件影响的双因素经验曲线应用通常将研发投入或者将一种由时滞后的研发投入获取的、甚至要考虑折旧的“知识积累库”用作技术进步的测量参数[注284]。

发展或应用此类经验学习曲线功能的两个前提条件是：1）现在已经发生和未来将要发生的研发投入是已知的。2）研发投入是合适的用于表征技术进步的指标。

为了能够用基于研发投入的经验学习曲线来预测本书拟研究的可替代驱动汽车中相关部件（例如燃料电池堆、高能量锂离子电池和高功率锂离子电池）的单位成本，可以从这一领域的企业中获取相关的研发投入信息。这些企业通常公布的是一个总的研发投入，不会给出某一特殊技术领域的研发投入，一般也不会给出未来计划的研发投入。因此，将研发投入用作拟拓展的经验学习曲线的第二个因素，似乎显得有些难以操作。

除了研发投入，还有一些其他潜在的测量参数可以作为表征技术进步的指标。例如，Frietsch[注285]认为，专利是一种适合于表征企业研发活动强度的输出指标。Oppenlnder[注286]甚至认为，与研发投入相比，专利申请数更能准确地对公司技术竞争力的变化进行描述或预测。此外，将专利作为公司技术进步的测量指标，还有一个理由是，专利实际上是以专门技术领域研发投入的不同形式发布的，可以由此追溯得到相应的经验数据。

然而，公开文献中也有一些反对将专利用作技术进步指标的观点。一种观点认为，并不是所有的发明创造都能够成为专利，而且并不是所有原则上能够成为专利的发明创造都会去申请注册专利[注287]。在有些情况下，企业的保密考量或者批准程序的门槛都会导致一项专利无法面世[注288]。此外，不是所有的专利都可以自动地得到一种新的或改善的产品或生产过程[注289]。有时候，注册一项专利仅出于单纯的预防考虑，并没有实际的应用目的。所谓的阻断型专利就是用于预防、阻碍行业竞争对手未来从与该专利相关的技术中获取利益。

尽管上述异议不无道理，但是，专利还是可以近似地作为表征某些相关领域技术进步的指标[注290]。

专利查询

专利是在相关的数据库中公开的。为了系统地对某一特定的技术收集相关专利数据信息，通常有以下两种途径。第一种途径是，基于专利分类的查询（例如国家专利分类，IPC）。这种预先定义的分类术语往往涵盖一个涉及面广的领域，查询结果不可避免地会包含一些与特定技术查询目标不相关的内容[注291]。因此，为了查询一些特定专利技术或专利技术部分内容，这里采用第二种途径，即基于查询关键概念的特定专利查询。

这种查询途径既检验查询关键概念与数据库中存储的专利名称两者的一致性，也检验其与专利摘要内容是否符合。这些专利数据来源于欧洲专利局的 Espacenet 数据库，其中存有自 1836 年以来全世界公开发表的 7000 万项以上的专利[注292]。在特定时间申请的专利，所涉及的新工艺技术知识对产品的单位成本并不会产生有效的直接影响，只有在新的产品或者生产过程中投入使用后，才可能会产生相关的影响。因此，必须考虑专利应用对相关产品单位成本的衰减效应在时间上的延迟。Laitko 等人的研究结果发现，这个延迟时间约为 5 ~ 7 年[注293]。一款新车从研发开始到投入生产（SOP），其平均周期正好也是 5 ~ 7 年。这包括 3 年的汽车开发周期，在这 3 年内还要进行各种各样的零配件测试[注294]。可替代驱动汽车的零配件，需要更长的研发和测试时间才能达到技术成熟的阶段，这样就要假定再增加 3 年时间。因此，可替代驱动汽车零配件从其专利申请到批量生产有 6 年的时间间隔。

本文对可替代驱动汽车涉及的延迟时间进行回归分析，给出了如下结论，即相关技术从其专利申请到批量生产统计上最好的结果也需要 6 年时间。当然，未来还有必要开展该领域更详细的研究工作。

3.2.3 新双因素经验曲线应用的特点

为了将单因素经验曲线拓展至双因素经验曲线，有必要对以下基本问题展开一些讨论。

1）传统的单因素经验曲线采用累计生产量这个变量作为所有形式的经验制定或学习的指标。这就引出一个问题，即在双因素经验曲线中相应的指标应该如何改变？

针对问题 1）的讨论：基于本文涉及的传统单因素经验曲线，大量的应用经验表明，累积生产量作为经验曲线函数的一个独立变量，虽然适合于新的双因素经验曲线应用，但不再是所有形式的经验制定或学习的指标，而仅限于在非研发条件下使用。

2）除此之外，还必须解释这样一个问题，即在新双因素经验曲线应用中，如何建立生产经验和源自研发的经验效应这两个变量之间关系的数学模型？

针对问题 2）的讨论：可以这样认为，研发活动对某一配件的影响效应是其实现整体影响效应的一个新的组成部分。例如，通过研发活动降低一个产品的复杂性，或者从材料和制造工艺方面上优化该产品，这将会影响采购、生产、管理和运营费用，从而对总体的经验效应（例如规模效应、学习效应等）产生相应的影响。可以用一个简单的例子予以说明，比如在研发活动中对某一产品投入了一种新材料，就有可能因为该材料特定的折扣而最大限度地降低总的产品成本【注295】。

数学上可以这样描述，整体的生产经验和研发相关的经验效应这两个变量之间呈现一种乘积的函数关系。两者也可能呈现一种叠加的函数关系，那么，上述相互影响效应就不存在了。

3）进一步的问题是，研发相关的经验效应会产生什么动态影响？

针对问题 3）的讨论：为了回答这个问题，还要再介绍一下传统的单因素经验曲线函数。在对此函数进行建模时所做的假设是，与在产品周期的过程中相比较，一开始投入生产时即考虑降低产品成本效应的做法更简单。这个基本假设也应适用于研发相关的经验效应涉及的情况。这样便可以如此推断，那些与专利有关的创新概念首先应用到新产品或生产过程中，然后与其他创新概念综合作用使得成本有一个明显的降低。从数学建模角度来说，经验曲线函数可以等效地采用一个降幂函数（幂指数 <0）。

4）最后必须回答的问题是，在此考虑生产过程和产品创新技术对降低成本的作用随时间而减弱这一现象是否合理？

针对问题 4）的讨论：文献中可以找到的双因素经验曲线应用案例中，通常会考虑基于某一“知识积累库”的工艺技术性知识折旧【注296】，本文在此不采用类似的处理方法。假如在新的经验曲线函数中引入知识折旧，这就意味着在涉及的工业企业中，其研发活动在某一时间结束后（即不再有相关的新专利登记），集成在经验曲线函数中的“知识积累库”将持续贬值，这自然会导致由经验曲线函数算得的单位成本的增加，而这种现象在实际中是不会发生的。

如前所述，本书研究的目的之一是针对 2020 年可替代驱动汽车的传动总成部件给出相应的成本预测。如果对所有的将一种技术部件集成至经验曲线函数的方案进行归纳，同时将计算的对象从最近生产部件的单位成本拓展至某一特定时间段的平均单位成本，由此可以推导出如下新的双因素经验曲线表达式：

$$k_t = KumP_{t-Vt}^{b} KumX_t^{c} k_1 \tag{3-7}$$

式中，k_t是周期 t 内部件的平均单位成本（欧元）；k_1是第一个生产周期内部件的成本（欧元）；$KumP$ 是一个周期末累积发表的专利数；$KumX$ 是一个周期末累积生产量；b 是研发相关的经验效应衰减指数（$b<0$）；c 是一般的经验效应衰减指数（$c<0$）；t 是时间（年）；Vt 是技术影响的延迟时间（年）。

与传统的方法相比，因采用了差别化的成本降低指数关系，基于同样的经验数据对上述双因素经验曲线的参数进行线性回归估计时，可望获得更高的拟合准确度。此外，式（3-7）中参数值 c 与式（3-6）中参数值 a 的差别应该较大。因为衰减指数 c 不再包含与研发相关的经验效应，所以其幅值较小。

3.2.4 可替代驱动部件单位成本的预测模型

预测可替代驱动部件单位成本的典型方式是，当上述新提出的双因素经验曲线公式给定后，针对某一研究对象（如燃料电池堆）先收集函数表达式中变量（k_t，$KumP$ 和 $KumX$）在尽可能多生产周期的经验值，然后通过回归分析对函数表达式中的未知参数（b，c 和 k_1）进行估计。

然而，上述方法用于此处有一个主要问题。因为这里涉及的部件对象（车用燃料电池堆、车用高能量锂离子电池和车用高功率锂离子电池）在技术上尚未达到批量生产的成熟程度，所以没有回归估计分析需要的经验数据。

因此，本书提出了另一种回归分析的途径，即不针对实际的技术工艺对象或产品对象，而是设法寻找一些结构相似的、同时市场已有的技术工艺或产品作为模拟对象，基于这些具有代表性的模拟对象实施相应的“回归估计过程”。然后将这个“回归估计过程”的结果转用于涉及的实际技术工艺对象或产品对象（图18，左）。Ehrlenspiel 等人【注297】对原则上适合作为实际产品的模拟产品给出了如下定义，即模拟产品在技术复杂度、技术难度和生产工艺成品化程度方面具有可比性，同时是一个已成功投入市场的产品。

因为不一定有相应模拟产品公开发表的单位成本数据可用，所以，就模拟产品而言，一开始也不一定可以进行相应的经验学习曲线估计【注298】。然而，很有可能可以得到模拟产品相应的销售价格数据，采用式（3-7）就可以对模拟产品相应的价格衰减曲线进行估计，用于评估此类产品。如果假定相关的价格衰减曲线与经验学习曲线是相平行的，那么，采用回归分析计算得到的价格衰减曲线参数就可以转用到相应的经验学习曲线中（图18，左）。

在借用模拟产品的替代方法估计成本时，肯定会有一定的误差。因此，下面将借助灵敏度分析，在实际产品与模拟产品相关估计曲线的学习率存在误差的情况下（图18，左），研究可能产生的成本误差【注299】。经验曲线分析中的学习率指的是，当某一产品的累计产量或累计专利数量增加一倍时该产品单位成本降低的百分比【注300】。

根据新提出的双因素经验学习曲线函数，累计产量或累计专利数量的增加都可以导致某一产品单位成本的降低。因此，要实现可替代驱动汽车中关键部件的目标成本，原则上可以采取增加累计产量或累计专利数量的不同组合措施（图

18，右），这部分有关组合措施的内容将在本书的后续部分详细介绍。

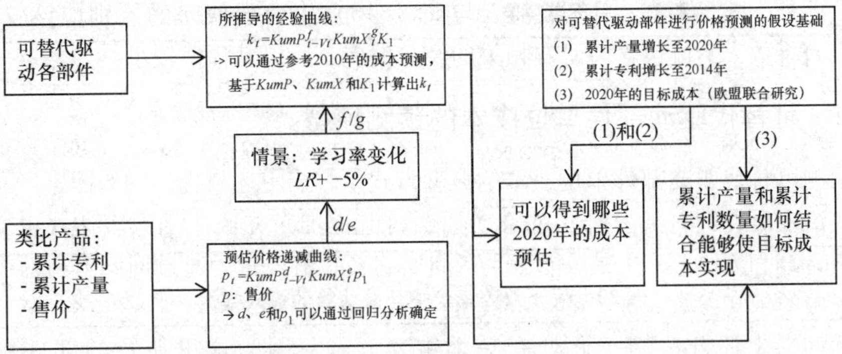

图 18 经验学习曲线模型的示意图

3.2.5 模型应用和模型求解

借助于新提出的双因素经验学习曲线函数，对可替代驱动汽车动力部件的单位成本进行预测，本节内容包括对以下两个重要问题的讨论。一个要讨论的问题是，为了实现欧洲联合研究报告中提出的 2020 年目标成本，未来燃料电池堆和两类锂离子电池的专利数量必须以什么样的速度增长。另一个要讨论的问题是，以经验观察可得到的专利数量增长趋势和欧洲联合研究报告中提出的产量增长假设为基础，可以预期什么样的 2020 年单位成本。

燃料电池堆

在汽车领域，质子交换膜燃料电池（PEM 燃料电池）是目前最常使用的燃料电池种类。PEM 燃料电池是一种低温燃料电池，使用氢气作为燃料。在寻找一种合适的燃料电池的模拟产品时，首先考虑燃料电池产生电能的方式与方法。大多数发电技术是通过发电机实现的，而燃料电池和光伏发电装置则是通过电化学过程直接发电，无需发电机。燃料电池和光伏发电装置之间另一个相似之处是，这两种技术在材料领域的研发投入都相当大，而且两者对应的产品具有相似的生产过程。因此，本书采用光伏发电装置作为燃料电池堆的模拟产品。表 19 给出了用于数据产生的专利检索式。

本文所用光伏发电装置的市场经验数据【注301】，取自国际能源机构（IEA）一项研究报告中 1976—1996 年的调查内容【注302】。表 20 给出了回归分析所需的所有输入数据。为了能够验证新提出的双因素经验曲线方法是否确实比传统方法更好地拟合经验数据，本文采用两种回归方法建立了经验曲线，或更确切地说价格衰减曲线，并对结果进行了比较，如图 19 所示。可以看出，在经验曲线或价格衰减曲线中加入专利影响项，能够使获取的函数与经验数据具有更好的拟合精度。

表 19　用于燃料电池堆和光伏发电装置的专利检索式

技术	专利检索式	检索时间
PEM 燃料电池堆	(((ta = "fuel cell * ") and (ta = stack or ta = membrane *)) and (ta = " proton exchange * membrane" or ta = " membrane * electrode assembly")) and pd < = 2000	2011. 11. 04
光伏发电装置	(ta = photovoltaic *) and pd < = 1970	2011. 10. 27

表 20　用于双因素价格衰减估算的输入数据

年份	累计产量①/MW	价格①［单位：美元/Wp］①	累计专利数量②
1970			123
1971			134
1972			152
1973			170
1974			191
1975			206
1976	0. 40	43. 20	247
1977	0. 92	31. 56	308
1978	2. 32	24. 94	404
1979	4. 95	21. 49	493
1980	9. 96	18. 95	598
1981	16. 65	16. 59	737
1982	26. 24	14. 52	889
1983	43. 88	13. 21	1 082
1984	66. 87	11. 47	1 320
1985	89. 81	8. 79	1 569
1986	117. 61	6. 89	1 888
1987	146. 42	5. 53	2 175
1988	180. 76	4. 92	2 437
1989	223. 14	4. 88	2 688
1990	268. 59	4. 62	2 920
1991	326. 04	4. 24	3 174

（续）

年份	累计产量[①]/MW	价格[①]［单位：美元/Wp］[①]	累计专利数量[②]
1992	385.89	4.04	3 464
1993	449.09	3.86	3 739
1994	513.91	3.68	4 060
1995	593.06	3.59	4 388
1996	678.67	3.62	4 926

① IEA/OECD（2000）。

② EPA（2011），并结合表 19 中光伏发电装置的专利检索式。

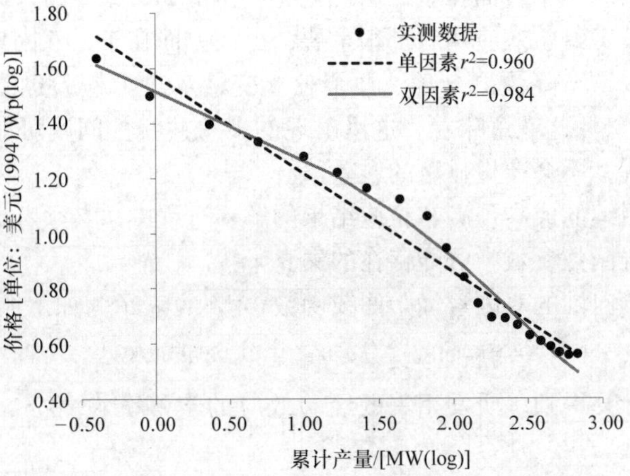

图 19　光伏发电装置的单因素与双因素价格衰减曲线比较

注：Wp 表示瓦特峰值。

单因素经验曲线和双因素经验曲线的拟合度 r^2 值【注303】分别为 0.960 和 0.984。比起 r^2 值的轻微上升，更能说明问题的是，采用上述两种不同曲线求得的学习率有明显的差别。根据单因素经验曲线计算，一般经验效应的学习率为 22%；而根据双因素经验曲线计算，一般经验效应和研发经验效应的学习率分别为 13% 和 20%。之前在 3.2.3 节中曾经给出了这样的推测，即研发相关的经验效应对价格衰减的作用不可忽视，这里的统计数据也可以支持这一推测。直接比较单因素经验曲线和新提出的双因素经验曲线方法，可以发现两者的学习率显著不同，而这一差别对成本预测会产生重要影响。假定单因素经验曲线和双因素经验曲线都采用相同的销售量或生产量作为未来增长率的输入数据，而双因素经验曲线采用不同的专利量增长率，据此进行成本预测，两种曲线得到的成本估计结果会差别很大。

在此应当指出的是，不论是对双因素经验曲线进行的总 F 检验，还是对其中两个独立变量 *KumK* 和 *KumP* 进行的双边 T 检验，都能得到显著高水平的结果【注304】，可以认为这是一种总体上有效的数据拟合方法。然而，上述两个独立变量之间存在很强的相关性（相关系数为 0.998），因此，回归分析也会出现多重共线性问题。Kouvaritakis 等人在其研究报告中指出了双因素经验曲线的这个问题【注305】。

解决多重共线性问题通常有两种可能的方法。一种可能的方法是，从相应的方程中去除一个或者更多的独立变量，从而消除其统计学上的影响【注306】。另一种可能的方法是，分析在方程中引入独立变量的原始理论思路，接受其统计学上的影响【注307】。在本书的研究中，虽然存在多重共线性问题，但仍然采用了双因素经验曲线。其原因一方面在于，从理论分析上看，3.2.1 和 3.2.2 中提到的一般经验效应和技术经验效应两者都很重要；另一方面在于，双因素经验曲线下一般经验效应的权重下降预测合理，两个独立变量双边 T 检验也能够得到显著高水平的结果【注308】。这就意味着，这里出现的多重共线性问题可能只会对结果产生一种失真干扰，不会产生显著的误差。

然而，在后续的成本预测和相应结果的解释过程中，必须考虑回归分析估计获得的经验曲线函数参数中可能存在的失真干扰。

用于燃料电池堆的双因素经验曲线函数【注309】可表示为如下形式：

$$k_t = KumP_{t-6}^{-0.327} KumX_t^{-0.207} 21.186\ [\text{EUR/kW}]$$

从中可以计算得到，研发相关的经验效应的学习率为 20%，一般经验效应的学习率为 13%。

为了根据上述函数方程计算未来的燃料电池单位成本，首先必须对燃料电池堆未来的专利数量和销售增长（率）做出相应的假设。对销售增长的假设是，2020 年将准确达到欧盟联合研究报告预测的 100 万累积销售量，从中可以推出每年的销售增长率为 85%。对专利增长的假设则采用趋势外推法。由于燃料电池堆历史的专利数增长率在不同的时间区间内有不同程度的失真，在成本预测时，既计算了 3 年增长趋势（2005—2008 年）也计算了 6 年增长趋势（2002—2008 年），同时采用了这些计算数据。表 21 给出了燃料电池堆的历史专利增长数据。

模型求解需要将 2010 年的起始值和源自欧盟联合研究报告【注310】的 2020 年目标值作为输入数据，这些数据见表 22。通过预测计算可得，只要基于 2005—2008 年这 3 年参照时间段的专利增长趋势能一直延续到 2014 年，并且世界范围内至 2020 年总共生产 100 万辆燃料电池动力汽车，那么，燃料电池的成本就能从 2010 年的 500 欧元/kW 下降至 2020 年的目标值 43 欧元/kW。这里需要再次指出的是，由于假定专利具有 6 年的滞后效应，为了在 2020 年产生相应的影响，专利必须在 2014 年之前已经公布。对基于 6 年参照时间段的专利增长趋势做同样的预测计算，得到的 2020 年成本值为 42 欧元/kW，只有微小的变化。

表 21　2000—2008 年间燃料电池堆的专利发布情况

年份	专利数量/年	累计专利数量	专利增长情况
2000	108	227	
2001	91	318	
2002	214	532	
2003	267	799	
2004	393	1 192	
2005	577	1 769	
2006	829	2 598	
2007	1 186	3 784	
2008	1 283	5 067	

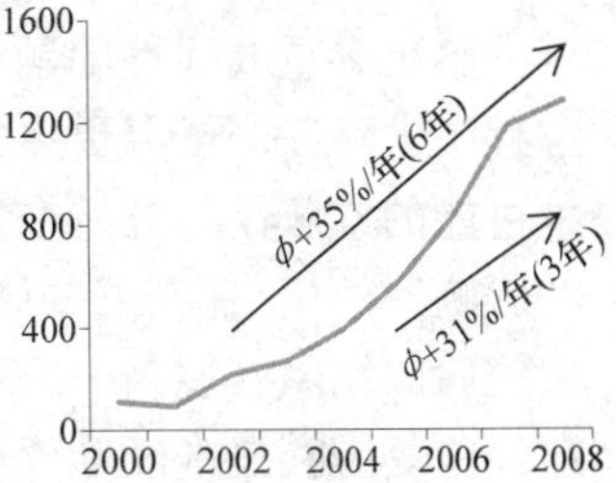

注：EPA（2011），并结合表 19 中燃料电池堆的专利检索式。

表 22　燃料电池堆单位成本假设

年份	起始数量	累计数量	费用
2010	1 000	1 000	500 欧元/kW
2020		1×10^6	43 欧元/kW

注：所有数值均来自欧盟联合（2010）。

因为燃料电池堆的实际学习率可能与模拟产品光伏发电装置源自历史经验数据的学习率之间存在偏差，另外，如前文所讨论的，多重共线性问题可能导致相应经验曲线进行回归分析参数预测时产生一定的失真，所以还进行了学习率 ±5% 变化范围内的灵敏度分析和成本影响分析。如果涉及燃料电池堆的一般经验效应和研发经验效应的学习率都比基于回归分析预测的经验曲线函数学习率低 5%（即研发经验效应的学习率取 19. 3% 而不是 20. 3%，一般经验效应的学习率取 12. 7% 而不是 13. 4%），那么，不论是按 3 年专利增长趋势还是按 6 年专利增长趋势做估计，燃料电池的成本都能达到 50 欧元/kW 左右。如果提高 5% 的学习率，那么其成本甚至有可能达到 36 欧元/kW 左右。

图 20 描述了如果要实现 2020 年的目标成本 43 欧元/kW，所需要专利和销售增长量的组合可能性。图中阴影部分表示将平均年专利增长率限制在 3 年参照时间（31%）和 6 年参照时间（35%）的范围内。

为了实现2020年的目标成本43欧元/kW，如果学习率变化为零时，专利增长至2014年必须实现每年32%的增长率，与此同时销售增长也要实际达到每年85%的增长率；如果学习率降低5%时，每年的专利增长率必须达到48%；如果学习率提高5%时，每年的专利增长率仅要达到16%即可。

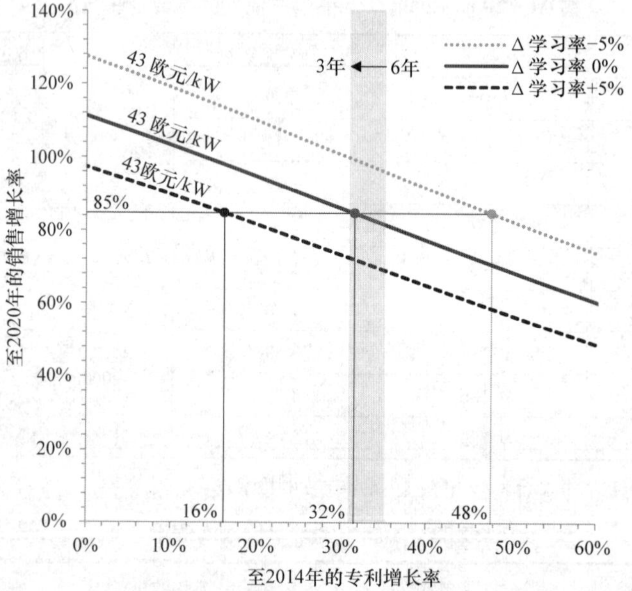

图20　实现燃料电池堆2020年目标成本43欧元/kW所需的销售增长和专利增长组合

锂离子电池概述

锂离子电池在技术上并不是一个新产品，只是在电动汽车领域得到了新的应用。锂离子能量电池早在1990年就被索尼公司应用于消费市场中，如笔记本计算机、手机等【注311】。而锂离子功率电池直到2006年才首次实现大批量地销售并应用于电钻机中【注312】。消费领域和汽车领域对锂离子能量电池的性能要求非常相似。对纯电动汽车而言，最大电容量和与之相关的能量密度非常重要，而最大功率电流则处于次要位置【注313】。消费领域和汽车领域对能量电池的性能要求如此相似，以至于特斯拉公司生产的电驱动运动型跑车Roadster可以用6800个消费领域的锂离子电池组成其动力电池组【注314】。因此，消费领域的锂离子能量电池就可以被用作汽车领域锂离子能量电池的一种理想模拟产品。

与纯电动汽车相反，混合动力汽车需要电流能力强的电池，这样在制动时可以回收尽可能多的能量，在加速时可以产生尽可能大的推力【注315】。虽然在电动工具领域中（例如电钻机）应用的功率电池具有较大的充电电流和放电电流【注316】，但其应用时间还相对较短，只有很少的历史经验数据可供使用。基于如此不足的数据基础进行回归分析，很有可能产生较大的误差，因此，消费领域的锂离子能量电池同样被用作汽车领域锂离子功率电池的模拟产品。尽管两种电池类型的学习率可以视为相同，但各自市场生命周期的起始时间点不同，这自然导致两者在经验曲线上的实际位置明显不同。用于锂离子电池的专利检索式见表23。

表23　用于锂离子电池的专利检索式

技术	专利检索式	检索时间
锂离子电池	(((ta = lithium) and ta = ion) and ta = battery*) and pd < = 1985	2011. 10. 18
高能量锂离子电池	((ta = "lithium ion") and (((((ta = "mobile phone*") or ta = cam*) or ta = computer) or ta = "high energy") or ta = "electric* vehicle*")) and pd < = 1985	2011. 10. 27
高功率锂离子电池	((ta = "lithium ion") and(((((ta¼hybrid*) or ta = "high power*") or ta = tool*) or ta = bike*) or ta = "high performance*")) and pd < = 1985	2011. 10. 27

用于电池经验曲线回归分析预测的输入数据有很多来源（表24）。

表24　锂离子电池二次价值衰减预测的输入数据

年份	累计销售①/MW·h	价格①/[美元/(W·h)]	累计专利数量②
1985			116
1986			125
1987			153
1988			168
1989			190
1990			222
1991	0. 13	3. 17	247
1992	1. 68	2. 63	299
1993	14. 55	2. 09	368
1994	50. 08	1. 75	488
1995	121. 13	1. 71	625
1996	547. 42	1. 24	765
1997	1 257. 90	0. 95	1 022
1998	2 288. 09	0. 59	1 384
1999	3 815. 63	0. 51	1 777

（续）

年份	累计销售①/MW·h	价格①/[美元/(W·h)]	累计专利数量②
2000	5 982.59	0.42	2 188
2001	8 504.79	0.35	2 622
2002	12 092.71	0.35	3 032
2003	17 350.26	0.33	3 549
2004	24 526.11	0.31	3 905
2005	33 371.58	0.28	4 233
2006	44 916.87		
2007	58 806.74		
2008	75 616.08		

① Yoshio 等人（2010）和 Pillot（2009）等人。Buchmann（2011）。

② EPA（2011），并结合表 23 中锂离子电池的专利检索式。

为了能将公布的锂离子电池专利区分为能量电池和功率电池两类，在专利检索过程中引入了其各自的应用领域。

在锂离子电池领域，同样也对传统的单因素经验曲线和新的双因素经验曲线方法进行了比较。在单因素经验曲线中，一般经验效应的学习率为 14%。在双因素经验曲线中，一般经验效应的学习率只有 8%，而研发相关的经验效应学习率达到了 27%，是前者的 3 倍以上。与燃料电池堆相比，研发相关的经验效应与一般经验效应的比例关系在锂离子电池上更为显著。此外，前文给出的针对燃料电池堆双因素经验曲线回归分析的静态特性结论，也适用于锂离子电池（图 21）。

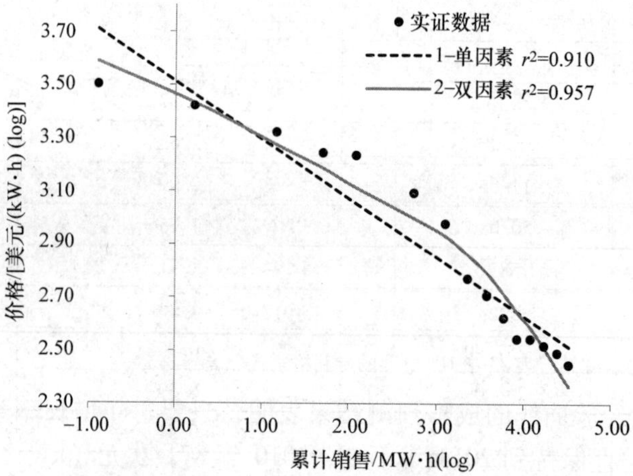

图 21　消费领域锂离子电池的单因素与双因素价格衰减曲线比较

消费领域两类锂离子电池的双因素经验曲线函数式可表示为如下形式：

$$k_t = KumP_{t-6}^{-0.446} \times KumX_t^{-0.128} \times k_1$$

式中，功率电池采用 $k_1 = 16.412$（欧元/kW），能量电池采用 $k_1 = 244.045$（欧元/kW）。

能量型锂离子电池

消费领域锂离子能量电池和车用锂离子能量电池之间的关联度强，所以在假定的销量增长下对两个领域的能量锂离子电池单位成本给出了相同的假设，见表 25。

表 25　高能量锂离子电池单位成本假设

年份	起始数量①	累计数量②	费用③/[欧元/(kW · h)]
2010	0.9×10^6	4.2×10^6	871
2020		44.2×10^6	300

① 假设基于欧盟联合（2010）。

② 假设 2003—2008 年的年增长率 26% 可持续至 2020 年。

③ 欧盟联合（2010）。

上表数据假定，2003—2008 年间记录的年平均销售增长率 26% 可以一直保持至 2020 年。如前文所述，燃料电池堆成本预测不仅考虑了 2005—2008 年的 3 年历史专利增长趋势，也考虑了 2002—2008 年的 6 年增长趋势。锂离子能量电池的历史专利增长数据见表 26。

表 26　2000—2008 年间的高能量锂离子电池专利发布情况

年份	专利数量/年	累计专利数量	专利增长情况表
2000	411	2 188	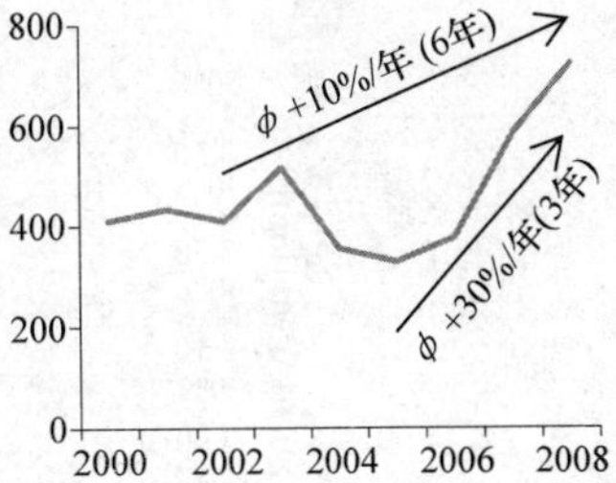
2001	434	2 622	
2002	410	3 032	
2003	518	3 549	
2004	355	3 905	
2005	329	4 233	
2006	376	4 609	
2007	585	5 194	
2008	722	5 917	

注：EPA（2011），并结合表 23 中 HE 电池的专利检索式。

基于双因素经验曲线的成本预测结果表明，只要每年增长率为 30% 的 3 年专利增长趋势一直保持到 2014 年不变，2010 年 871 欧元/(kW · h）的成本在 2020 年就可以下降为 326 欧元/(kW · h)。与燃料电池堆不同，采用 3 年参考时间段与采用6年参考时间段进行能量电池成本预测，相应的结果差别很大。采用6年专利增长趋势进行预测，在2020年成本只能降至390欧元/(kW·h)。之所以会有这样的差别，是因为每年增长率为30%的3年专利增长趋势大大超过了每年增长率只有10%的6年专利增长趋势。

假设目前真实的学习率比回归分析预测的经验曲线所得出的学习率低5%，那么，以3年专利增长趋势为参考而计算得出的2020年成本只能降至345欧元/(kW·h)，而以6年专利增长趋势为参考计算得出的成本只能降至408欧元/(kW·h)。相反，如果真实学习率高5%，3年专利增长趋势下的成本可降至309欧元/(kW·h)，6年专利增长趋势下的成本可降至373欧元/(kW·h)。

图22描述了不同的销售和专利增长组合，用于实现欧盟联合研究报告提出的2020年目标成本300欧元/(kW·h)。从图中可以看出，要达到2020年的目标成本300欧元/(kW·h)，最后3年的专利增长率趋势（即每年30%的增长率）必须加强。甚至在最有利的情况下，即学习率比原本期望的高5%，同时假设销售量按每年26%增长，迄今为止的专利增长率也不足以实现2020年目标成本。在这种情况下，每年的专利增长率必须从现在的30%（按3年专利增长趋势估算）提高至33%。如果学习率不变，专利增长率甚至要提高至38%，而学习率下降5%时，专利增长率则必须提高至45%。

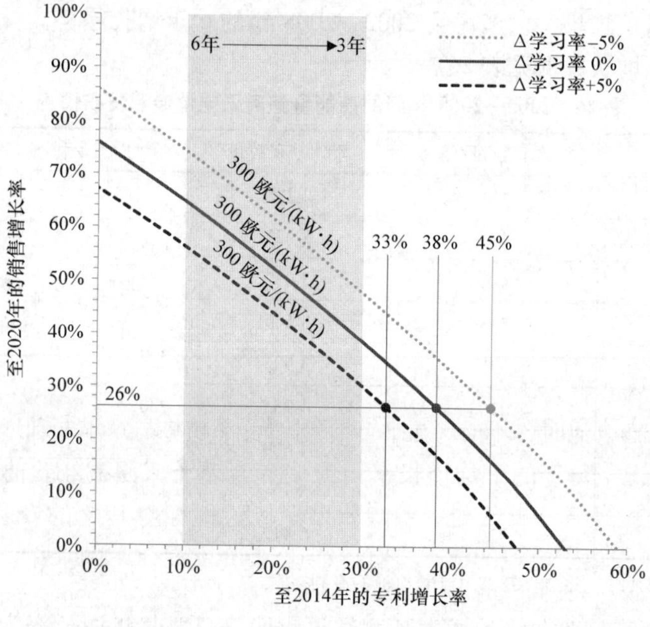

图22　为实现2020年300欧元/(kW·h) 目标成本所需的高能量锂离子电池销售和专利增长组合示意图

功率型锂离子电池

与能量型电池不同的是，功率型电池还有很大的成本降低空间。这是因为功率型电池还是一种较新的产品，其经验曲线上的起始销售数量还很少，单位成本假设见表 27。鉴于这一点，应该单独考虑汽车领域的功率电池，也就是不能与消费领域的电池等同对待。功率电池未来可能主要在汽车领域应用，从这一点出发，上述考虑是有道理的。

后续的成本预测也采用相同的销售量增长假设，这和之前燃料电池堆的情况一样。相应的年增长率约为 85%。表 28 给出了功率型锂离子电池专利增长的历史数据。

表 27　高功率锂离子电池单位成本假设

年份	起始数量	累计数量	费用/（欧元/kW）
2010	1 000	1 000	243
2020		1×10^6	32

注：所有数值均来自欧盟联合（2010）。

表 28　2000—2008 年高功率锂离子电池的专利公开量

年份	专利数量/年	累计专利数量	专利增长情况表
2000	212	665	
2001	196	861	
2002	298	1 159	
2003	225	1 385	
2004	371	1 755	
2005	467	2 223	
2006	641	2 864	
2007	668	3 532	
2008	750	4 281	

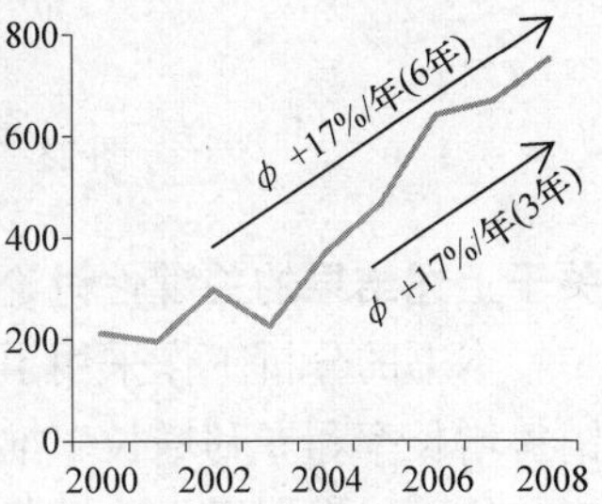

注：EPA（2011），并结合表 23 中 HP 电池的专利检索式。

涉及功率型电池时，不必考虑 3 年专利增长率趋势与 6 年专利增长率趋势的差别，两种情况下每年的平均增长率均为 17%。基于双因素经验曲线，针对锂离子电池的成本回归分析预测表明，如果保持这种年均 17% 的专利增长趋势，那么到 2020 年锂离子电池的成本将有可能达到 42 欧元/kW 的水平。假设学习率比回归分析预测的经验曲线所得出的学习率高 5%，那么，2020 年的成本有可能降至 38 欧元/kW。相反，如果真实学习率低 5%，则 2020 年的成本有可能升至 46 欧元/kW。

如图 23 所示，要实现欧洲联合研究报告提出的 2020 年目标成本

32 欧元/kW，还需要巨大的努力。为了达到这个目标成本，如果学习率不变化，每年的专利增长率必须从 17% 上升为 44%。如果学习率提高 5%，那么年专利增长率达到 34% 就够了。如果学习率降低 5%，那么年专利增长率必须达到 54% 才能实现目标成本。

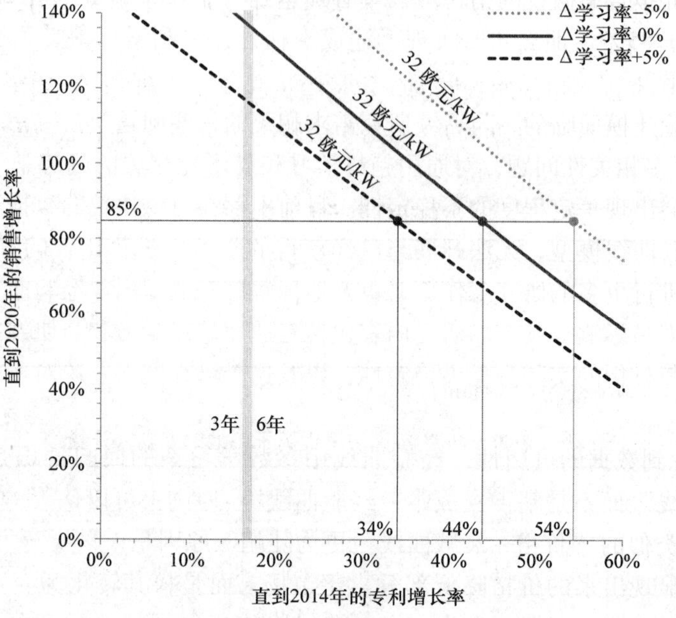

图 23　在 2020 年达到目标成本 32 欧元/kW

关于上述结果的关键性讨论

本书的分析工作采用了这样的成本预测方式，即根据已有的学习率、假定的销售增长率和专利增长率推导计算待预测的成本。

然而，根据历史数据获得的学习率通常具有一些不确定性。考虑到数据的可用性，经验曲线参数的回归分析（辨识）必须基于“价格 - 经验曲线”而不是基于“成本 - 经验曲线”，这是导致学习率不确定性的一方面原因；另一方面原因是，双因素方程中的两个独立变量呈高相关性（多元共线性问题）。为了直观构建影响成本的学习率，本书采用了大范围的学习 - 差值，并以敏感性分析的形式介绍了相应的分析方法。

针对涉及的 3 种部件，得到的结论可归纳如下：根据假设条件的不同，燃料电池堆 2020 年的成本估计在 36 ~ 49 欧元/kW 之间。因此，要达到欧洲联合研究报告给出的 43 欧元/kW 这个目标成本，可能性还是很大的。

根据假设条件的不同，锂离子能量型电池的成本估计在 309 ~ 408 欧元/(kW · h)之间。为了达到2020 年300 欧元/(kW · h) 这个目标成本，必须加大专利增长率。锂离子功率型电池的情况类似。根据假设，功率型电池2020年的成本估计在38～46欧元/kW之间。尽管如此，为了在2020年达到32欧元/kW的目标成本，相应的专利增长率还必须大幅度提高。

然而，涉及燃料电池堆和高功率锂离子电池结论的一个中心前提条件是，在欧洲联合研究报告中假设的销售增长率必须达到每年85%。如果在2020年销售增长率远低于85%，那么，要实现上述成本估计，专利增长率必须提高至一个不现实的水平。

下面讨论建模面临的、与后续研究需求相关的一些问题。

1）由于多相关性问题，对通用趋势学习和与研发相关的趋势学习进行回归分析分类时会出现一定程度的不稳定性。目前不存在可供比较的、描述类似技术的双因素经验曲线模型，无法开展与已经获得的学习率进行比较的置信度检查。因此，需要进行更多的研究工作，去更好地理解已有的双因素经验曲线模型中多相关性的原因与影响。其中的研究内容包括对通用趋势学习和与研发相关的趋势学习进行回归分析的实际分类不稳定性，以及这个潜在的误差源对于成本预测的影响。

2）考虑到数据的可用性，经验曲线中参数学习率的回归辨识是基于“价格－经验曲线”而不是基于“成本－经验曲线”。原则上可以认为，“成本－经验曲线”比类似的“价格－衰减曲线”更为陡峭。原因是，只要竞争环境允许，企业不会将显现出来的价格降低部分惠于市场，而是将其转化为企业的利润增加。由此可以推断，根据“价格－衰减曲线”辨识得到的学习率会偏小，成本衰减效应就会被低估。后续的研究也要理清“价格－经验曲线”与“成本－经验曲线”之间的区别。这种研究涉及不同市场形式以及不同竞争环境之间的区别。

3）之前谈及过这样的结论，即专利作用于成本衰减至其产生效果，有一个相对较长的延迟时间。本书分析中基于实际数据的统计测试表明，平均最短的延迟时间约为6年。专门的、针对专利影响效应延迟的研究应当对这一数据做进一步的验证与探究。此外，之前也提及到，并不是每个专利都会自动地转化为新产品或新工艺、新生产过程技术，或自动地体现在其中。为了更好地开展本书涉及的研究工作，有必要提出一种可以鉴别和区分专利是否被使用过的方法。

4）本书中学习率的计算是基于模拟技术（或产品）的数据的，这肯定会产生一定程度的误差。涉及锂离子电池时，采用模拟技术（或产品）的数据去计算学习率，不会出现显著的误差（或失真），然而涉及燃料电池堆的学习率时，误差可能就会较大。光伏发电装置虽然具有一些使其原则上适合作为模拟技术的特征，但这并不能排除还存在更合适的、到目前为止尚未发现的其他模拟技术（或产品），可用于提高涉及燃料电池堆的学习率估计精度。为了能找出最合适的模拟技术（或产品）以及更准确地估计因模拟技术而导致的误差，有必要开展进一步的研究。可以研究的内容是，本书中选择模拟技术（或产品）的评估标准实际上是否合适，以及与这个评估标准相关的不同特征是如何影响学习率大小的。一旦燃料电池堆开始量产，就会有一个稳定的数据库可供使用，那么，基于模拟技术（或产品）的学习率因其固有的误差就可被实际的、目前无法获得的燃料电池电堆学习率替代。

5）为了进一步改善上述经验曲线的预测能力，可以尝试在经验曲线函数中增加额外的独立变量。正如3.2.1节所提到的，累积的销售量和专利量是成本衰减的两个主要因素。当然可以这样去设想，构建一个能够包含更详细成本衰减因素信息的经验曲线函数。首先，可以根据成本类型（如材料单件成本）将总单件成本进行分解，以特定成本类型的学习率为基础，估算相应的分解项；然后，将估算的单件成本分解项累加，就可以得到总单件成本。但是，在考虑上述方案时应当明确的是，针对实际应用的经验曲线做进一步改善，这项工作必然需要额外的成本和时间，特定情况下还可能存在数据的可用性问题。

3.3 可替代驱动技术汽车的TCO分析

正如在3.2节借助双因素经验曲线的成本预测中描述的，销售量对于一项新技术的成本降低起到了至关重要的作用。同样地，在汽车领域中，起决定性作用的并不是某一个整车厂的产量，而是该行业相关产品的产量，因为相关产品的生产厂商同时也会提供产品给其他整车厂或其他行业。根据欧洲联合研究报告，表29给出了三种可能情况下的汽车成本。所有可能情况下的预测都表明，可替代驱动技术汽车至2020年在欧洲会有一个巨大增长。更进一步的预测是，到2020年市场上应该有570万辆纯电动汽车、200万辆插电式电动汽车/增程式电动汽车和100万辆燃料电池汽车。2020年之后，三种可能情况下的区别就会很大。本书所做的至2030年的TCO分析是基于悲观情况（1－传统）下的产量的。取用的产量值是所有预测中的最高值，实际很难达到。2.3节可替代驱动和传统驱动技术提及的EUCAR－V4－汽车的技术专利呈蓬勃发展之态，在估计其发展趋势时也采用了这些产量值。因此，如果表29中的产量值比预期的时间较晚实现，可以对预测结果做出相应的解释。

3.3.1 汽车成本计算

以下内容介绍汽车成本的计算。首先，将欧洲联合研究报告数据库中汽车零部件的净目录价格与EUCAR－V4－汽车中零部件的净目录价格对标。然后，在成本基础上可以得到技术十分细化的EUCAR－V4－汽车的净目录价格。由于

EUCAR - V4 - 汽车的设计性能具有很好的可比性，上述方法可以用于EUCAR研究中尚未进行的、针对不同驱动系统的成本比较。

表29　涉及车型及部件的产量

各种方案的车型数量[①]/千辆					在这一研究中累计的产品数量[⑤]/千辆		
年份/方案（情景）	ICE - G/D HEV	BEV	PHEV/REEV	FCEV	HE电池[②]	HP电池[③]	燃料电池堆 氢气箱 燃料电池外围设备[④]
2010/1	223 997	1	1	1	4 159	2	1
2020/1	227 221	5 740	2 034	1 005	44 156	2 022	1 005
2030/1	207 089	15 331	20 753	5 827	203 022	16 203	5 827
2010/2	223 997	1	1	1	n. u.	n. u.	n. u.
2020/2	227 221	5 740	2 034	1 005	n. u.	n. u.	n. u.
2030/2	172 544	31 033	27 035	18 388	n. u.	n. u.	n. u.
2010/3	223 997	1	1	1	n. u.	n. u.	n. u.
2020/3	227 221	5 740	2 034	1 005	n. u.	n. u.	n. u.
2030/3	172 541	24 755	17 613	34 091	n. u.	n. u.	n. u.

① 欧盟联合（2010），第17页；方案1 = 传统，方案2 = EV主导，方案3 = FCEV主导。

② 通过在消费者领域（如手机、笔记本）运用锂离子电池，该产品的累计数量超过了汽车数量（参见第3.2节 借助双因素经验曲线进行成本预测）。

③ 数量不包括HEV和FCEV。

④ 数量不包括FCEV。

⑤ Mayer等人（2012）；n. u. 代表未研究。

在3.2节中介绍过的双因素经验曲线用于估算高功率电池、高能量电池和燃料电池堆的成本，表30给出了涉及相关零部件的曲线学习率。在欧洲联合研究报告中，计算燃料电池辅助设备、储氢罐、电机/电气设备/充电装置这些部件从2020年开始的成本时，采用了单因素学习曲线，表30也列出了该曲线的学习率。在进一步的成本计算中这些学习率保持不变，考虑变化的学习率将超出本书涉及的内容。与欧洲联合研究报告中假定的一样，涉及各种驱动技术成本计算时相应的装配成本、销售/管理成本和利润都假定为恒定[注318]。

本书涉及的有些车型不包括在欧洲联合研究的范围内。该研究将插电式混合电动汽车与增程式电动汽车划为同一类车型；没有考虑混合电动汽车，而是将其归入传统燃油汽车的另一种混合动力形式。因此，本书中混合电动汽车、插电式混合动力汽车和增程式电动汽车采用内燃机汽油汽车上零配件的数据，另外一些特殊零配件的数据则从纯电动汽车或者燃料电池汽车上获取。下面介绍每种驱动技术的汽车成本计算公式。

表 30　涉及可替代驱动技术关键部件的曲线学习率

部件	双因素曲线学习率①		单因素曲线学习率②
	研发因素学习率	普通因素学习率	总体学习率
燃料电池堆	20%	13%	-
HE 电池	27%	8%	-
HP 电池	27%	8%	-
燃料电池外围设备	n. u.	n. u.	15%
氢气箱	n. u.	n. u.	15%
电机/电气设备/充电装置	n. u.	n. u.	10%

① Mayer 等人（2012）；n. u. 代表未研究。

② 欧盟联合（2010），第 54 页。

内燃机汽油汽车：

$$NLP_{ICE-G} = k_{ICE-G}^{PT} + k_{ICE-G}^{ESM} + k_{ICE-G}^{KT} + k_{ICE-G}^{M} + VWK + G \quad (3\text{-}8)$$

式中，NLP_{ICE-G}是一辆内燃机汽油汽车的净目录价格（欧元）；k_{ICE-G}^{PT}是动力总成的成本（欧元）；k_{ICE-G}^{ESM}是效率提升措施的成本（欧元）；k_{ICE-G}^{KT}是传统部件的成本（欧元）；k_{ICE-G}^{M}是装配成本（欧元）；VWK 是销售与管理成本（欧元）；G 是利润（欧元）。

内燃机柴油汽车：

$$NLP_{ICE-D} = k_{ICE-D}^{PT} + k_{ICE-D}^{ESM} + k_{ICE-D}^{KT} + k_{ICE-D}^{M} + VWK + G \quad (3\text{-}9)$$

式中，NLP_{ICE-D}是一辆内燃机柴油汽车的净目录价格（欧元）；k_{ICE-D}^{PT}是动力总成的成本（欧元）；k_{ICE-D}^{ESM}是效率提升措施的成本（欧元）；k_{ICE-D}^{KT}是传统部件的成本（欧元）；k_{ICE-D}^{M}是装配成本（欧元）；VWK 是销售与管理成本（欧元）；G 是利润（欧元）。

并联式混合动力汽车：

$$NLP_{HEV} = k_{ICE-G}^{PT} + k_{ICE-G}^{ESM} + k_{ICE-G}^{KT} + k_{HEV}^{HP-B} + k_{HEV}^{HM} + k_{ICE-G}^{M} + VWK + G \quad (3\text{-}10)$$

式中，NLP_{HEV}是一辆混合动力汽车的净目录价格（欧元）；k_{ICE-G}^{PT}是动力总成的成本（欧元）；k_{ICE-G}^{ESM}是效率提升措施的成本（欧元）；k_{ICE-G}^{KT}是传统部件的成本（欧元）；k_{HEV}^{HP-B}是高功率电池的成本（欧元）；k_{HEV}^{HM}是混合动力模块的成本（欧元）；k_{ICE-G}^{M}是装配成本（欧元）；VWK 是销售与管理成本（欧元），G 是利润（欧元）。

$$k_{HEV}^{HP-B} = k_t^{HP-B} p_{HEV}^{HP-B}$$

式中，k_t^{HP-B} 是时间周期 t 内高功率电池的单件平均成本（欧元/kW）；p_{HEV}^{HP-B}是高功率电池的功率（kW）。

$$k_{HEV}^{HM}=k_t^{HM}p_{HEV}^{E-MOTOR}$$

式中，k_t^{HM}是时间周期t内混合动力模块的单件平均成本（欧元/kW）（根据燃料电池电动汽车配置的电机/电气设备推导而得）；$p_{HEV}^{E-MOTOR}$是所用电机的功率（kW）。

插电式混合动力汽车：

$$NLP_{PHEV}=k_{ICE-G}^{PT}+k_{ICE-G}^{ESM}+k_{FCEV}^{KT}+k_{PHEV}^{HE-B}+k_{PHEV}^{E-Motor,LE,L}+k_{PHEV}^{M}+VWK+G \quad (3\text{-}11)$$

式中，NLP_{PHEV}是一辆插电式混合动力汽车的净目录价格（欧元）；k_{ICE-G}^{PT}是动力总成的成本（欧元）；k_{ICE-G}^{ESM}是效率提升措施的成本（欧元）；k_{FCEV}^{KT}是传统部件的成本（欧元）；k_{PHEV}^{HE-B}是高能量电池的成本（欧元）；$k_{PHEV}^{E-MOTOR,LE,L}$是电机/电气设备/充电装置的成本（欧元）；k_{PHEV}^{M}是装配成本（欧元）；VWK是销售与管理成本（欧元），G是利润（欧元）。

$$k_{PHEV}^{HE-B}=k_t^{HE-B}E_{PHEV}^{HE-B}$$

式中，k_t^{HE-B}是时间周期t内高能量电池的单件平均成本［欧元/(kW·h)］；E_{PHEV}^{HE-B}是高能量电池的能量（kW·h）。

$$k_{PHEV}^{E-MOTOR,LE,L}=k_t^{E-MOTOR,LE,L}p_{PHEV}^{E-MOTOR}$$

式中，$k_t^{E-MOTOR,LE,L}$是时间周期t内电机/电气设备/充电装置的单件平均成本（欧元/kW），根据纯电动汽车的配置推导而得；$p_{PHEV}^{E-MOTOR}$是所用电机的功率（kW）。

增程式电动汽车：

$$NLP_{REEV}=k_{REEV}^{PT}+k_{REEV}^{G}+k_{FCEV}^{KT}+k_{REEV}^{HE-B}+k_{BEV}^{E-Motor,LE,L}+k_{PHEV}^{M}+VWK+G \quad (3\text{-}12)$$

式中，NLP_{REEV}是一辆增程式电动汽车的净目录价格（欧元）；k_{REEV}^{PT}是动力总成的成本（欧元），根据内燃机汽油汽车推导而得；k_{REEV}^{G}是发电机的成本（欧元），根据燃料电池电动汽车推导而得；k_{FCEV}^{KT}是传统部件的成本（与燃料电池电动汽车同）；k_{REEV}^{HE-B}是高能量电池的成本（欧元）；$k_{BEV}^{E-Motor,LE,L}$是电机/电气设备/充电装置的成本（欧元）；k_{PHEV}^{M}是装配成本（欧元）；VWK是销售与管理成本（欧元）；G是利润（欧元）。

$$k_{REEV}^{HE-B}=k_t^{HE-B}E_{REEV}^{HE-B}$$

式中，k_t^{HE-B}是时间周期t内高能量电池的单件平均成本［欧元/(kW·h)］；E_{REEV}^{HE-B}是高能量电池的能量（kW·h）。

纯电动汽车：

$$NLP_{BEV}=k_{BEV}^{KT}+k_{BEV}^{HE-B}+k_{BEV}^{E-Motor,LE,L}+k_{PHEV}^{M}+VWK+G \quad (3\text{-}13)$$

式中，NLP_{BEV}是一辆纯电动汽车的净目录价格（欧元）；k_{BEV}^{KT}是传统部件的成本（欧元）；k_{BEV}^{HE-B}是高能量电池的成本（欧元）；$k_{BEV}^{E-Motor,LE,L}$是电机/电气设备/充电装置的成本（欧元）；k_{BEV}^{M}是装配成本（欧元）；*VWK* 是销售与管理成本（欧元）；*G* 是利润（欧元）。

$$k_{BEV}^{HE-B} = k_t^{HE-B} E_{BEV}^{HE-B}$$

式中，k_t^{HE-B}是时间周期 *t* 内高能量电池的单件平均成本［欧元/(kW · h)］；E_{BEV}^{HE-B}是高能量电池的能量（kW · h）。

燃料电池电动汽车：

$$NLP_{FCEV} = k_{FCEV}^{KT} + k_{FCEV}^{HP-B} + k_{FCEV}^{E-Motor,LE} + k_{FCEV}^{BZ-Stack} + k_{FCEV}^{BZ-Periph.} + k_{FCEV}^{H2-Tank} + k_{FCEV}^{M} + VWK + G \tag{3-14}$$

式中，NLP_{FCEV}是一辆燃料电池电动汽车的净目录价格（欧元）；k_{FCEV}^{KT}是传统部件的成本（欧元）；k_{FCEV}^{HP-B}是高功率电池的成本（欧元）；$k_{FCEV}^{E-Motor,LE}$是电机/电气设备的成本（欧元）；$k_{FCEV}^{BZ-Stack}$是燃料电池堆的成本（欧元）；$k_{FCEV}^{Periph.}$是外围设备的成本（欧元）；$k_{FCEV}^{H2-Tank}$是储氢罐的成本（欧元）；k_{FCEV}^{M}是装配成本（欧元）；*VWK* 是销售与管理成本（欧元）；*G* 是利润（欧元）。

$$k_{FCEV}^{HP-B} = k_t^{HP-B} p_{FCEV}^{HP-B}$$

式中，k_t^{HP-B}是时间周期 *t* 内高功率电池的单件平均成本（欧元/kW）；p_{FCEV}^{HP-B}是高功率电池的功率（kW）。

$$k_{FCEV}^{BZ-Stack} = k_t^{BZ-Stack} p_{FCEV}^{BZ-Stack}$$

式中，$k_t^{BZ-Stack}$是时间周期 *t* 内燃料电池堆的单件平均成本（欧元/kW）；$p_{FCEV}^{BZ-Stack}$是燃料电池堆的功率（kW）。

基于欧洲联合研究报告对传统汽车技术至 2030 年的预测，采用上述公式计算了相关驱动技术汽车的净目录价格，如图 24 所示。经验曲线方法在计算成本时考虑了第一批产品的成本，会顾及到首次计算后的费用总和，因此净目录价格会相应较高。高功率电池、高能量电池和燃料电池堆的专利和销售增长趋势采用 3.2 节中的基本假设。

从图 24 中可以看出，2015 年产量达到大约 10 万辆之后，采用可替代驱动技术的燃料电池汽车、增程式电动汽和纯电动汽车的价格会有一个大的下降，之后的成本衰减会趋于缓慢。2020 年前可替代驱动技术汽车与传统汽油汽车或柴油汽车的成本差距还是很大；2020 年之后如果达到欧洲联合研究报告中假设的销售数量，那么所有驱动技术汽车的净目录价格会越来越接近。

3.3.2 维护成本计算

维护成本的计算包括至 2030 年所有与购置成本无关的成本类型，如燃料成本、基础设施成本、维修成本、保养成本和固定成本（参考图 25 和 3.1.2 节维护成本）。上面未列出的贬值损失和资金成本与购置成本（BLP）有关，3.3.3

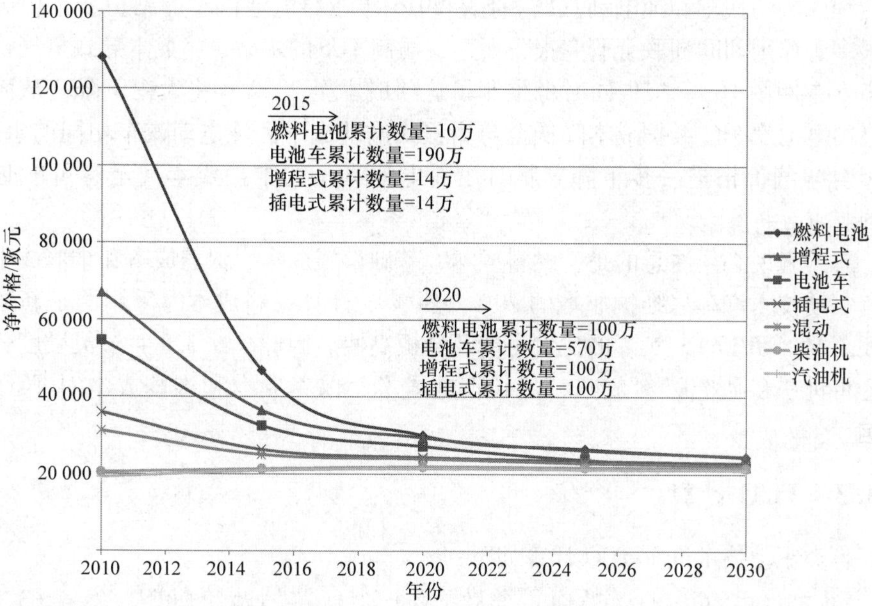

图 24　各类汽车净目录价格预测

节 TCO 计算将介绍相关的内容。

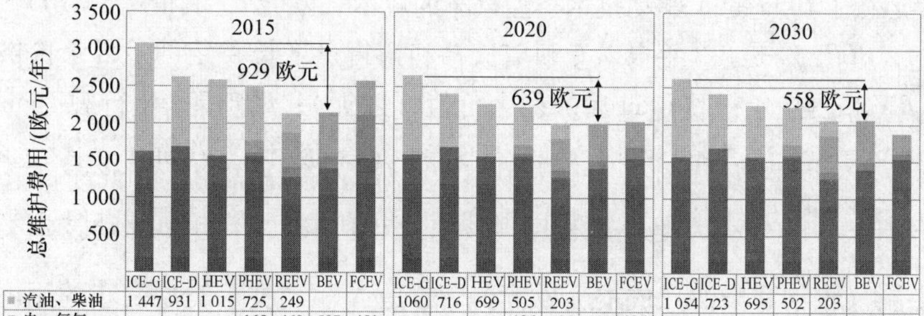

2015	ICE-G	ICE-D	HEV	PHEV	REEV	BEV	FCEV
汽油、柴油	1 447	931	1 015	725	249		
电、氢气				165	469	587	451
基础设施费用				45	128	161	587
车辆税	88	152	28	28	28	–	–
保险费用	350	350	350	350	350	350	350
保养和维修费用	988	988	988	988	706	847	988
其他费用	200	200	200	200	200	200	200

2020	ICE-G	ICE-D	HEV	PHEV	REEV	BEV	FCEV
汽油、柴油	1060	716	699	505	203		
电、氢气				126	425	493	336
基础设施费用				30	101	117	159
车辆税	88	152	28	28	28	–	–
保险费用	350	350	350	350	350	350	350
保养和维修费用	988	988	988	988	706	847	988
其他费用	200	200	200	200	200	200	200

2030	ICE-G	ICE-D	HEV	PHEV	REEV	BEV	FCEV
汽油、柴油	1 054	723	695	502	203		
电、氢气				143	482	559	269
基础设施费用				27	91	106	72
车辆税	88	152	28	28	28	–	–
保险费用	350	350	350	350	350	350	350
保养和维修费用	988	988	988	988	706	847	988
其他费用	200	200	200	200	200	200	200

图 25　年行驶里程数 14111km 各类驱动技术汽车的维护成本预测

如图 25 所示，尽管半公共充电设施和公共充电设施会产生基础设施建设成本，增程式电动汽车和纯电动汽车因其电耗较低且电费相对便宜，相关的维护成本从一开始就是最低的。从绝对数量上看，与汽油内燃机汽车相比，纯电动汽车的维护成本 2015 年少 929 欧元，2020 年少 639 欧元，2030 年少 558 欧元[注319]。

与增程式电动汽车和纯电动汽车相比，2015 年燃料电池汽车的维护成本仍会高出很多，原因如欧洲联合研究报告所述，居高不下的基础设施成本导致氢气价格较高（参阅图 16）。报告同时也预测了这项成本至 2020 年将大幅下降，从而使得燃料电池汽车的维护成本降低至与增程式电动汽车和纯电动汽车相同的水平。2030 年氢气价格进一步下降，届时燃料电池汽车的维护成本甚至有可能是最低的。

总的来说必须注意的是，燃料成本、基础设施成本、保养成本和维修成本占所有驱动技术汽车总维护成本的 70% ~80%。计算燃料成本时采用的是新欧洲循环工况（NEFZ），实际的比例可能还会更高些。因此，在 3.3.4 节灵敏度分析中还将进一步研究燃料成本、基础设施成本、保养成本和维修成本对 TCO 的影响。

3.3.3 TCO 计算

各类驱动技术汽车 TCO 计算如下：

$$TCO_{A,t,l} = k_A^{Fzg} + k_A^{Kap} + k_A^{K} + k_A^{S} + k_A^{H2} + k_A^{W+R} + k_A^{S+V} + k^{So} \tag{3-15}$$

式中，A 是驱动技术类型，$A \in$（ICE－G，ICE－D，HEV，PHEV，REEV，BEV，FCEV）；t 是运行时间，$t \in$（1 ~ 10 年）；l 是行驶里程数，$l \in$（1 ~ 150000km）；$TCO_{A,t,l}$是在 t 年运行了 1km 的 A 驱动技术类型汽车的 TCO 值（欧元）；k_A^{Fzg} 是在 t 年运行了 l km 的 A 驱动技术类型汽车的成本（欧元），其值$k_A^{Fzg} = BLP_{t,P,X} - RW_{A,t,l}$；$BLP_{t,P,X}$是在 t 年根据专利增长 P 和销售量增长 X 定的毛目录价格（欧元）；$RW_{A,t,l}$是 t 年行驶 l km 后的剩余价值（欧元）；k_A^{Kap} 是 t 年行驶 l km 后 A 驱动技术类型汽车的平均关联资金的资金成本（欧元），其值 $k_A^{Kap} = \frac{(BLP_{t,P,X} + RW_{A,t,l})}{2} i$；$i$ 是核算利息（%），取值 3%；k_A^{K} 是 A 驱动技术类型汽车的燃料（汽油和柴油）成本（欧元）；k_A^{S} 是 A 驱动技术类型汽车的用电成本（欧元）；k_A^{H2} 是 A 驱动技术类型汽车的氢气成本（欧元）；k_A^{W+R} 是 A 驱动技术类型汽车的保养和维修成本（欧元）；k_A^{S+V} 是 A 驱动技术类型汽车的保险费和税费（欧元）；k^{So}是其他用于大检修、尾气测试和和泊车的成本（欧元）。

下面针对一辆持有期 4 年的汽车进行相关的 TCO 计算，之所以做这样的假设，是因为在汽车使用年限内一辆车的持有者不会不发生变化。在这个 4 年时间段里汽车的贬值损失最大（参阅 3.1.1 节汽车成本）。与汽车使用年限后期相比，前期的行驶里程数通常较多[注320]。每年平均行驶里程数 14111km 取自 2008 年德国交通（MiD）报告，这是一个相对保守的假设。

图 26 给出了针对持有期 4 年、年行驶里程数 14111km 汽车的按式

(3-15)计算的 TCO 结果。对于所有的驱动技术类型，汽车成本（或贬值损失）都是高于其他成本的。2015 年、2020 年和 2030 年传统驱动技术汽车（汽油机和柴油机）的贬值损失占 TCO 的 50% ~60%。可替代驱动技术汽车的贬值损失甚至占到 60% ~70%。增程式电动汽车、纯电动汽车和燃料电池汽车的 TCO 值最高，这种情况将保持至 2020 年。纯电动汽车和燃料电池汽车因其较低的购置成本，以及由此导致较低的贬值损失和相对低的维护成本，在 2030 年将成为 TCO 最低的驱动技术形式。考虑到许多假设的条件，至 2030 年这种 TCO 的差异（持有期 4 年的燃料电池汽车比汽油车的 TCO 少 264 欧元）并不是太大。在此要再次强调的是，本书中所有驱动技术汽车 TCO 计算的基础是丰田普锐斯的贬值损失。

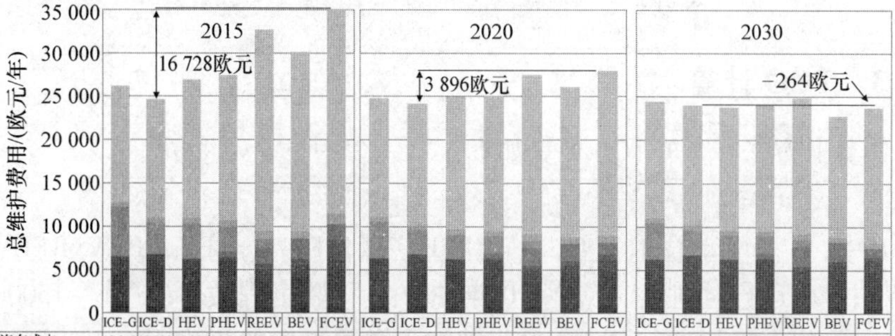

2015	ICE-G	ICE-D	HEV	PHEV	REEV	BEV	FCEV
汽车成本	13 312	13 590	15 928	16 758	23 226	20 704	29 832
资金成本	547	558	655	689	954	851	1 226
汽油、柴油	5 789	3 724	4 061	2 899	997		
电、氢气				659	1 879	2 347	1 803
基础设施费用				180	513	642	2 349
车辆税	352	608	112	112	112	0	0
保险费用	1 400	1 400	1 400	1 400	1 400	1 400	1 400
保养和维修费用	3 951	3 951	3 951	3 951	2 822	3 387	3 951
其他费用	800	800	800	800	800	800	800

2020	ICE-G	ICE-D	HEV	PHEV	REEV	BEV	FCEV
汽车成本	13 645	13 932	15 247	15 495	18 394	17 306	19 102
资金成本	561	572	627	637	756	711	785
汽油、柴油	4 240	2 862	2 795	2 019	814		
电、氢气				503	2 012	1 973	1 346
基础设施费用				120	404	469	638
车辆税	192	608	104	112	96	0	0
保险费用	1 400	1 400	1 400	1 400	1 400	1 400	1 400
保养和维修费用	3 951	3 951	3 951	3 951	2 822	3 387	3 951
其他费用	800	800	800	800	800	800	800

2030	ICE-G	ICE-D	HEV	PHEV	REEV	BEV	FCEV
汽车成本	13 406	13 752	14 143	14 557	15 652	13 901	15 548
资金成本	551	565	581	598	643	571	639
汽油、柴油	4 216	2 891	2 779	2 008	814		
电、氢气				571	2 254	2 238	1 076
基础设施费用				108	364	422	289
车辆税	112	608	104	112	96	0	0
保险费用	1 400	1 400	1 400	1 400	1 400	1 400	1 400
保养和维修费用	3 951	3 951	3 951	3 951	2 822	3 387	3 951
其他费用	800	800	800	800	800	800	800

图 26　持有期为 4 年、年行驶里程为 14111km 的各类汽车的 TCO

燃料电池汽车和纯电动汽车的燃料成本（不包括基础设施成本）占 TCO 的 5% ~8%，是最低的。即使包括 2% 左右的基础设施成本，这两种汽车的燃料成本也比传统汽车的要低，后者的燃料成本比例高达 12% ~17%。并联式混合动力汽车和增程式电动汽车的燃料成本比例正好介于两者之间。TCO 中另一个重要的成本项是保养及维修成本，这里假定所有驱动技术汽车中保养及维修成本都是其 TCO 值的 15%。

3.3.4　灵敏度分析

在之前的分析中已经对预测时特别不确定的参数进行了辨识，本节将对 $TCO^{2020}_{4a,14\,111km/a}$ 受这些参数的影响进行灵敏度分析。涉及的参数有高能量电池、高功率电池和燃料电池堆的累计销售量 *kumX* 和累计专利数 *kumP*（参阅 3.2

节)。将行驶里程数、贬值损失、燃料成本、基础设施成本和保养/维修成本的变化量(-50%~50%)作为横坐标,TCO 的变化量作为纵坐标,可以得到 2020 年 TCO 受相关参数变化的灵敏度信息,如图 27 所示。根据已有的测试数据和进一步的研究估计,2015 年和 2020 年的灵敏度分析结果应该差别不大。

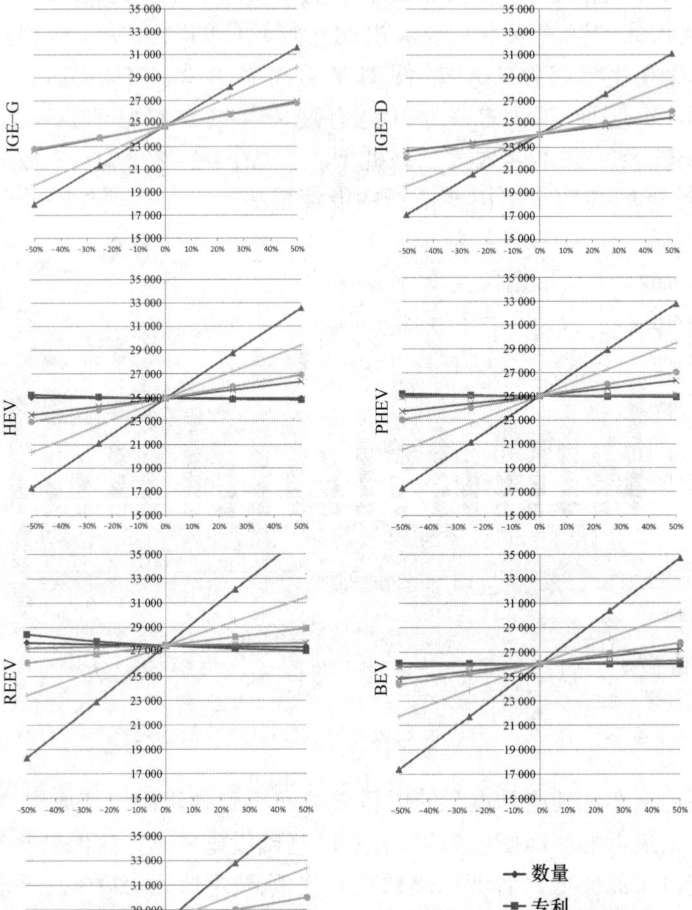

图 27　基于$TCO^{2020}_{4a,14\ 111km/a}$的所选择参数的灵敏度分析

所有驱动技术汽车中贬值损失变化对 TCO 变化的影响远大于其他参数。可

替代驱动技术汽车的贬值损失主要取决于零部件成本，后者又与累计销售量 *kumX* 和累计专利数（这里用 *kumP* 表征）相关。然而，在灵敏度分析中并没有直接显现 *kumX* 和 *kumP* 两者变化的影响。究其原因有以下两个：1）根据欧洲联合研究报告，至 2020 年销售增长太快，*kumX* 值几乎每年都要翻倍；2）因缺乏获取双因素经验曲线的数据，在计算中没有包括电机/电气设备/充电装置、储氢罐和燃料电池辅助设备这些部件。

行驶里程数是影响 TCO 的第二大因素，因为它与贬值损失、资金成本、燃料成本、基础设施成本、保养成本和维修成本等有关。相对可替代驱动技术汽车而言，由于其传动系统效率较低，传统汽车受行驶里程数变化的影响较大。

因为燃料消耗影响燃料成本，燃料价格和行驶里程数综合影响 TCO，所以从燃料特性曲线上可以直接知道，燃料消耗或燃料价格的变化是如何影响 TCO 的。然而，与贬值损失和行驶里程数相比，燃料对 TCO 的影响是很小的。在现实中，当燃料消耗、燃料价格和行驶里程数同时增加的情况下，燃料的影响就会增强。在这里所选的假设条件下，对有电插座的电驱动技术汽车（并联式混合电动汽车、增程式电动汽车和纯电动汽车）和燃料电池汽车而言，其基础设施成本的变化对 TCO 的变化几乎没有影响。

总结性讨论

下面针对 TCO 计算的假设条件以及进一步尚待研究的问题展开相应的讨论。

1）在 TCO 计算中考虑磨损和老化，假设所有车辆的贬值损失百分比都取自 2011 年丰田普锐斯车的数据。在这种假设条件下，所有研究对象车辆的贬值损失在毛目录价格中的占比是相同的，因此灵敏度分析结果中（图 27）所有类型汽车的贬值损失特性曲线具有相同的斜率。实际情况当然不是这样的。所有驱动技术汽车的实际贬值损失取决于第二位车主愿意为该辆汽车支付的金额数。如果整车厂对可替代驱动技术汽车的零部件不提供保修承诺，也会使得贬值损失增大，因为这使第二位车主承担了获得一辆故障汽车的风险。此外，由于新技术发展很快，推陈出新，也使得旧技术的价值贬值加速。因此，就可替代驱动技术汽车用户而言，租赁融资的用车形式显得较为合适，这是由于剩余价值的风险在租赁运营方【注321】。

2）前文给出以下结论，即与传统驱动技术汽车相比，增程式电动汽车、纯电动汽车和燃料电池汽车的维护费用从初期开始就较低。可替代驱动技术汽车，由于其毛目录价格较高，贬值损失因此较大，只有提高产量，才能达到与传统汽车相同的 TCO 值。至 2020 年，可替代驱动技术汽车（增程式电动汽车、纯电动汽车和燃料电池汽车）与传统驱动技术汽车之间的 TCO 差值如果依然存在的话，也不会像 2015 年时的那么大。前提条件是，至 2020 年欧洲必须已累计生产 570 万辆纯电动汽车、200 万辆并联式混合电动汽车和增程式电动汽车以及 100 万辆燃料电池汽车。至于用户是否愿意在初期承担这部分多出的成本，这里不做进一步的讨论。整车厂可以优惠提供相关汽车，为用户弥补这一 TCO 差别。

3）灵敏度分析结果显示，如果诸如毛目录价格和贬值损失这类重要参数在趋势估计中还是未知的，那么 TCO 也不是一个用于比较可替代驱动技术汽车的很稳定的特征量。至于 TCO 是否是一个评估可替代驱动技术汽车的合适特征量，在这里不展开进一步的讨论，但是，这应该是一个值得深入研究的课题。不像这里仅仅假设一个特征量，实际上还有更多相互独立的特征量，可以用作评估可替代驱动技术汽车。本书不对这方面内容展开进一步的讨论。

3.4 研究问题的总结和讨论

下面按本章开篇提出问题的顺序，分重点总结、讨论这一章的内容。

1. 可替代驱动技术的成本分析中哪些成本是最重要的？至 2030 年的成本预估中存在哪些不确定性？

■ 轿车新注册私人用户中大约 70% 是全部或者部分通过贷款购车的，另外 20% 采用租赁汽车方式。因此，私家车用户的贷款比例达到了 90%。轿车商用客户（占 2012 年所有新注册量的 62%）中贷款购车和租赁汽车的比例也很高，租赁的比例相对更高。贷款购车和租赁汽车通常会产生相应的月开销（如贷款利率、贷款分期偿还额和租赁支付额）。因此，本书选择的 TCO 特征量应该是合理的，可以用来确定一个周期的汽车成本。

■ 在本书涉及的工作中研究了汽车成本（购置成本、资金成本和贬值损失）和维护成本（燃料成本、车辆税、保险、保养费和修理费）。至 2030 年成本预测的不确定性主要来源于可替代驱动技术汽车的购置成本、贬值损失和在使用期间发生的维修成本。

■ 贬值损失除了和行驶里程内的磨损有关外，还依赖于外在的（经济环境、法律环境和市场需求）和内在的因素（折扣、资金状况、产量控制和担保）。早期做过的分析显示，传统驱动技术汽车中内、外因素对贬值损失的影响远大于行驶里程数。针对可替代驱动技术汽车，目前还没有进行过全面的贬值损失分析。

2. 满足哪些条件才能实现深具挑战性的电池和燃料电池目标成本？

■ 为实现欧洲联合研究提出的 2020 年目标成本［燃料电池堆：43 欧元/kW；高能量电池：300 欧元/(kW · h)；高功率电池：32 欧元/kW］，必须满足的主要条件是燃料电池堆和高功率电池每年 85% 的销量增长率以及高能量电池每年 26% 的销量增长率。如果 2020 年远达不到这些销量增长率，就只能通过一个不现实的专利增长率去实现上述的目标成本。

■ 对于插电式混合动力汽车、增程式电动汽车和燃料电池汽车，当量产车数量累计达到100000辆时，这些汽车的净目录价格就能显著减少。商业化初期不同的整车厂应该开展合作，尽快降低成本。为了使这些汽车的成本和传统汽车不相上下，相应的销售量必须提高至较高的水平。根据全球私家车增长趋势（参阅2.2节），这样的销售量并非高不可攀。

3. 可替代驱动技术汽车的总持有成本（TCO）受哪些成本变化的影响最大？这种敏感性分析结果对于这些可替代驱动技术汽车的制造厂商和客户的意义是什么？

■ 对于所有的驱动方式，贬值损失是TCO最大的调节杠杆，同时具有很大的不确定性。用户是否愿意承担由此带来的剩余价值风险，这是一个存疑的问题，没有包括在本书涉及的内容里。可替代驱动技术汽车整车厂可以通过为关键零部件提供保修的方式维持剩余价值，而用户可以通过行驶里程数租赁合同在初期最小化剩余价值风险。

■ 对所有驱动技术汽车而言，行驶里程数是仅次于贬值损失的TCO影响因素，因为贬值损失、资金成本、燃料成本、基础设施成本和维修成本都与行驶里程数有关。因此，在购买一辆可替代驱动技术汽车时应该尽可能了解清楚这辆车给出的行驶里程数，从而可以判断，较低的维护成本是否足以弥补较高的汽车成本。

4. 研究展望。

■ 本书涉及的研究对象只是私人车主。第一部分的研究表明，商用车主是可替代驱动技术汽车的主要购买客户群，依据是这类用户新注册车辆比例高、驾驶行为相对一致以及不需要公共充电基础设施的情况。这些用户不需要缴纳增值税，可替代驱动技术汽车的毛目录价格高，购置成本就会低许多【注322】。后续的研究可以采用本书介绍的TCO模型对不同商用车主客户群的TCO进行分析。尤其是各个不同车主群体的汽车持有期、减税优惠可能性和实际驾驶行为，都值得进一步研究。

■ 应该采用一个更复杂的公式描述可替代驱动技术汽车的贬值损失，不仅要考虑汽车的使用寿命和行驶里程数，也应该考虑影响贬值损失的内外因素（参阅3.1.1节）。然而，可替代驱动技术汽车“真实”的贬值损失还得从市场中获取。这个信息未来可以在网站Autoscout24.de或Mobile.de上借助可替代驱动技术二手车的卖价和尚存的技术性能得到。

■ 应用双因素经验曲线进行一般项学习率和研发相关项学习率的回归分析分割时，因多关联性问题，存在一定程度的不稳定性。本书完成之前尚无用于类似技术比较的双因素经验曲线模型，因此，不能对获取的学习率进行比较，从而没有验证结果的可信度。进一步的研究工作应该有助于更好地理解本书提出的双因素经验曲线模型中涉及的多重共线性问题以及其产生的原因和影响。具体要研究的问题可以是：1）进行一般项学习率和研发相关项学习率的回归分析分割时其实际的不稳定性程度是多大？2）由此产生的潜在误差源是如何作用于成本预测的？

3.5 注释

注 208：指私人、商业持有者及驾驶人

注 209：这一点在第 2.1.5 节（商业模式和交通选择）中已经详细讨论过

注 210：参见 Becker 等人（2013），页 5 及下页。作者在文中对“额外社会成本”的相关研究及研究现状进行了概述。

注 211：此处的前提为，汽车买主同时也是汽车持有者

注 212：KBA（2013b），不过此处还包含销售折扣高的二手车的旧牌照发放

注 213：DAT 报道（2014）

注 214：Stenner（2012），页 71 及下页

注 215：DAT 汽车销售部于 2008—2012 年的分析结果

注 216：AKA 为所有整车制造商银行的代言人，其成员包括德国所有大型整车制造商的银行

注 217：AKA（2010），该数据没有将非整车制造商银行的贷款算入进去

注 218：指私人或商业持有者

注 219：参见 BDL（2013），页 2

注 220：参见 ADAC（2013b），页 7

注 221：参见 ADAC（2013b），页 9 及以后各页

注 222：参见 BDL（2013），页 2 及下页

注 223：参见 BBE（2010），页 139

注 224：参见 Stenner（2012），页 72

注 225：可参见第 2.1.3 节

注 226：市场上可获得的相关技术还不多

注 227：参见 Hermann（2010a），页 70 及以后各页以及参见 Piëch（2013），页 60

注 228：参见 DEKRA/IFA（2008），页 11

注 229：IFA（2010）

注 230：Nau（2012）

注 231：Nau（2012），页 83 及下页

注 232：数据来自戴姆勒股份有限公司

注 233：参见 Stenner（2010），页 47

注 234：表中未展示更加详细的剩余价值

注235：通过式（3-1）与表16进行的计算。年行驶里程数为14111km，相当于MiD（2008）调查中一位德国汽车驾驶人的平均年行驶里程。参见第2.2.2节

注236：这里需要进行后续分析，因为回归是每三年后、根据不同的行驶里程数进行的。其他因素如经济形势也会影响两个值

注237：在ADAC 2011年的数据库中，还没有本文所研究的可替代驱动的价值损失

注238：OPEC为石油输出国组织

注239：参见MWV（2004）

注240：参见第2.1.3节

注241：BMVI（2013），页3

注242：Müller（2012）

注243：BCG（2013）

注244：本文只考虑了带电缆的充电系统。电池转换与感应充电由于其较高的投资需要未被考虑

注245：NPE（2013）

注246：Kley（2011），页29－43

注247：NPE（2013），页55

注248：Kley（2011），页42及下页

注249：CEP（2013）

注250：欧洲联合研究（2010），页38及下页

注251：参见ADAC（2013a）

注252：ERGO（2014）

注253：参见第2.1.3节

注254：ADAC（2013a）

注255：Propfe，Redelbach等人（2012）

注256：KBA（2012），页58

注257：Propfe，Redelbach等人（2012）

注258：Propfe，Redelbach等人（2012），页4。其中，数据均被四舍五入为整数

注259：TCO为总持有成本

注260：参见Ellram（1994）

注261：参见Wild和Herges（2000），页3及下页

注262：参见krämer（2007）

注263：参见Wynstra和Hurkens（2005）

注264：参见Lorenzen，Rudzio等人（2006）

注265：参见 Kluge，Radtke 等人（2006）

注266：参见 Denkena，Blümel 等人（2007）

注267：参见 Lorenzen，Rudzio 等人（2006）

注268：参见 Ellram（1995）

注269：参见 Wynstra 和 Hurkens（2005）

注270：Denkena，Rudzio 等人（2009）

注271：Denkena，Rudzio 等人（2009）

注272：本段落主要基于 Mayer，Kreyenberg 等人的出版物（2012）

注273：Henderson（1984），页19

注274：可参见第3.2.2节

注275：欧洲联合研究（2010）

注276：参见 Wright（1936），页122及以后各页

注277：参见 Henderson（1984）

注278：参见 Coenenberg，Fischer 等人（2009），页411

注279：参见 Ehrlenspiel，Kiewert 等人（2007），页177及下页

注280：Wright（1936）

注281：Coenenberg，Fischer 等人（2009），页411

注282：Coenenberg，Fischer 等人（2009）

注283：参见 Ehrlenspiel，Kiewert 等人（2010），页13

注284：Kahouli - Brahmi（2008）；Soderholm 和 Sundqvist（2007）；Miketa 和 Schrattenholzer（2004）

注285：参见 Frietsch（2007），页1及以后各页

注286：参见 Oppenländer（1984），页18

注287：参见 Schmoch，Grupp 等人（1988），页25

注288：参见 Mock（2010），页15

注289：参见 Schmoch，Grupp 等人（1988），页28

注290：参见 Frietsch（2007）以及参见 Schmoch，Grupp 等人（1988）

注291：参见 Mock（2010），页16

注292：EPA（2011）

注293：参见 Laitko，Greif 等人（1998），页102

注294：参见 Griffin（1993），页114以及参见 Niemann，Schuh 等人（2009），页259

注295：可参见第3.2.1中关于经验曲线影响的原因

注296：参见第3.2.2节

注297：参见 Ehrlenspiel，Kiewert 等人（2007），页170及下页

注 298：出于保密原因，企业未公开数据

注 299：基于模拟产品

注 300：学习率的计算公式基于式（3-7）：$LR-KumP=1-2^b$；$LR-KumX=1-2^c$

注 301：销售价格和累计产品数量

注 302：IEA/OECD（2000）

注 303：用于回归分析以及文中重要的质量标准和数据测试方法，参见 Backhaus，Erichson 等人（2011b），页 55 及以后各页

注 304：显著性水平（误差概率）：总 F 检验小于 0.005，双边 T 检验小于 0.0001

注 305：参见 Kouvaritakis，Soria 等人（2000），页 109 及以后各页

注 306：这里指如技术经验的影响

注 307：参见 Backhaus，Erichson 等人（2011a），页 93 及以后各页

注 308：对应的学习率会明显变小

注 309：由光电学推导得出

注 310：欧洲联合研究（2010）

注 311：Yoshio，Brodd 等人（2009），页 1

注 312：Pillot（2009）

注 313：参见 Ketterer，Karl 等人（2009），页 41 及以后各页

注 314：参见 Berdichevsky，Kelty 等人（2006），页 2 电池型号 18650

注 315：制动回收：在制动车时回收能量

注 316：参见 Jossen 和 Weydanz（2006），页 130 及以后各页

注 317：Pillot（2009）

注 318：参见附录中的车辆表格

注 319：在计算图 25 中所展示的基础设施费用的过程中，因为缺少可靠的私人用户使用基础设施的数据，所以在计算时，假设 PHEV、REEV 和 BEV 的所有用户 60% 的充电来自私有充电设施（AC，3.7kW），20% 的充电来自半公共充电设施（AC，最高 22kW），20% 来自公共充电设施（AC，最高 22kW）

注 320：参见 Redelbach（2012），按照汽车使用时间进行的年行驶里程分析

注 321：不符合折旧租赁。折旧租赁情况下，贷借人承担汽车价值损失的风险

注 322：Plötz，Gnann 等人（2013）

第 4 章　可替代驱动技术的生态平衡分析

研究问题：

1. 哪些方法和数据能够用于可替代驱动技术的生态平衡分析？目前已取得哪些结果？

2. 如何在生态平衡分析中综合考虑车用燃料生产以及使用过程中的能源消耗和温室气体排放？

3. 电驱动能耗的影响因素有哪些？

4.1　可替代驱动技术生态平衡分析的理论基础

本节将会对可替代驱动生态平衡分析【注323】可利用的方法和数据进行讨论，为理解后文的分析内容做相应的铺垫。

4.1.1　生态平衡分析方法

早在 17 世纪，就出现了第一波针对环境污染问题的讨论。由于烟煤的广泛使用，伦敦当时出现了严重的烟雾和硫化物污染。英国作家、建筑学家、园林建筑师 John Evelyn（1620—1706）曾这样描述道："在伦敦，花园里的花儿不再生长，也看不见蜜蜂采蜜。城市的人们几乎都患上了肺病【注324】。"和当时相比，现在的情况更加复杂。大量原材料在全球范围内运输或交易，加工之后又继续在国际间流通。在这个过程中，每一次材料的输入基本上都会以热、排放物、特殊垃圾和可回收物质的形式再输出到其他地方。

针对该问题的复杂性，国际技术标准委员会 ISO/TC 207 在 20 世纪 90 年代提出了"ISO 14000 系列"的环境管理系列标准。"ISO 14000 系列"主要是为企业和相关机构提供一套可供参考的标准，使其了解生产和服务的环境成本并采取长期的改善措施【注325】。直到现在，该系列仍属于环境管理和生命周期分析领域中最受认可的标准。Finkbeiner 在其论文"From the 40s to the 70s the future of LCA in the ISO 14000 family"中详细概括了该系列的标准条目【注326】。涉及可替代驱动技术生态平衡分析的两个基本标准分别为 ISO 14040“环境管理－生命周期评估原则与框架”和 ISO 14044“环境管理－生命周期评估要求和指南”。

进行生态平衡分析，需要研究涉及环境的各个要素以及产品生产、使用和处理过程中造成的环境影响。环境影响一方面体现在从环境获取物质的过程中（如矿石、石油、可再生原材料），另一方面体现在向环境排放物质的过程中（如大气排放、水污染和土壤破坏）。总之，生态平衡分析就是对一个产品系统生命周期中的输入量和输出量进行归纳、评估。通常情况下，生态平衡分析主要关注产品系统的环境影响，经济和社会方面不予考虑【注327】。同样，生物多样性的减少以及土地面积的利用也不是该分析的重点【注328】。

图 28 展示了可替代驱动技术的产品系统。使用汽车，首先得进行生产。而生产汽车需要生产工具、交通工具、能源和原材料。然后，驱动车辆需要生产燃料并修建必要的基础设施（道路、加油站/充电桩、汽车修理店等）。在使用车辆阶段，汽油、柴油、CNG、LPG 或氢气中的化学能以及其他可替代燃料如电池中的电能通过不同的驱动方式转化为机械动能，同时因摩擦产生额外的热排放。此外，化石燃料（汽油、柴油、CNG、LPG）在燃烧过程中会释放出温室气体以及有害物质。汽车和燃料的生产过程以及基础设施的建设和运行过程同样也是如此。这些物质通过风向大气中扩散，并引起周围环境中有害物质浓度增加，即造成所谓的污染【注329】。另外，核电站发电还会造成不可循环的核垃圾。一些材料如传动系统和车身的金属，它们能够通过再利用重新作为产品系统的输入部分。

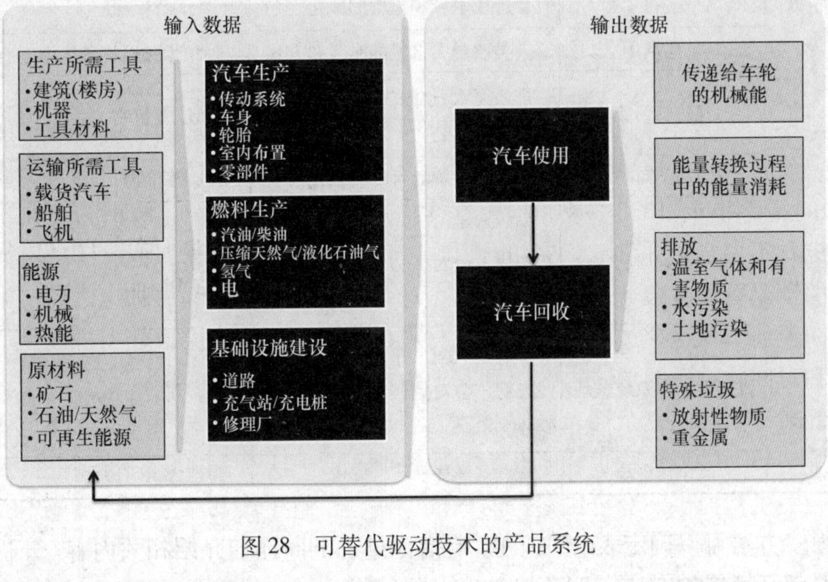

图 28　可替代驱动技术的产品系统

借助图 28，下面针对可替代驱动技术的产品系统，详细讨论、分析其生命周期分析（LCA）可使用的方法和数据。

开始进行平衡分析之前，需明确其研究对象、研究框架（即时间和空间的系统边界）以及研究目的。同时必须定义一个函数单位，使其能够表征平衡分析计算得到的所有结果。在函数单位的选取上，需要保证不同研究对象（变量）的可比性。涉及可替代驱动技术，这个函数单位通常设为一辆汽车的“行驶过的公里数”【注330】。事实上，由于可替代驱动汽车的基础设施不全和续驶里程数不大，其可比性不一定存在，不过还是可以接受的。

在对可替代驱动汽车进行生态平衡分析时，除了考虑能量和资源的消耗外，还需要特别关注产品生命周期中产生的有害物质排放。按照其影响的不同，有害物质排放可划分为不同种类。表 31 展示了目前德国联邦环境署（UBA）使用的分类标准【注331】。对于每一项都有其测量方法和界限值，这里不一一列举。

表 31　根据空间作用范围划分的可替代驱动汽车排放类别【注332】

	影响类别	描述	例子/影响指标物
全球范围	资源消耗	原材料的非可持续性消耗	石油、煤炭、矿石
	温室气体排放量	排放至大气中的污染物，会削弱大气中反射的热辐射	CO_2、N_2O、CH_4
	臭氧层破坏力	排放至大气中的污染物，会破坏周围的臭氧层	FCKW
地区范围	酸化力	排放至大气中的污染物，遇水时会造成水域和土壤的酸化	SO_2、NO_X
	土地利用	人类改变大自然的时间和方式	种植生物燃料所需的土地面积
本地范围	光化学污染	排放至大气中的污染物，是一种臭氧前体物	C_2H_4 等价物
	富营养化	水体和土壤的过度营养化	PO_4 等价物
	直接性健康伤害	排放至大气、水域和土壤中的污染物，会对人体健康或遗传基因造成伤害	粉尘（PM_{10}、$PM_{2.5}$）、CO、重金属、Dioxin
	直接性生态系统破坏	排放至大气、水域和土壤中的污染物，会对周围自然环境造成破坏	重金属、Dioxin
	噪声污染等	噪声、臭气	汽车噪声、废气

很多方法可以确定表 31 中的影响指标量，下面详细介绍相关内容。

德国联邦环境署的方法（UBA 法）

UBA 法是德国联邦环境署 1990 年提出的，是本书中涉及的应用最广的一种生态平衡分析法，目前主要在德国使用。表31给出的影响指标量就是UBA法分析的基础。UBA法将影响指标量按优先级进行顺序排列，分析其造成的环境影响程度[注333]。由于该方法过于复杂，涉及可替代驱动汽车生产的数据严重缺乏[注334]，本书不采用UBA法。但是，UBA法给出的作用范畴类别将作为4.1.4节生态平衡分析结果时的重要基础。

累计能源消耗法（KEA）

累计能源消耗是指一个产品或服务在整个生命周期中所需要的总能耗[注335]。生命周期中，能源的转换过程往往是造成环境污染最主要的原因，因此KEA也被视为进行一个完整的生态平衡分析所不可或缺的部分。但由于KEA本身只涉及能源消耗强度，并不能给出一个产品或服务在生命周期过程中造成的环境影响[注336]，所以在使用KEA进行可替代驱动技术生态平衡分析时，需要了解可替代驱动汽车及其燃料在生产、使用和回收处理过程中的能耗。

每服务单位物质输入法（MIPS）

MIPS法关注的是原材料的获取，其中生产、使用和回收处理过程中消耗的材料被折算成资源消耗的物质流。例如，物质流分析会考虑如矿业废料或农林作物剩余物。MIPS计算需要采用物质输入单位，如轿车的物质输入单位可以是生产和驱动车辆所需的材料（kg/辆）。MIPS法可以按以下五种资源分类展开研究：①非生物原材料；②生物原材料；③水；④空气；⑤农用土壤迁移。地下水位降低和土壤肥沃能力降低等问题可以通过MIPS法进行分析[注337]。

从油井到车轮分析法（WtW分析法）

WtW分析法不是一种产品全生命周期分析方法，它只涉及汽车的行驶以及行驶所需的燃料。WtW分析内容包括“从油井到油箱WtT”（即能源准备）和“从油箱到车轮TtW”（即车辆行驶能耗）。和前面所介绍的方法不同，WtW分析法只关注轿车和它的燃料选择。WtW方法通常只计算涉及轿车行驶和燃料生产的能耗（MJ/km）和温室气体排放（等效g CO_2/km）[注338]。不过，只要有数据，该方法也可以用于分析表31中所示的其他作用范畴类别。轿车生产、回收处理和维护过程的能耗不属于该方法的考虑范围。

4.1.2 摊派法

实际上，目标产品的生产过程会衍生一种或多种有用的副产品。理论上可以根据能量值、质量、市值或应用，将生产这些产品的总成本和排放摊派至所有产品中（包括副产品）[注339]。涉及电驱动的电力生产过程也会对环境产生影响，下面以热电联产设备（KWK设备）为例，介绍不同的摊派方法。

在使用KWK设备进行天然气发电的过程中，除了生产电能外，还会生产供暖的热能。如果要将电热联产过程中发生的天然气消耗和燃烧所致的CO_2排放[注340]摊派至不同产品中，原则上可以采用图 29 所示的摊派方法[注341]。以下 KWK 设备的一些基本参数，如电效率 30%、热效率 50% 和天然气的 CO_2 排放系数 200g CO_2/(kW · h) 等，将作为后续计算的基本参数。

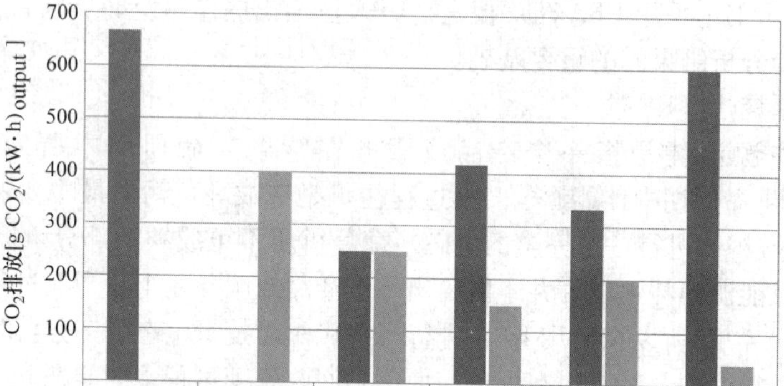

	所有排放分配至电	所有排放分配至热	IEA方法	效率法	热评估	电评估
■电	667	–	250	417	333	600
■热	–	400	250	150	200	40

图 29 不同摊派法下 KWK 设备的 CO_2 排量分布

如果燃烧产生的 CO_2 排放全部摊派至一个产品，可得到图中的两个极值。产生这种极值的原因是，天然气的 CO_2 排放系数 200g CO_2/(kW · h) 是根据设备的电效率或者热效率分配的。

IEA 法[注342]

在 IEA 方法中，首先根据电效率（η_{el}）和热效率（η_{th}）计算出电能和热能所需的燃料分配比例，分别为 $A_{Br,el}$ 和 $A_{Br,th}$，见式（4-1），两者之和为 100%：

$$A_{Br,el} = \frac{\eta_{el}}{\eta_{el} + \eta_{th}} \qquad A_{Br,th} = \frac{\eta_{th}}{\eta_{el} + \eta_{th}} \tag{4-1}$$

热或电对应的 CO_2 绝对排量可通过各自的相对 CO_2 排量值乘以燃料分配量计算获得：

$$CO_{2,el} = spez.CO_{2,Br}\, A_{Br,el}\, W_{Br}$$

$$CO_{2,th} = spez.CO_{2,Br}\, A_{Br,th}\, W_{Br} \tag{4-2}$$

各自的相对 CO_2 排量值是绝对 CO_2 排量总值与电或热效率的乘积。

效率法[注343]

效率法与 IEA 法不同，效率低的副产品所需燃料分配比例较大，见式(4-3)：

$$A_{Br,el} = \frac{\eta_{th}}{\eta_{el} + \eta_{th}} \qquad A_{Br,th} = \frac{\eta_{el}}{\eta_{el} + \eta_{th}} \tag{4-3}$$

绝对和相对 CO_2 排放量的计算与 IEA 法类似，见式（4-2）。按照这种方法，较低效率的副产品所产生的排放量较大。

这里不再详细介绍图29中另外两种摊派方法，即热和电评估法。在计算相对 CO_2 摊派排量时，这两种方法采用了一个分别考虑电与热各自对应产品的参考系统。有关这两种方法的详细介绍可以参见 Mauch 等人发表的文献(2010)【注344】。

如上述例子所示，采用不同的生态平衡方法计算天然气发电所致的 CO_2 排量，其结果不同。因此，电驱动汽车若取用天然气发电的电能，生态平衡方法的选用对其环境影响分析结果有很大的影响。但是，无论是何种能量转换形式或汽车生产过程，几乎都会衍生一些有商业价值的副产品，这是生态平衡方法中 CO_2 排量摊派计算必须考虑的问题。因此，在对可替代驱动汽车进行生态平衡分析的过程中，必须遵循同一摊派方法计算汽车、燃料和基础设施的 CO_2 排量。

4.1.3 用于生态平衡分析的数据

对轿车进行生态平衡分析，需要考虑生产汽车和燃料所消耗的原材料总量【注345】。现有文献中还无法找到可替代驱动汽车其详细的材料组成信息。出于保密考虑，目前没有公开涉及每个部件组成的信息或者藉此可以迂回确定材料使用量的其他信息【注346】。不过，部分文献中还是可以找到关于汽车部件材料使用量的说明或提示。比如雷诺公司就给出了雷诺风朗 Z. E. 电动汽车配置的70kW 永磁同步电机所需的材料信息，该电机总重量为114kg，由46kg 钢、34kg 铝、16kg 铜和其他材料构成。但是，文献中没有给出电机永磁铁中准确的稀土含量【注347,注348】。根据 Berkel 的观点，永磁同步电机中大约有2kg 磁铁，而这2kg 磁铁中约含600g 稀土，其中160g 为重金属或特别稀有金属，如镝或铽【注349】。根据2008年出版的 NEEDS 研究报告【注350】，70kW 质子交换膜燃料电池堆大约需要53g 金属铂，在今后几年中铂的使用量会显著降低。锂离子电池系统含有稀有元素如钴、镍和锂等，文献中给出的锂离子电池中锂含量为50～300g Li/(kW·h)【注351】。

为了进行 MIPS 分析，STROM【注352】项目人员通过使用 Ecoinvent 数据库计算给出了本书涉及的 EUCAR－V4－汽车中材料的使用清单，但是也没有公开每辆汽车材料组合的具体情况。不过，为了让读者对可替代驱动汽车的材料组成有所了解，下面给出雷诺公司公布的一些数据【注353】。图30（左）展示了不同雷诺风朗汽车（ICE－G、ICE－D 和 BEV）的材料组成。风朗 ICE－G 和风朗 ICE－D 在材料使用方面没有明显区别，而风朗 BEV 需多用50%的铝和400%的有色金属（特别是铜）。由于电池中有电解液，风朗 BEV 中液体总量也更大。

图30（右）展示了雷诺风朗不同车型行驶150000km 所需的燃料消耗量。BEV 使用的电能假定来自天然气发电和火力发电。另外，图中也给出了汽油和柴油燃烧过程以及生产煤和天然气过程中的 CO_2 排放量。分析表明，用天然气

雷诺风朗汽车车重组成①/kg	汽车使用过程中，行驶150000km所需要的燃料和产生的CO_2排放②/kg

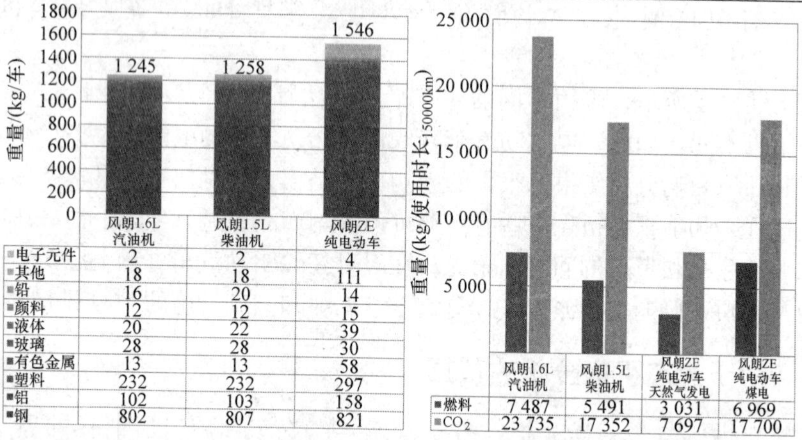

	风朗1.6L汽油机	风朗1.5L柴油机	风朗ZE纯电动车
电子元件	2	2	4
其他	18	18	111
铅	16	20	14
颜料	12	12	15
液体	20	22	39
玻璃	28	28	30
有色金属	13	13	58
塑料	232	232	297
铝	102	103	158
钢	802	807	821

	风朗1.6L汽油机	风朗1.5L柴油机	风朗ZE纯电动车天然气发电	风朗ZE纯电动车煤电
燃料	7 487	5 491	3 031	6 969
CO_2	23 735	17 352	7 697	17 700

①雷诺（2011），第31页及后页。风朗Z.E.电动车：电池=22kW·h，282kg；电机=70kW，114kg。

②此处没有考虑汽油和柴油在生产和运输过程中的能源消耗和排放。
对于天然气和煤发电，参照JRC考虑了发电厂的效率（2014b）。
没有运输和分配。
燃料消耗（NEFZ）：IEC-G=6.7L/100km, ICE-D=4.4L/100km, BEV=14kW·h/100km; 雷诺（2011）；
发电效率：天然气=55%，煤=41%；JRC（2014b）；
其他的热值和CO_2排放：汽油=12kW·h/kg, 3.17kg CO_2/kg; 柴油=11.97kW·h/kg, 3.16kg CO_2/kg;
天然气=12.53kW·h/kg, 2.54kg CO_2/kg; 煤=7.4kW·h/kg, 2.54kg CO_2/kg; 参照JRC（2014a）。

图 30　用于生态平衡分析的输入数据：汽车（包含燃料）的材料组成及重量信息

发电驱动的 BEV 行驶 150000km 需要消耗约 3000kg 天然气，所需燃料最少，产生的 CO_2 排放量约为 8000kg。ICE－G 所需的燃料最多，消耗汽油 7487kg，相比其他驱动形式汽车能耗较大。在本例中，如果 BEV 的用电来自于火力发电，那么其 CO_2 排放量和 ICE－D 差不多。

上文给出的汽车材料组成和汽车能耗数据是数据库（如 Ecoinvent 或 ProBas）用作生命周期分析的输入数据。数据库中还包括生产过程中的能量消耗、温室气体和有害物排放量。比如，生产汽油或柴油的原料若是取自油砂，与常规岩层开采过程相比，其生产过程中产生的温室气体和有害物排放量会高许多【注354】。

4.1.4　可替代驱动汽车生态平衡分析的结果

表 32 给出了有关生命周期生态平衡分析的一些结果。这些分析结果的侧重点不同，深度和广度也各有差异。最全面、最详细的应该是 IFEU 研究所给出的两项分析结果。STROM 和 OPTUM 没有给出单个车辆的生态平衡分析，而是按不同的可能愿景得到相应的研究结果。此外，雷诺公司仅对风朗 Z. E. 车型不同驱动形式的汽车展开研究，比较了它们对环境影响的相对差别【注355】。

表32 最新的可替代驱动技术生态平衡分析研究比较

	研究项目（2011）①	研究所（2011）②	雷诺风朗 ZE（2011）③	IFEU 研究所混动（2013）④	DLR 和 WI 研究所纯电动汽车（2015）⑤
研究范围	部分车辆 2010 和 2030	所有车辆 2020 和 2030	部分车辆 2011	部分车辆 2010	部分车辆和所有车辆 2010—2050
使用时长	12.5 年 150 000km	12 年 164 000km	10 年 150 000km	无 150 000km	10 年 150 000km
驱动类型	ICE－G、ICE－D、BEV、FCEV	ICE－G、ICE－D、BEV、FCEV、HEV、PHEV、REEV	ICE－G、ICE－D、BEV	ICE－G、PHEV	ICE－G、ICE－D、ICE－CNG、BEV、FCEV、HEV、PHEV、REEV
车辆大小	小型、中型、大型、轻型车	中型	中型	中型	中型
影响类别	－温室气体 －累计能耗 －酸化 －光化学烟雾 －富营养化 －粉尘	－温室气体 －累计能耗	－温室气体 －酸化 －光化学烟雾 －富营养化 －非生物资源消耗	－温室气体 －酸化 －光化学烟雾 －富营养化 －粉尘	－温室气体 －非生物资源消耗

① Helms 等人（2011a）。③ Renault（2011）。⑤ DLR 和 Wuppertal 研究所（2015）。
② Buchert 等人（2011）。④ Helms 等人（2013）。

所有研究均表明，相比传统内燃机汽车，可替代驱动技术汽车的生产过程明显需要消耗更多的能量和资源。因此，在目前的技术水平下，可替代驱动技术汽车在生产过程中也会排放更多的温室气体和有害物质。下文将对不同驱动技术汽车产生的各种环境影响的研究结果进行讨论。这里不过多地考虑温室气体排放，之后会将它作为一个专题单独讨论。

ICE－G 和 ICE－D：Daimler AG（戴姆勒公司）在其环境认证书上展示了它们目前市场上传统轿车环境影响的详尽来源[注356]。因为表32中研究的轿车最接近奔驰B级车，所以下文除了讨论表32中所研究轿车的生命周期评估结果之外，还会讨论B级车的生命周期评估结果。在初级能源消耗和 CO_2 排放方面，汽车使用阶段造成的环境影响最大，其影响因素占比超过75%[注357]，这主要是由于内燃机的效率较低。由于原料生产国的环保标准尚不完善[注359]，汽车和燃料生产过程是致酸化的 SO_2 和 NO_x 排放的主要因素[注358]。相比之下，由于近年来使用低硫或无硫燃料，行驶过程中 SO_2 排放量大幅减少。通过催化器尾气后处理，

NO_x、HC 和 CO 排放也显著降低[注360]。通过普及柴油机微粒滤清器，柴油燃烧产生的细粉尘排放也得到了有效控制[注361]。如今，汽车生命周期中细粉尘排放的75%基本上都来自于轿车的生产过程[注362]。对比这些驱动技术汽车的光化学烟雾排放情况，不难发现，大部分的光化学烟雾来自 ICE－G 使用阶段中的汽油燃烧过程[注363]。

BEV、REEV 和 PHEV：这些驱动技术汽车的优点在于，纯电动运行时其所在局部区域不会造成温室气体或有害物质排放。这些汽车数量较多时，道路交通（尤其是十字路口和路边）的噪声污染也会明显降低。但是，在速度较高、路面不平以及路面湿滑的情况下，轮胎的滚动是主要噪声源，也就不具有上述相对传统内燃机汽车的噪声排放优势了[注364]。在生命周期评估中，BEV、REEV 和 PHEV 的温室气体和有害物质排放主要由电池大小、电池耐久性、发电方式、行驶里程中纯电驱动所占比例和原材料来源所决定。因为电池的前生产阶段会造成大量的 SO_2 和 NO_x 排放，所以此类轿车生产过程中酸化和富营养化排放的可能性是内燃机汽车的4倍[注365]。电池生产造成的细粉尘排放也是如此，尤其是电池材料的生产过程，会产生大量的粉尘排放，从而导致整个 BEV 生产过程中的细粉尘排放是普通内燃机汽车的2倍[注366]。

FCEV：FCEV 同样具有局部区域零排放和局部道路交通低噪声污染的优点。因其特有的燃料电池堆和含碳纤维材料的储氢瓶，FCEV 制造过程造成的环境影响和之前讨论的其他驱动技术汽车有所不同。首先，获取燃料电池堆所需金属铂的开采过程会产生严重的酸化和光氧化效应，从而进一步加重光化学烟雾排放[注367]。其次，碳纤维材料生产是一个能量高消耗的过程，如果采用的是非可再生电力，那么 FCEV 实际也会产生较高的温室气体和有害物质排放。但是，如果燃料电池堆使用回收铂以及储氢瓶制造过程使用可再生电力，那么 FCEV 的温室气体和有害物质排放将会大幅减少。

汽车制造和回收造成的温室气体排放

生产一辆紧凑型轿车（如奔驰 B 级车或者大众 Golf），目前会造成约6t 的 CO_2 排放（图31，左）。这些数据可以从汽车制造商公开的各款车的环境认证书中找到。IFEU 研究所也通过各种分析（如 UMBReLA 和 Twin Drive）证实，生产一辆柴油车和一辆汽油车都会造成约6t 的 CO_2 排放（图31，右）。迄今为止，涉及可替代驱动汽车生产的 CO_2 排放，除了雷诺风朗 Z. E 车，还没有其他汽车制造厂商公开其相应的数据。比较雷诺 BEV 和 UMBReLA BEV 这两款纯电池驱动汽车可以发现，在配置类似电池的情况下，雷诺 BEV 的 CO_2 排放量明显更多，高达11. 1t，而 UMBReLA BEV 的排放量则为8. 0t。究其原因，可能是电池材料前端生产链不同所致。

汽车部件排放的研究结果（图31，右）表明，传统汽车车身生产过程所致的排放为 3t CO_2/辆，这在其所有部件生产所致排放量中比例最高。BEV 和 FCEV 中电池和燃料电池生产所致的排放量比例最大。与其他驱动技术汽车相比，FCEV 的车身生产过程所致的温室气体排放较大，而生产制造所致的排放较小，其中的原因在 UMBReLA 的报告中没有给出。部件更换（如电池）所致的排放在上述案例中都没有考虑。

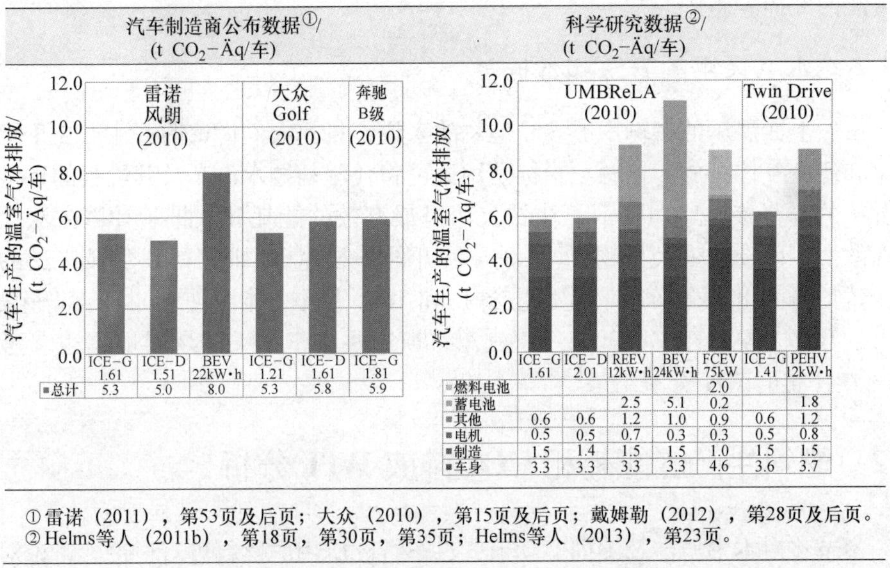

图 31　2010 年紧凑型轿车生产制造所致的温室气体排放

回收一辆传统轿车会产生约 0.5t CO_2【注368】。相比回收过程所致的排放，更重要的是能够回收利用汽车上的原材料，这一点将在下面的分析中予以说明。

材料使用量和资源使用

STROM 研究项目提供了 EUCAR - V4 汽车在生产、使用和回收过程中详细的所用材料信息。此外，该项目在考虑全球车辆保有量的情况下，对原材料使用临界进行了评估。EUCAR - V4 汽车的自重大约在 1310kg（ICE - G）和 1548kg（REEV）之间。其中，1000kg 为车身重量。因为轿车在生产过程中还会产生废料、余料等，所以该项研究中额外增加了每辆车 300 ~ 500kg 的废余料。累计的材料组成（包括废余料）作为 MIPS 分析的输入数据。MIPS 分析结果显示，每辆车大概需要消耗 50000 ~ 62000kg 的非生物材料。其中最坏的情况是 REEV 和 BEV，材料消耗高达 62000kg/辆。PHEV 和 FCEV 的材料消耗约为 50000kg/辆【注369】。由此可见，生产制造所使用的材料重量约为最终车辆自重的40 倍。在整个生命周期中，汽车生产制造所需的材料使用量远大于燃料生产所需的材料使用量【注370】。

STROM 和 OPTUM 对原材料使用临界的研究表明，未来稀土尤其是镝将会出现供应短缺问题。另外，STROM 还预测，电驱动化将会导致全球范围对锂的需求增大。按目前已知的锂储量计算，满足这种需求最多可维持至 2050 年。为预防这一资源短缺问题，上述两项研究均建议，未来应该从回收材料中获取稀土。世界范围内的稀土资源分布不均，大多集中在中国和前苏联境内，供应短缺问题也可能因此而发生【注371】。

4.1.5 本书采用的方法和数据

虽然上面展示的案例不够多，但总的来说，目前人们讨论的关注点在于能源效率和温室气体排放，这两项指标是用于可替代驱动技术汽车及其燃料的环境影响分析的重要参数。WtW 分析法被公认是最有效的能耗和碳排量计算方法。目前在欧洲，由欧洲三大机构【注372】联合展开的一项 WtW 研究得到了最广泛的认可。这项研究由 WtT 分析（能源准备）和 TtW 分析（能源使用）两部分组成。本书的数据主要基于 EUCAR – V4 汽车，与这些汽车相关的燃料数据也参考了 2014 年公布的 WtT 分析结果【注373】。

4.2 燃料生产的能耗和 CO_2 排放 WtT 分析

本节将对本书所涉及不同驱动形式汽车行驶所用的燃料进行讨论。讨论对象以目前市场上已有的和未来在经济和生态两方面都具有应用潜力的燃料为主。研究重点为燃料生产、配送至油箱（车载）过程中的能耗（$MJ_{初级能源}/MJ_{燃料}$）和温室气体排放（g $CO_{2\,等效}/MJ_{燃料}$）。

4.2.1 化石燃料

从石油中提炼的汽油和柴油

汽油和柴油都是由石油加工而来。石油生成于2 亿年前的侏罗纪地质年代，主要由生物沉积（藻类和浮游生物）而成。这些有机物质在海底沉积，在高温高压的环境下经过漫长的时间形成了石油【注374】。大量的石油都储藏在地下的油田中，而这些油田需要通过钻孔才能开采。在开采和运输石油的过程中，生态系统遭受了巨大的损害。受分析方法局限性限制，WtW 分析无法考虑上述因素。因为易于开采的油田逐渐减少，所以人们现在慢慢转移到从油砂和油页岩中获取石油（比如加拿大和爱沙尼亚）。从油砂或油页岩中开采石油需要消耗大量的水，所以开采地区必须要运输大量的水，同时开采过程也会污染周围地区的地下水以及植被。此外，从油砂和油页岩中提炼燃料需要消耗较多的人力和物力，其造成的温室气体排放是传统开采方式的 3 倍【注375】。这一问题会在 4.2.3 节中进一步阐述。

天然气/煤/石油/核能发电

全球范围内，发电主要依靠火力发电厂，其中化石燃料经燃烧产生的热量被转化为机械功，然后带动发电机发电。过去几十年，人们通过提高工作压力和对蒸汽的二次利用大大提高了发电厂的发电效率【注376】。在燃烧过程中每千克如下化石燃料的 CO_2 排量分别为：天然气2.54~2.71kg；石煤2.54kg；石油3.17kg；木材1.83kg【注377】。2012年，德国电网Strommix电力来源的构成为26%褐煤、19%石煤、11%天然气、2%石油、16%核能和约25%可再生能源。Strommix电网 CO_2 排放量从1990年的743g/(kW·h)减少至2010年的563g/(kW·h)，然而2012年又增加至601g/(kW·h)【注378】。这主要是因为核能发电比例逐渐减少，碳排放交易尚未发挥作用【注379】。除了碳排量，对未来用于汽车的、依赖于电力开采的化石燃料，尤其是对通过液压破裂法【注380】在非传统岩层（比如页岩层）中获取的天然气，还应该采用其他的效率标准进行相应的分析。对于诸如液压破裂法这样的开采方法，一开始就应该对其可能造成的长期环境影响进行研究【注381】。此外，WtW分析不包括评估核能以及放射性残余元素造成的危害。

天然气制氢

目前，氢气主要用于化学和石油化工领域，绝大部分采用天然气重整制取。根据氧化剂的不同，重整方法可分为以下三种：①蒸汽重整；②局部氧化；③空气和水蒸气混合重整【注382】。本书的WtW分析只考虑最成熟的蒸汽重整。在蒸汽重整过程中，含有氢气的碳水化合物（如甲烷）通过吸热反应转化为水煤气（H_2 和CO），同时还会产生副产品如水蒸气、CO和 CO_2。蒸汽重整的工作温度为700~900℃，工作压力为8MPa【注383】。

4.2.2　从可再生能源获取的燃料【注384】

通过新能源理念和关闭核电站，联邦政府为德国未来的能源供给设定了宏伟远大的新目标。实现目标的过程也被视作“能源变革”，是一项长期性的政治、经济和社会大工程。能源变革首先涉及电力、供热和交通领域。下面阐述德国从可再生能源获取的燃料类别以及数量。图32展示了德国技术上可持续的生物质潜能和电力潜能。所谓技术上可持续的潜能，是指在应用已有技术以及考虑生态环境的前提下，可再生生物质和可再生电力的可利用量。

目前，德国面积近2.7%的土地，即农用面积5.7%的土地被用于种植生物质燃料所需的植物【注385】。图32（左）中展示了仅用于交通领域的生物质燃料潜能，这还远远不能与其他普及的应用（如食品和饲料生产以及电热生产领域的生物质应用）相比。相比电力潜能，生物潜能差不多已经达到极限。2012年，可再生能源技术上的潜在发电量（1000TW·h）只被利用了10%。如果将2012年其他领域的电力需求也考虑进去（535TW·h/年），那么还剩下465TW·h/年可以直接使用或是用于交通领域的燃料生产（图32，右）。也就是说，原则上德国本土的可再生能源可以满足整个轿车交通的能源需求【注386】。

基于国内生物量的技术上的生物潜能①/(TW·h/年)

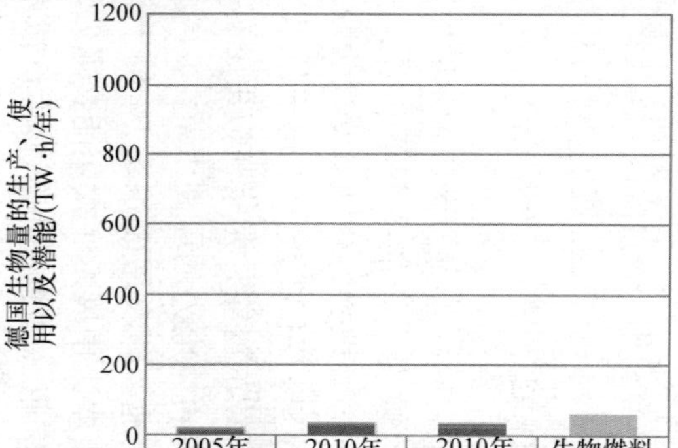

	2005年产能	2010年产能	2010年使用量	生物燃料潜能
生物燃料潜能	0	0	0	64
植物油	6	1	1	0
生物乙醇	1	5	8	0
生物柴油	15	32	26	0

基于国内生产水平的技术上的生物潜能②/(TW·h/年)

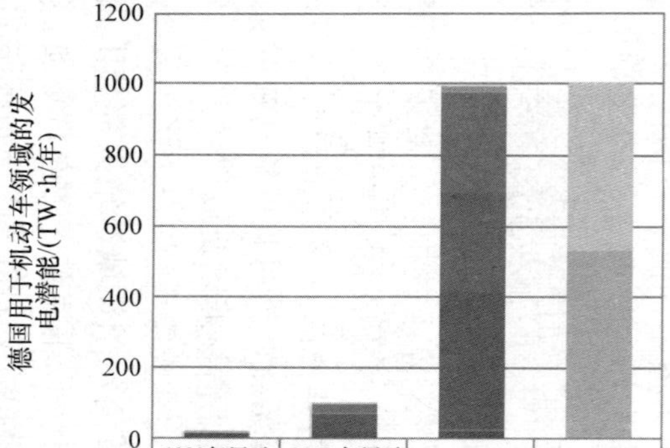

	1990年用于机动车的发电量	2012.年用于机动车的发电量	技术上的发电潜能	发电潜能的使用
用于燃料的发电量				465
2012年的电力需求				535
地热能	0	1	15	
太阳能光伏	0	26	284	
海上风能	0	1	280	
陆地风能	0	51	390	
水力	20	22	25	

① Kreyenberg等人(2015),第13页。生物燃料潜能=2030年的最大潜能。

② Kreyenberg等人(2015),第14页。

图 32 德国生物质和发电潜能

图32中展示的潜能是否以及需要在哪些条件下可以实现，这取决于本书尚未涉及的其他因素，如财政支持、能源成本以及民众的接受度等。

生物质燃料

燃料乙醇是一种酒精，作为内燃机燃料它既可以单独使用，也可以和传统燃料混合使用。绝大部分汽油发动机可以不加改装直接使用添加10%体积分数乙醇的混合汽油（E10）。不过，燃料中添加乙醇的比例升高，汽车就必须做出相应的调整（比如油箱、功率、密封和发动机控制等）。生产燃料乙醇的原料可以是含淀粉、纤维素和糖质的能源植物，也可以是废料或余料。生产过程中，这些原料中的糖经发酵转化为酒精。在欧洲，乙醇的原材料主要是甜菜和小麦。其中，甜菜的种植产量高。目前，燃料乙醇的生产技术在全球范围内已经比较成熟（尤其是巴西和美国）。但是，其技术上美中不足的是，生产过程需要大量的附加能源（表33）。二代生产工艺的能源效率或许会有所提高【注387】。

生物柴油是一种在特性和使用上与矿物柴油相同的燃料，其化学名称为脂肪酸甲酯（英文FAME）。由于废除了免税政策【注388】，德国现在几乎不再提供纯生物柴油，而是主要和传统柴油（按7%的体积比）掺和使用。欧洲生产生物柴油的原料主要是油菜籽和向日葵。首先，将油菜籽和向日葵加工为植物油。然后在工作环境为50～80℃的温度下通过甲烷和催化剂的作用对植物油进行转酯处理。这个生产过程在技术上相当成熟，应用广泛，尤其是对于油菜籽甲酯。未来，生物柴油的生产潜能在于对副产品的再利用（如甘油）以及将生物乙醇用于转酯加工。从全球的角度看，未来可以作为生物柴油的原材料包括大豆、油棕和麻风树【注389】。

人工合成柴油既可以由化石燃料如煤和天然气提炼，也可以由生物质提炼。对此，需要先从原料中提炼出合成气（水煤气），然后通过费舍－特洛施合成法将其转化为燃料。费舍－特洛施合成法也用于生产汽油、煤油或蜡。通过合成得到的油由多种碳氢化合物组合而成，必须通过蒸馏过程将这些化合物相互分离【注390】。此外，还有以木材为原料的生物质液化制取燃料的技术，但是目前还处于实验阶段【注391】。

电力燃料

德国可再生能源发电潜能主要取决于风力、太阳能、水力以及地热发电的潜能。Kreyenberg等人的多项研究估计，德国技术上可再生能源的潜在发电量在462～3939TW·h/年之间【注392】，已投入应用的生物质发电量不包括在其中。估计的潜在发电量有较大差别，这主要是因为在研究中对于相关面积以及所需技术设备的假设不同。陆地风能发电量的估计值差别最大。大部分研究认为，至少有1%～2%的陆地面积可以用来生产风能。因此，未来的研究需要考虑到由此产生的剩余电力，继而探讨电网建设和储电技术。一部分的发电潜能还可以通过电解转化为氢气，然后直接用于 FCEV 汽车或储存在合适的设备中备用。Genose 和 Wietschel 认为，存储量大的储氢装置长期来看具有很大的潜力[注393]。另外一个备受关注的技术是利用氢气和 CO_2 制成人工合成甲烷（SNG）。

图 33 对比了氢气直接用于 FCEV 和 SNG 用于 ICE－CNG 的情况。分析表明，风能电力在 FCEV 上转化效率为 29%，而在 ICE－CNG 上只有 10%。这说明在相同运输能力的情况下，ICE－CNG 需要的风能是 FCEV 的 3 倍。此外，ICE 在运行过程中因燃烧 CNG 还会释放 CO_2 和其他有害物质。因此，后面的章节不讨论有关 SNG 的技术。

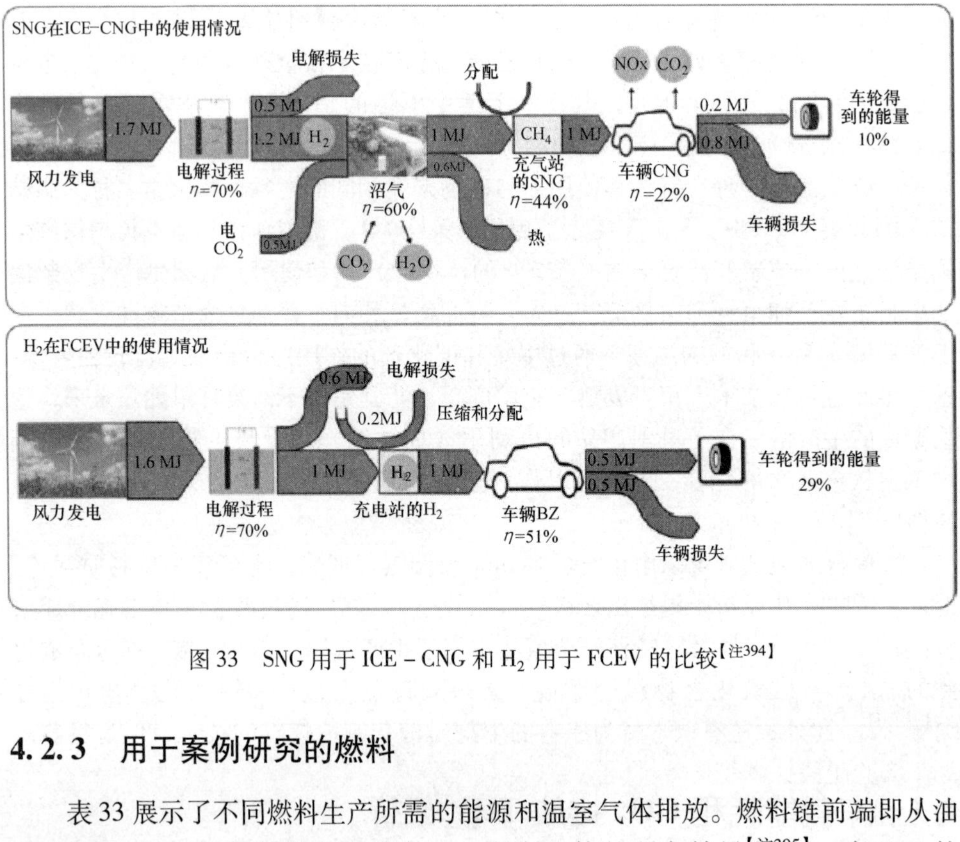

图 33　SNG 用于 ICE－CNG 和 H_2 用于 FCEV 的比较[注394]

4.2.3　用于案例研究的燃料

表 33 展示了不同燃料生产所需的能源和温室气体排放。燃料链前端即从油井到油箱（WtT）的数据主要取自 JRC 研究机构的研究结果[注395]。在 JRC 的 WtW 研究报告中采用替代法对燃料生产所得的目标产品和副产品进行了分配。也就是说，把副产品的能源消耗从目标产品中扣除，这个值是假定在一个等效过程中生产相应的副产品必须消耗的。在所有的发电过程中，有些能源（如风力、太阳能和水力）无法给出热值用于计算相应的转换效率，在此均将其效率设为 100%。

生物燃料的温室气体排放量为负值，主要是由于扣除了植物生长过程中对温室气体的吸收量。

表 33　德国燃料生产 WtT（油井到油箱）前端链

	初级能源来源	生产和准备线路	燃料	累计初级能源使用/(MJ/MJ)	温室气体排放④/($g\ CO_{2Äq}/MJ$)
化石燃料	原油①	油井－海上运输－工厂提炼－加油站	汽油	1.18	13.8
			柴油	1.20	15.4
	油砂②	油砂－净化处理－工厂提炼－加油站	汽油	1.42	29.6
			柴油	1.45	31.5
	煤炭、天然气、核能、可再生能源③	德国混合电力 2010－电网－插座（3.7kW）	电力	2.68	154.0
	天然气①	运输－管道 7000km－压缩－装载车－加油站	氢气	1.88	108.1
可再生燃料	甜菜①	种植－萃取－发酵－蒸馏－加油站	生物乙醇	2.24	－44.2
	油菜①	种植－油坊－转脂作用－净化－加油站	生物柴油（RME）	2.12	－22.3
	木柴①	种植－碾磨－热解－气化－合成－加油站	人工柴油（BTL）	2.20	－63.8
	风能①	风轮－电网－插座（3.7kW）	电力	1.12	0.0
		风轮－电网－电解－管道－加油站	氢气	1.87	13.0

① JRC（2014b）使用过程：COG1，COD1，GPCH3b，SBET1b，ROFA1，WFSD1，WDEL1，WDEL1/CH2。

② Heidt 等人（2013），第 24 页。

③ LBST（2012），第 45 页及后页。

④ 生物乙醇鉴定：－71.4g CO_2Äq/MJ，Biodiesel；－76.2g CO_2Äq/MJ，BTL：－70.8g CO_2Äq/MJ。

4.3　车载能耗和 CO_2 排放 TtW 分析

本章节将对车载能耗和柴油/汽油燃烧所致碳排放的影响因素进行讨论。其中，重点计算 PHEV 和 REEV 的燃料消耗和电力消耗。

4.3.1　车载能耗和 CO_2 排放的影响因素

行驶阻力[注396]

行驶过程中，汽车需要克服 4 个行驶阻力[注397]。驱动轴上的驱动功率必须克服这些阻力，才能使汽车在纵向加速[注398]，如下式所示：

$$F_w = F_R + F_L + F_S + F_B \tag{4-4}$$

式中，F_w是总行驶阻力（N）；F_R、F_L、F_S和F_B分别是滚动阻力、空气阻力、斜坡阻力和加速阻力，可按如下公式计算：

$$F_R = f_R m\, g \tag{4-5}$$

式中，f_R是滚动阻力系数；m是整车质量（kg）；g是重力加速度（m/s^2）。

$$F_L = c_w\, A\, \rho\, \frac{v^2}{2} \tag{4-6}$$

式中，c_w是空气阻力系数；A是汽车迎风横截面积（m^2）；ρ是空气密度（kg/m^3）；v是相对汽车的空气速度（m/s）。

$$F_S = m\, g\, \sin\beta_s \tag{4-7}$$

式中，β_s是坡度（°）。

$$F_B = m\, a_B \tag{4-8}$$

式中，a_B是加速度（m/s^2）。

图34（右）展示的是汽车各行驶阻力在不同车速下的大小（未考虑坡度）。总阻力（F_w）为各个分阻力之和。

汽车的总行驶阻力①	行驶阻力与车重的关系②

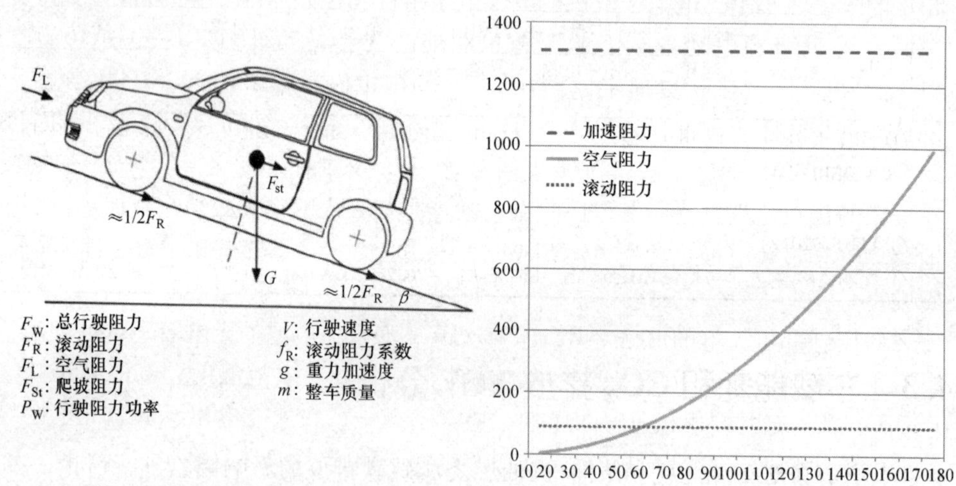

① Braess和Seiffert（2011），第34页。

② 通过式（4-5）、式（4-6）和式（4-8）进行的计算，不包括爬坡。车辆数据参照JEC（2013），m=1.310kg, f_R=0.007, g=9.81m/s^2, c_w=0.3, A=2.2m, ρ=1.2kg/m^3, a=1.0m/s^2。

图34 汽车行驶阻力

滚动阻力（F_R）是由路面和轮胎间的变形而产生的。滚动阻力主要取决于轮胎的滚动损失功，而滚动损失功又取决于滚动幅度（轮胎压缩量、轮荷和胎压）和滚动频率（车速）。式（4-5）中的滚动阻力系数包含了这些因素，并假设该阻力和车速无关。但事实上随着车速的升高，F_R也会略微增大。与其他阻力相比，滚动阻力相对较小。

空气阻力（F_L）是车辆周围和穿过的气流作用所致，与速度的平方呈比例关系（图34，右）。此外，F_L还取决于车身外形。c_W值表示车辆的气体动力学特征。c_W值和汽车横截面积（A）相乘得到汽车阻力面积。在高速稳态行驶下，空气阻力在所有阻力中最大。

加速阻力（F_B）遵循惯性物理原理。总的加速阻力由汽车的纵向加速阻力和横向加速阻力（如传动链部件车轮、轴和齿轮等的转动加速阻力）叠加而成。式（4-8）只考虑了纵向加速阻力。尽管进行了简化，加速阻力依然是需要克服的最大阻力，尤其是在车辆的质量较大或者需要急加速的情况下。

辅助能耗与空调

对于汽油发动机汽车来说，约70%的燃料能量会被转化为余热，一部分通过尾气和冷却系统排放到大气环境[注399]，一部分可以用来给车内空间加热。若燃料体积为50L，同时假设燃料中1/3的化学能用于驱动，那么一辆ICE－G/D所获得的余热会超过300kW·h。然而，在一辆电池容量为20kW·h、效率为90%的电动汽车上，电池、电机、电气电子组件和控制器等产生的余热大约只有2kW·h。此外，电动汽车上的温差也明显小于传统汽车（ICE－G：1000℃，BEV：90℃），余热就更加难以利用[注400]。在相似温度条件下（100℃以下），一辆配有3kg H_2（热值为100kW·h）的氢罐和效率为60%的FCEV产生的余热大约可达40kW·h。一般情况下，轿车通过每分钟的气流交换实现加热功能。这样做的优点是驾驶室能够得以除湿，缺点是被吸入的空气必须重新加热。纯电池驱动汽车最大电加热功率可达5kW[注401]，主要在温差较大和车窗结冰时加热驾驶室。

对于外部可充电的BEV、REEV和PHEV而言，电池的充电效率对电量消耗具有很大影响。充电效率主要受电池单体化学特性、电池温度、电池健康状态（SOH）以及充电方式和速度的影响。通常情况下，快速充电以及低温充电会导致充电效率降低。不同充电功率和充电方式下充电损耗具体是多少，这一问题刚开始进行研究，相关结果尚未公开发表。但是，文献显示充电效率一般都在60%～90%[注402]。充电过程中其他的充电损失（或者说电池充电的辅助电耗）来自充电装置将交流网电转换成电池直流电的过程、充电装置与电池的调温以及控制器的电耗。

为了将之前所提到的不同驱动能耗的影响因素尽可能用可以比较的方式展现

出来，通常会借助具有特定的速度－时间过程的行驶循环工况对能耗进行分析。因此，下文将按行驶循环工况（Z）和驱动类型（A）对本书涉及的各类驱动技术汽车的能耗（$\eta_{A,Z}$）进行分析。

行驶循环工况

行驶循环工况的汽车能耗通常在转毂试验台架上获取。转毂试验台架可以模拟汽车在真实路面的行驶阻力，从而保证测量结果符合真实的行驶循环工况。转毂试验中排放的尾气会被收集在一个袋子中，然后进行分析。分析结果就是 CO_2 排放值。根据得到的 CO_2 排放值，还可以计算出行驶循环工况的燃料消耗情况【注403】。从 1992 年起，欧洲实行的行驶循环工况不包括其他负载消耗，也就是说，测试中空调、收音机、灯光或者座椅加热等功能都要关闭。汽车一起动就开始测量排放，不用等待暖车过程。图 35（左）展示了新欧洲行驶工况（NEFZ）（速度－时间曲线）。NEFZ 包括两个循环，即城市行驶循环和长途行驶循环。NEFZ 需要在 20～30℃ 的温度下进行。测试车辆需要在 1180s 内（大约 20min）行驶 11km。也就是说，平均速度大约为 33.6km/h，其中怠速占 28.2%，最高速度达 120km/h【注404】。对传统车辆来说，城市循环的油耗明显要高于长途行驶循环（高 30%～50%）。这主要有以下两个原因：1）行驶开始时需要消耗很多能量用于加热发动机；2）大量的加速和制动（匀速工况较少）导致了能量的加速消耗。对电动汽车来说，城市和长途行驶的能耗差异并不那么明显。因为电动汽车在制动时可以回收能量。在本章的第 4.3.2 节中，将会对 BEV、PHEV 以及 REEV 的能耗计算进行详细介绍。

在过去，很多国家【注405】的行驶循环测试总是一再受到批评。因此，2007 年联合国专门设立了一个工作组，负责建立世界范围内统一的测试循环，即世界统一轻型汽车测试循环（WLTC），并于 2012 年首次公布了工作结果。因为各个国家间的车辆结构和应用有所不同，所以该工作组依照汽车总质量比功率共设计了 4 项不同的循环。前两个循环（1 级和 2 级）针对比功率小于 22kW/t 和小于等于 34kW/t 的轿车。1 级循环适用于印度这样车辆机动性和最高时速都较低的国家。2 级循环和 NEFZ 类似，但它适用于小于 34kW/t 的轿车，远低于欧洲国家数值。3a 级和 3b 级的 WLTC 循环适用于比功率大于等于 34kW/t、最高车速大于等于 120km/h 的汽车。

图 35（右）展示了最接近德国汽车情况的 WLTC 3b 级，其行驶里程为 23.3km，平均速度为 46.6km/h，明显高于 NEFZ。至于传统车辆在 WLTC 3b 中的能耗情况如何，目前还未确定和公布。不过，凭借高于 NEFZ 两倍的行驶里程可以推断，冷机油耗不会像 NEFZ 中那么明显。怠速比例从 NEFZ 中的 28.2% 下降到 WLTC 中的 13%，使得没有起停系统的传统轿车油耗降低。与此相反，WLTC 3b 中更高的平均速度和更多的加速阶段需要更多能量【注406】。未来哪一级

WLTC 循环能够适用于本书研究的驱动方式，目前还无法给出明确的答案。此外，针对不同的驱动方式，WLTC 循环会考虑哪些车辆附件消耗（其他电器消耗），这一点也尚未明确。

新欧洲行驶循环测试(NEFZ)①	世界统一轻型车测试循环(WLTC)②

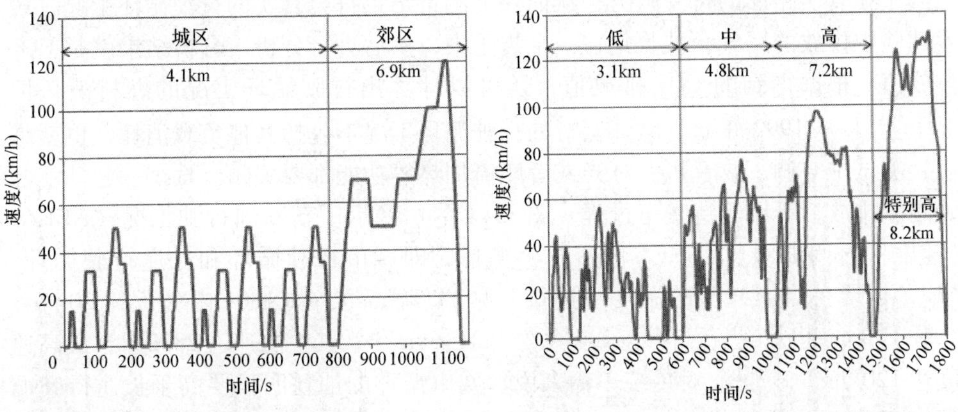

①MTZ(2013)。
②NUO(2012)，图中展示的为WLTC3b级。

图 35　NEFZ 和 WLTC 行驶循环工况

NEFZ 能量需求计算

计算轿车在 NEFZ 中的能量需求之前，需要先根据式（4-5）、式（4-6）和式（4-8）计算汽车在平路上的行驶阻力。图 36（左）展示了有关计算结果，即行驶阻力与行驶距离的函数关系。显然，NEFZ 中的加速阻力最大，而滚动阻力和空气阻力相对小而平缓【注407】。这也就解释了为什么传统汽车在城市循环部分的油耗会更高。

得到行驶阻力和行驶循环中速度 - 时间关系后，可以计算出克服行驶阻力所需要的功（W · h）。为此，需要计算行驶阻力对距离的积分。阻力对路径的积分就等于该循环所需要的驱动功：

$$W_R = \int F_R \, d_s = \int f_R \, m \, g \, d_s \tag{4-9}$$

$$W_L = \int F_L \, d_s = \int c_w \, A \, \rho \, \frac{V^2}{2} d_s \tag{4-10}$$

$$W_B = \int F_B d_s = \int m a_B d_s \tag{4-11}$$

图 36（右）展示了 NEFZ 所需驱动功的计算结果。通过式（4-9）~ 式（4-11），在得到 EUCAR 原型轿车的行驶阻力后，对路径进行积分即可计算出所

需驱动功（即 NEFZ 中的能量需求）。此外，图中还给出了 5kW 功率电热器的能量需求。5kW 为冬天快速加热车内温度时所需的最大功率。图 36（右）显示，热能为 NEFZ 中最大的能量需求。尤其是在城市循环测试中，如果不考虑余热利用，热能是最大的能量需求。用于车内加热或制冷（空调稳定功率约 2.5kW）的年平均值较小【注408】。

EUCAR基础车辆NEFZ中的行驶阻力①　　　EUCAR基础车辆在带有电力加热的NEFZ中的能量需求②

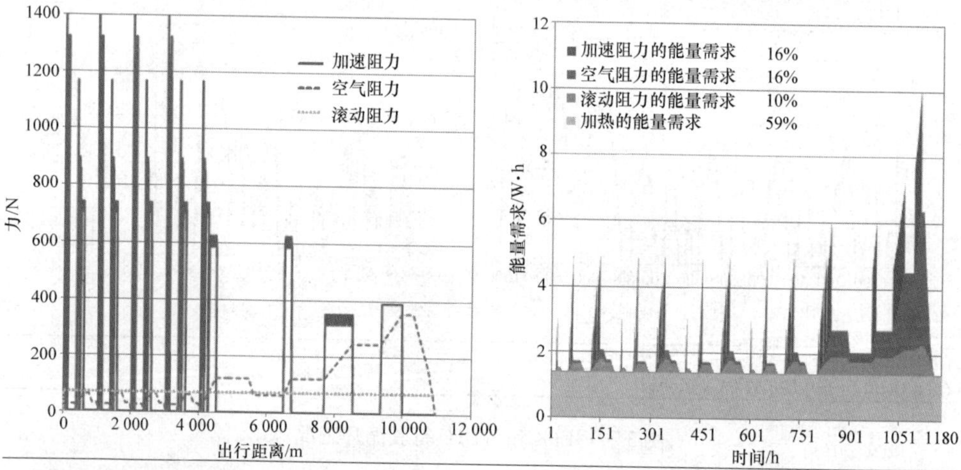

① 根据JEC (2013) 中的计算，m=1.310kg，f_R=0.007，g=9.81m/s^2，c_W=0.3，A=2.2m^2，ρ=1.2kg/m^3。
② 根据式（4-9）～式（4-11）计算，依据上面的数值，同时热效率为5kW，不考虑余热利用。

图 36　EUCAR 汽车在 NEFZ 中的行驶阻力和能量需求

这些研究结果说明了一些专业文献中关于电动汽车冬天续驶里程缩短的主要原因【注409】。借助上面已经描述过的方法步骤，现在可以确定 EUCAR－V4 汽车的效率。为此，需要先计算考虑质量、滚动阻力和空气阻力下不同车辆在 NEFZ 中所需的最小驱动功。

$$w_{ges} = E_{min} = W_R + W_L + W_B \tag{4-12}$$

式中，$w_{ges} = E_{min}$是用来克服行驶阻力的驱动功（W · h/km）。

为了得到 NEFZ 中汽车的效率，需要将车辆的输出功除以以油耗方式输出的功，即：

$$\eta_{A,Z} = \frac{E_{min}}{\sum v_A^{K,Strom,H_2}} \tag{4-13}$$

式中，$\eta_{A,Z}$是车辆以驱动类型 A 在行驶循环 Z 中的效率；A 是驱动类型（ICE－G/D，HEV，PHEV，REEV，BEV，FCEV）；$v_A^{K,Strom,H_2}$ 是车辆的驱动能耗（汽/柴油、电和氢气）（kW · h/100km）。

表34 给出了 2010 年和 2020 年以后 EUCAR – V4 车辆效率的计算结果【注410】。可以看出，所有驱动类型在未来具有很大的效率提升空间。对此，一方面需要减少车重、轮胎滚动阻力和 c_w 值，另一方面需要提高驱动系统的效率。至于表中的数据是否符合实际，现在不展开讨论。不过，为了确定不同参数对能耗的影响，下面还需要进行敏感性分析。

表 34　NEFZ 循环工况下 EUCAR – V4 汽车的效率计算

车型	参考质量①/kg		f_R②		c_w②		E_{min}③/(kW·h/100km)		能耗④/(kW·h/100km)		效率⑤(%)	
	2010	2020以后	2010	2020以后	2010	2020以后	2010	2020以后	2010	2020以后	2010	2020以后
ICE – G	1 435	1 325	0. 007	0. 005	0. 30	0. 24	11. 19	9. 12	56. 6	39. 6	20	23
ICE – D	1 495	1 385	0. 007	0. 005	0. 30	0. 24	11. 49	9. 39	45. 0	32. 8	26	29
HEV	1 542	1 413	0. 007	0. 005	0. 30	0. 24	11. 73	9. 51	39. 7	26. 1	30	36
PHEV	1 604	1 458	0. 007	0. 005	0. 30	0. 24	12. 04	9. 72	32. 4	21. 6	37	45
REEV	1 673	1 481	0. 007	0. 005	0. 30	0. 24	12. 39	9. 82	21. 3	16. 7	58	59
BEV	1 490	1 355	0. 007	0. 005	0. 30	0. 24	11. 47	9. 26	14. 5	10. 6	79	87
FCEV	1 583	1 403	0. 007	0. 005	0. 30	0. 24	11. 94	9. 47	20. 8	15. 0	57	63

① JEC（2013），第 14 页。空车净重（没有驾驶人和行李，90% 的油箱占有）再加上 125kg 得到参考质量。

② JEC（2013），第 13 页。

③ 通过式（4-12）进行的计算。

④ JEC（2013），第 36 页及后页。PHEV 和 REEV 的能耗是电力和内燃机能耗的总额。

⑤ 在 NEFZ 中，通过式（4-13）进行的计算。

敏感性分析

通过上文讨论，现在可以确定不同参数对汽车 NEFZ 循环工况中能耗的影响。对此，需要先将参数分为汽车参数和驱动参数。汽车参数由汽车外部构造决定，包括汽车总质量（m）、轮胎滚动阻力（f_R）、空气阻力系数（c_w）和车身横截面积（A）。各类汽车的驱动参数可以用效率（η）统一表征，这里的效率指的是油箱中或电池中的能量通过驱动机构转换为汽车行驶能量的效率（包括 BEV、PHEV 和 REEV 这三类汽车在充电过程中的能量损失）。

图 37 展示了根据式（4-12）和式（4-13）计算出的 EUCAR 汽车能耗（各影响参数的变化幅度在 –30% ~ +30% 之间）。从中可以看出，汽车效率和汽车质量对能耗的影响最大。空气阻力和迎风横截面积因两者的乘积关系，其造成的影响是相同的。影响最小的是轮胎滚动阻力。

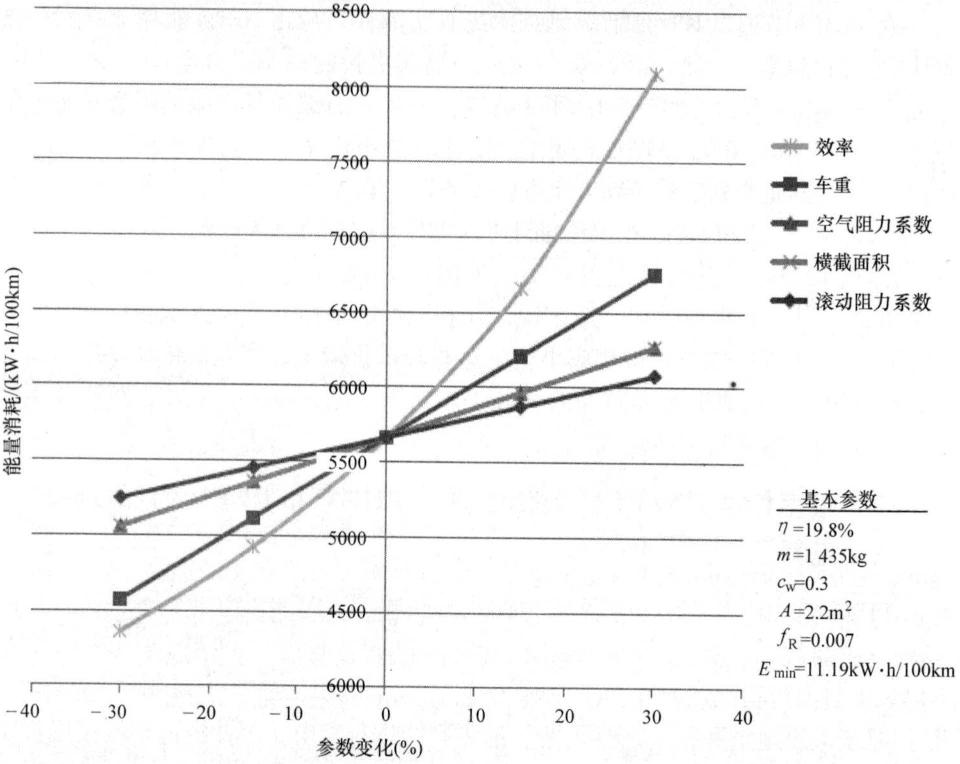

图 37　不同影响参数下的汽车能耗变化

总结和其他研究需求

回顾本节的内容，从中可以总结出设计可替代驱动技术汽车时减少能耗的三大要素。

辅助电负载：实际过程中，BEV 和 REEV 这两类汽车内室冷/热空调的能耗会更大，尤其是用电池中电能提供热能的情况。燃料电池汽车由于燃料电池电化学放热反应的特点，余热可用于内室空调，相应的能耗情况或许会稍微好一些。FCEV 汽车在冬季运行的能耗数据目前还未公布。此外，对 BEV、PHEV 和 REEV 来说，充电效率也是影响能耗的重要因素，但迄今为止很少有针对不同充电功率和不同充电类型的能耗影响研究。在低温和高充电功率下，会发生明显的充电损失。

效率[注411]：在 NEFZ 循环工况中，传统和可替代驱动技术汽车的效率因为所用技术的不同而有很大差别（表 34）。BEV 凭借车型结构（包括制动能量回收）在 NEFZ 下效率最高。不过在考虑上述辅助电负载的情况下，BEV 在真实行驶过程中其效率可能会较低些。PHEV 和 REEV 的效率很大程度上取决于纯电驱动行驶里程。在 4.3.2 节中将在考虑真实消耗情况下进行相应的 WtW 分析，随后的4.3.3节通过对比所有驱动技术的真实消耗，校正NEFZ能耗与真实行驶能耗之间的偏差。

汽车质量：滚动阻力和加速阻力都与汽车质量有关，其中滚动阻力是所有阻力中最小的（图36）。从图中还可看出，相比之下汽车质量对加速阻力的影响要大得多，尤其是当轿车在NEFZ工况需要不断重新加速的情况下。考虑到车重对能耗的影响，宝马推出了由碳纤维制造的宝马i3（配置22kW·h电池组），尽管其（净重1225kg）并不比配置同样电池组（22kW·h）的大众e－Golf（净重1 490kg[注412]）轻多少，但一般来说，在相同性能指标下减少汽车质量可以将传动系统的各个部件也设计得相应小些。这些轻量化措施能够降低传动系统的成本（如配置较小的电池组实现同样的续驶里程数）。本书第6章通过案例计算还会对这一方面内容进行分析。

4.3.2 根据标准UN/ECE－R101计算PHEV和REEV的加权油耗和电耗

PHEV和REEV拥有至少一个电驱动系统和一个内燃机驱动系统，两者都能够独立驱动汽车行驶[注413]。根据电池大小和驱动方式的不同，这两种汽车在NEFZ中目前可实现的纯电动续驶里程数为20～100km[注414]。实际上通勤族只是往返于上班地点和住宅，且这两个地方都能进行充电，因此纯电动续驶里程完全够用。另一种极端情况是，在一次出行中没有再充电的可能性，这两类车只在内燃机驱动模式下行驶。

因为PHEV和REEV行驶时驱动模式不固定，所以研究其能耗比较困难。欧洲、美国和日本对此建立了专门的测量方法，将电驱动和内燃机驱动的行驶里程一一对应地分配在测试平台上测试循环工况的不同区间。欧洲标准是UN/ECE－R101，美国标准为SAE J1711和SAE J2841，日本标准是JC－08。所有测量方法都借助于利用因子UF（Utility Factors），对电驱动和内燃机驱动行驶里程分别进行计算。利用因子UF根据各自国家相应的电驱动轿车行驶里程和平均驾驶行为计算获得。

UN/ECE－R101标准[注415]计算方法

下面介绍UN/ECE－R101标准中涉及PHEV和REEV达标能耗的计算过程。

1）首先，每一次的NEFZ循环需要在以下运行状态下进行。状态A：从电池充满电开始进行测试至电量耗尽模式（Charge Depleting，CD），内燃机容许起辅助驱动作用。状态B：从电池放空（最小荷电状态）开始进行测试至电量维持模式（Charge Sustaining，CS）。两种运行状态结束时计算行驶的废气排放，从而确定CO_2排量和燃料消耗。最后在充电时计算耗电量，这样获得的电能消耗包括了充电效率的影响。

2）为了计算纯电驱动续驶里程数，充满电的车辆要多次重复 NEFZ 循环工况，一直行驶至无法达到 50km/h 设定速度或者电池已经到了需要充电的状态。如果由于车辆本身运行策略的原因（如高速下起动内燃机工作），那么需要根据 1）中设定的条件从总行驶里程中减去内燃机驱动行驶路程。

3）根据 2）计算所得的纯电驱动续驶里程数和 1）计算所得的 CO_2 排放量及能耗，可以通过以下公式计算出加权的油耗、电耗和 CO_2 排放量。

UN/ECE－R101 标准的基础计算公式为[注416]

$$X_{UN/ECE}=\frac{(X_{CD}R_{CD})+(X_{CS}25)}{(R_{CD}+25)} \tag{4-14}$$

式中，X 是变量，$X\in(v_A^K, v_A^{Strom}, v_A^{H_2}, E_A^{CO_2})$；$X_{CD}$ 是 CD 模式下的能耗或 CO_2 排放（L，kW·h，g CO_2/100km）；X_{CS} 是 CS 模式下的能耗或 CO_2 排放（L，kW·h，g CO_2/100km），R_{CD} 是 CD 模式下的纯电驱动续驶里程数（km）。

式（4-14）也可以转写成如下形式：

$$X_{UN/ECE}=X_{CD}\frac{R_{CD}}{(R_{CD}+25)}+X_{CS}\frac{25}{(R_{CD}+25)}$$

式中，$\frac{R_{CD}}{(R_{CD}+25)}$ 即为 UF 值，后面还会详细解释其含义。通过用 UF 来替代该项可以得到式（4-15）：

$$X_{UN/ECE}=\mathrm{UF}X_{CD}+(1-\mathrm{UF})X_{CS} \tag{4-15}$$

计算每一种能源类型消耗（燃料、电力和氢气）都必须根据式（4-15）。

表 35 展示了 EUCAR－V4 PHEV 和 REEV 在 CD 和 CS 模式下的车辆能耗。通过式（4-15）和 UF 值，可以根据 UN/ECE－R101 标准计算出所有驱动技术汽车的能耗[注417]。

表 35　根据 UN/ECE－R101 标准计算 EUCAR－V4 PHEV 和 REEV 的能耗及 CO_2 排放

驱动类型	年份	$X_{CD-Mode}$		$X_{CS-Mode}$		$X_{UN/ECE-R101}$ ③				
		v^k	v^{Strom}	v^k	v^{Strom}	R_{CD}	UF	能耗和 CO_2 排放		
		L/100km	kW·h/100km	L/100km	kW·h/100km	km		L/100km	kW·h/100km	gCO_2/km
PHEV①	2010	1.5	9.25	4.49	0	20	0.44	3.17＋	4.07	75.3
	2020以后	0.93	6.14	3.02	0	20	0.44	2.11＋	2.70	50.3
REEV②	2010	0	15.23	4.54	0	80	0.76	1.09＋	11.58	25.9
	2020以后	0	12.0	3.54	0	80	0.76	0.85＋	9.12	20.3

① 基于表 34 进行的计算。
② 假设 CD 模式下的 v^k 为 0，CS 模式下的 v^{strom} 为 0 的前提下，进行的计算。
③ JEC（2013），第 37 页，第 47 页及后页。

驾驶频率和行驶里程分析

2008 年，德国居民平均每天出行 3.4 次。其中，43% 的居民选择使用个人机动交通工具【注418】。轿车驾驶者平均每天行驶里程为 67km【注419】。

图 38（左）展示了日常生活中 CD 模式下电驱动行驶里程的调查数据。和 ECE – R101 以及 SAE J2841 标准一样，这里也假设汽车每天充电一次并且优先在夜间充电。UF 值为 CD 模式下的行驶里程数与总行驶里程数（CD + CS 模式）之比，但实际情况下，UF 值可能会因为多次充电（如在工作场所充电）而更高一些。

由 MiD 2008 报告中的数据，可以计算出德国居民日出行次数以及轿车日行驶里程占年总行驶里程的比例（图 38，右）。对报告中有关行驶频率以及行驶里程的进一步分析表明，年总行驶里程、汽车大小以及发动机性能对汽车行驶里程的分布具有决定性的影响。Redelbach 等人认为，年总行驶里程数大的轿车其日行驶里程数也较高；年总行驶里程数若为 30000km，只有大约 50% 的日行驶里程数低于 40km；年总行驶里程数若为 7500km，约有 70% 的日行驶里程数低于 40km【注420】。Hurtig 在对不同类型汽车的日行驶里程数进行分析比较后发现，约有 60% 的小型车（微型和小型轿车）其日行驶里程数少于 40km；只有 50% 的大型车其日行驶里程数少于 40km。产生这种结果的原因可能在于，小型车通常是作为家庭的第二辆车【注421】。

图 38　驾驶频率和行驶里程的数据调查和分布情况

图 39 比较了德国 MiD 2008 报告与联合国 ECE R101 标准分别所得到的日行驶里程数分布情况，后者中 UF = $R_{CD}/(R_{CD}+25)$。当日行驶里程数为 35km 时，

MiD 2008 和 UN/ECE R101 曲线交叉，所得结果相同（UF 值约为 0.58）。根据之前对 UF 值的讨论，可以从图中看出，按 UN/ECE R101 标准计算，纯电驱动行驶里程数小于 35km 时，其电驱动行驶的比例较高，反之则较低，这与实际观测到的情况相符合。从图中还可以看出，针对本文所研究的 EUCAR－V4 汽车（PHEV R_{CD} = 20km，REEV R_{CD} = 80km），按三种方法计算所得的 UF 值差别明显。为了能够获得德国 PHEV 和 REEV 的真实能耗，后续的 WtW 分析将采用 MiD 2008 中给出的日行驶里程分布数据。

另外，图 39 还展示了按 SAE J2841 方法计算的相关数据曲线。和 MiD 2008 曲线一样，它也是通过问卷调查获得的【注422】。美国在制定 PHEV 零排放奖励补贴法规时参考了这条曲线【注423】。从 SAE J2841 与 MiD 2008 两数据曲线的对比中可以发现，美国人日行程里程数比德国人高，但对同一类型车而言，CD 模式下美国人的行驶里程数较少。

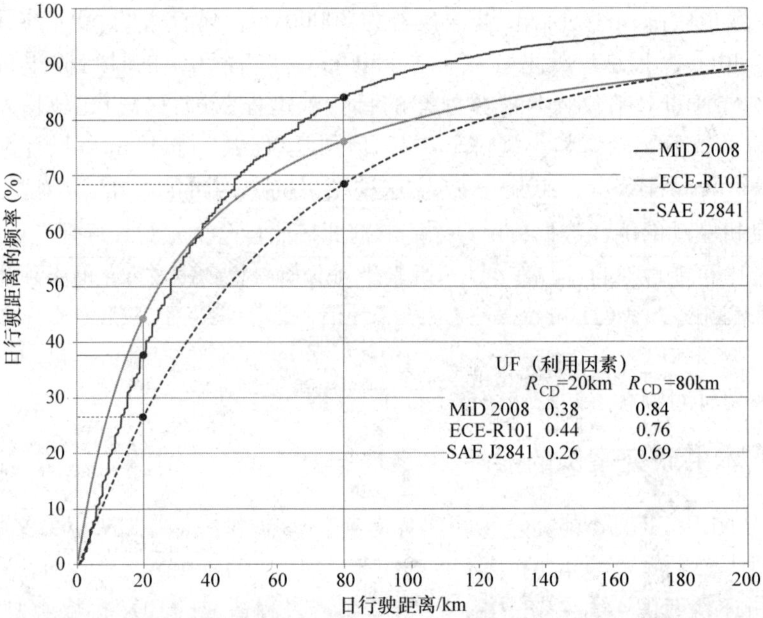

图 39　日行驶里程分布的各种调查

PHEV 和 REEV 的设计及能耗获取的建议

采用 UN/ECE－R101 和 SAE J2841 方法用 UF 值对 PHEV 和 REEV 进行油耗加权计算，不仅取决于轿车的纯电驱动行驶里程数，还要有以下前提条件：1）汽车在每天行驶之前必须完全充电；2）中途不充电；3）PHEV/REEV 的行驶模式需要符合已有的 ICE－G/D 驱动模式，即行驶模式和充电模式不发生变化。此外，每次行驶循环工况中都会出现纯电动续驶里程数（R_{CD}值）的不确定性，这在实际情况下一般不会那么严重。影响 UF 值大小的因素还包括用户在充电站（桩）支付电费的意愿、充电速度、充电地点和充电可能性。通过对迄今为止已运行的 PHEV/REEV 汽车进行分析，应该能够得到一些有用的信息。例如，在与 ICE－G/D 使用模式类似的前提下，目前已经可以从 MiD 2008 报告的问卷调查数据中得到有关德国的纯电驱动和发动机驱动行驶里程数的实际分布情况。

在 UN/ECE－R101 和 SAE J2841 中，欧洲和美国的法律法规也间接影响了 PHEV 和 REEV 的设计。欧洲立法中对汽车碳排量低于 50g CO_2/km 的规定可能就是各大汽车制造商将其车型的碳排量值设计为刚好接近这个规定值的原因，例如宝马 i8 PHEV（R_{CD} = 35km，E^{CO_2} = 49g CO_2/km）、奔驰 C350e PHEV（R_{CD} = 31km，E^{CO_2} = 49g CO_2/km）、丰田普锐斯 PHEV（R_{CD} = 25km，E^{CO_2} = 49g CO_2/km）、沃尔沃 V60 PHEV（R_{CD} = 50km，E^{CO_2} = 48g CO_2/km）。

从汽车制造商角度来说，如何使 PHEV 和 REEV 同时满足不同市场下用户的个人行驶里程需求以及法律对日常行驶里程分布的规定，是汽车研发的主要困难。因为法律对日常行驶里程分布的规定反过来还会对车辆和汽车制造商的征税产生影响。

从用户角度来说，首先，汽车制造商应该公布汽车在 CD 和 CS 模式下纯电驱动和发动机驱动的能耗数据，用户才能够据此按照自己个人的日行驶里程需求和电池中途充电可能性对自己汽车的 UF 因素进行分析（图38，左）。但必须注意的是，NEFZ 循环测试工况 CD 和 CS 模式下的能耗值需要满足一定条件才符合实际情况。因此，需要对 NEFZ 消耗值进行相应的校正【注424】。然后，正如 Redelbach 等人所建议的，需要针对顾客不同的使用模式提供不同大小的电池【注425】。

4.3.3 本书研究案例的能耗和 CO_2 排放

因为 NEFZ 工况不能完全反映实际能耗，所以接下来需要从相关文献中引用一些假设。然后，将获得的实际能耗用于 4.4.1 节的 WtW 分析。此外，4.4.2 节的分析还将考虑 4.1.4 节中给出的汽车生产过程造成的 CO_2 排放。

除了之前提到的与结构（m，f_R，c_W，A）相关的各种物理阻力外，一辆汽车的实际能耗很大程度上还会取决于驾驶人的个人驾驶行为（速度、档位选择和加减速）、载荷量、路况（包括路径长度）和其他辅助电负载（如空调、娱乐设备以及电加热器等）【注426】。一些专业杂志转而开始通过自己的测试工况去获得汽车的能耗数据，其测试可能比 NEFZ 循环工况更接近实际。对于内燃机驱动的汽车来说，Artemis 循环测试（CADC【注427】）是目前应用最广的实际能耗获取方法。该测试循环工况由城市、农村和高速公路三部分子循环工况组成。循环过程中所有辅助电器设备如空调都处于关闭状态。不过对于本文所研究的

EUCAR－V4 车型，尚无 Artemis 测试结果。因此，需要采用 2. 2. 3 节介绍的燃油消耗监控系统实际能耗数据。相关结果显示，2011 年德国柴油车和汽油车的燃料消耗值比 NEFZ 数据高 24%【注428】。

2014 年，德国机动车协会进行了针对六种 BEV 的能耗检测。检测方法基于 TÜV－Süd 提出的 E－Car 循环（TSECC）。和 NEFZ 不同的是，TSECC 是在不同温度下进行的（23℃和－7℃），而且车内辅助电器设备处于运行状态【注429】。在－7℃下 TSECC 检测结果显示，宝马 i3 和大众 e－Golf 的能耗值分别比 NEFZ 数据多 44% 和 48%，在 23℃下多 21% 和 30%【注430】。因此，后续的分析假设 BEV 平均年能耗比 NEFZ 数据高 35%。

涉及 PHEV 和 REEV 的计算，采用了图 39 中 MiD 2008 报告中的 UF 值，因为它考虑了德国真实的行驶里程分布。此外，CD 和 CS 模式下的能耗值分别在 NEFZ 能耗值的基础上再增加 24% 和 35%。有关 FCEV 实际能耗值的数据目前最少。本书参考了 2011 年奔驰 B 级 F－Cell 车从斯图加特行驶至里斯本（3240km）的平均能耗数据。结果显示，B 级 F－Cell 车的能耗值比 NEFZ 数据高 22%【注431】。

4.4 可替代驱动技术汽车的 WtW 分析

本节的 WtW 分析均以表 33 中燃料前端链的数据为基础进行计算。车辆能耗值采用表 36 中给出的实际数据。JEC－WtW 报告中已使用 NEFZ 值【注432】对 EUCAR－V4 车型进行过 WtW 分析，这里就不再重复进行相关工作。

表 36 本书涉及汽车的 TtW 能耗和 CO_2 排放

驱动类型	年份	NEFZ①			真实情况②		
		能耗		CO_2 排放	能耗		CO_2 排放
		L/100km	kW·h/100km	g CO_2/km	L/100km	kW·h/100km	g CO_2/km
ICE－G	2010 2020 以后	6.33 4.43		150 105	7.85 5.49		185 130
ICE－D	2010 2020 以后	4.53 3.30		120 88	5.62 4.09		147 107
HEV	2010 2020 以后	4.44 2.92		106 70	5.51 3.62		130 86
PHEV	2010 2020 以后	3.17＋ 2.11＋	4.07 2.70	75 50	4.16＋ 2.76＋	4.75 3.15	98 65
REEV	2010 2020 以后	1.09＋ 0.85＋	11.58 9.12	26 20	0.9＋ 0.7＋	17.27 13.61	21 17

（续）

驱动类型	年份	NEFZ① 能耗 L/100km	NEFZ① 能耗 kW·h/100km	NEFZ① CO_2 排放 g CO_2/km	真实情况② 能耗 L/100km	真实情况② 能耗 kW·h/100km	真实情况② CO_2 排放 g CO_2/km
BEV	2010		14.49			19.56	0
	2020 以后		10.59			14.30	0
FCEV	2010		20.80			25.30	0
	2020 以后		14.93			18.16	0

① JEC（2013）。

② 在 NEFZ 的基础上：ICE－G/D 和 HEV +24%；BEV +35%；FCEV +22%。具体可参见第 4.3.3 节。PHEV 和 REEV X_{CD}/X_{CS} +35%，v^{Strom} +24% V^{K}；UF R_{CD}(20km) = 0.38，　UF R_{CD}(80km) = 0.84，具体参见第 4.3.2 节。

计算的时间段设为 2010 年和 2020 年以后，在此期间假定燃料前端链效率保持不变，只有车辆能耗发生改变【注433】。采用 2.2 节中介绍的改善措施，ICE－G 与 ICE－D 之间的效率差别能够进一步缩小。至 2020 年，所有驱动技术汽车的效率假定都提高了约 30%，其中 HEV 在 ICE－G 基础上提升 34%【注434】，REEV 提升 22%，BEV 提升 26%，FCEV 提升 27%。

4.4.1　WtW 分析（实际能耗）

WtW 能耗

通过以下公式，可以计算出图 40 和图 41 中的 WtW 能耗值：

$$EV_{A,WtW} = EV_{K,WtT} + v^{K}_{A,TtW} \tag{4-16}$$

$$EV_{K,WtT} = (EA_K - 1)\, v^{K}_{A,TtW}$$

式中，A 是驱动方式（ICE－G/D，HEV，PHEV，REEV，BEV，FCEV）；K 是燃料类型（汽油，柴油，乙醇，菜籽油甲酯，BTL，电，氢气）；$EV_{A,WtW}$是驱动类型 A 的 WtW 能耗（MJ/100km）；$EV_{K,WtT}$是生产燃料类型 K 的 WtT 能耗（MJ/100km）；$v^{K}_{A,TtW}$是采用燃料 K、驱动类型 A 的 TtW 能耗（MJ/100km）；EA_K是生产燃料 K 的能耗（MJ/MJ）。

图 40 显示，在 WtW 分析中即使以目前的化石燃料发电或制氢【注435】且采用表 36 中实际能耗较大的车型数据【注436】，BEV 和 FCEV 也是所有驱动形式中能效最高的。通过使用可再生能源电力，BEV 和 REEV（假定增加纯电驱动比例和 UF = 0.84）的效率还有继续提升的空间。相比 ICE－G，BEV 和 REEV 现在和将来能够节约 60% ~75% 的初级能源。

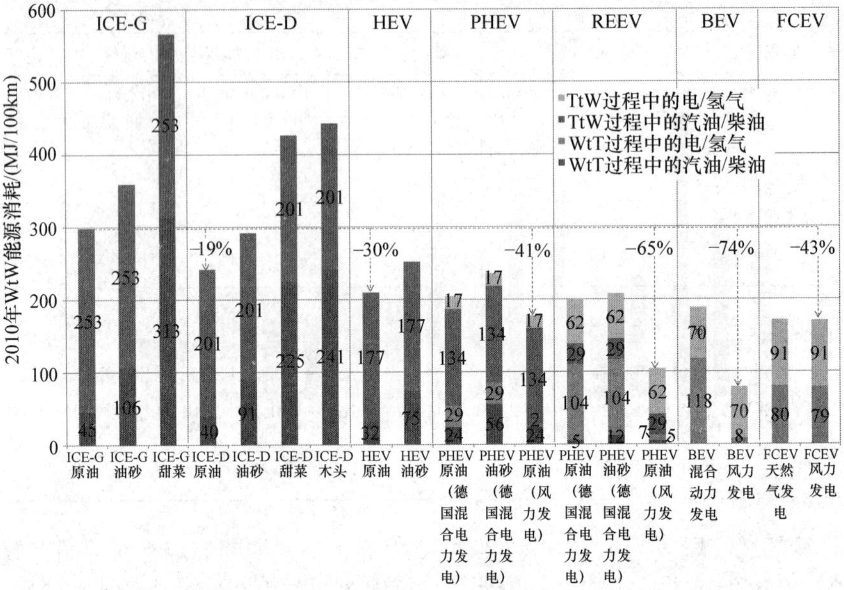

图 40　2010 年 WtW 能耗

令人惊讶的是，从 WtW 分析的能耗角度看，与依赖化石燃料的 PHEV 相比，汽油发动机 HEV 的效率并不低。如果使用可再生电力作为驱动，PHEV 的效率可能会有所提高。

采用油砂获取的汽油和柴油作为燃料，ICE－G/D 和 HEV 的 WtW 能源效率都降低了约 20%。相比之下，因有一定比例的纯电驱动，PHEV 和 REEV 所受影响不明显。

生物燃料生产需要消耗大量的能量，这一点也会对 WtW 能耗值产生不利影响。因为传统内燃机效率本来就较低，所以一般需要更多的燃料。这也就导致生物燃料驱动的 ICE－G/D 相比 BEV 和 FCEV 其 WtW 效率劣势更加明显。在本书涉及的研究中，甘蔗作为原料的乙醇生产效率最低[注437]。

通过对比 2010 年和 2020 年以后（图 41）的研究结果，可以发现所有驱动形式汽车的 WtW 能源消耗都有明显的下降。原因正如前文所提到的，假定所有驱动技术的能源效率都提高了约 30%。

WtW CO_2 排放量

根据下面的公式可以计算出图 42 和 43 展示的 WtW CO_2 排放量：

$$E_{A,WtW}^{CO_2} = (E_{K,WtT}^{CO_2} \times v_{A,TtW}^{K}) + E_{A,TtW}^{CO_2} \tag{4-17}$$

式中，A 是驱动方式（ICE－G/D，HEV，PHEV，REEV，BEV，FCEV）；K 是燃料类型（汽油，柴油，乙醇，菜籽油甲酯，BTL，电力，氢气）；$E_{A,Wtw}^{CO_2}$

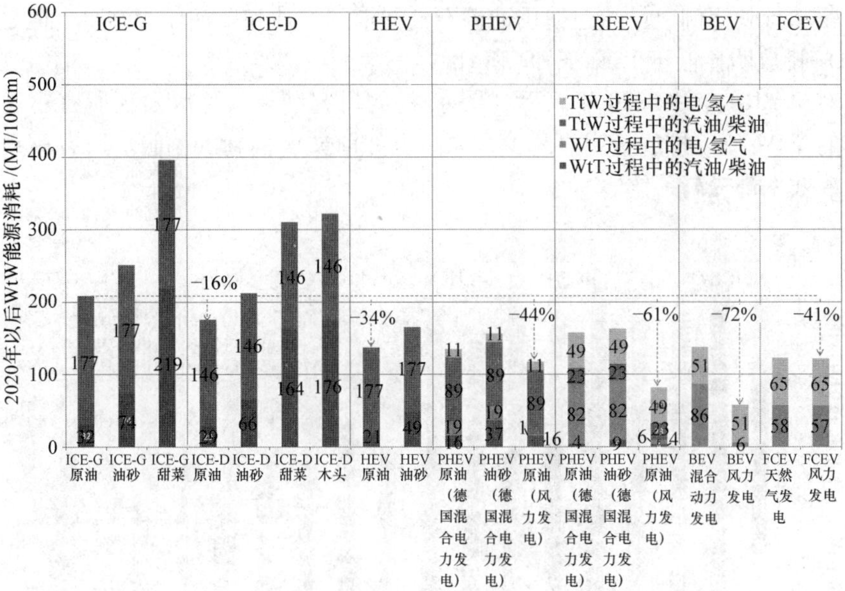

图 41　2020 年以后 WTW 能源消耗

是驱动类型 A 的 WtW CO_2 排放量（gCO_2/km）；$E_{K,WtT}^{CO_2}$是生产燃料类型 K 的 WtT CO_2 排放量（gCO_2/MJ）；$v_{A,TtW}^{K}$是采用燃料 K、驱动类型 A 的 TtW 能量消耗（MJ/km）；$E_{A,TtW}^{CO_2}$是采用燃料 K、驱动类型 A 的 TtW CO_2 排放量（gCO_2/km）。

下面对图 42 和图 43 的结果进行详细的解释说明。

即使主要以化石燃料发电或制氢[注438]，BEV 和 FCEV 的 WtW CO_2 排放量也只是 ICE－G 的一半。如果使用可再生电力的话，BEV 和 FCEV 则几乎不会产生 WtW CO_2 排放，且 FCEV 的 WtT 排放仅产生于氢气运输和加氢的压缩过程[注439]。

出于前文对 PHEV 的 UF 因素的考虑，如果纯电驱动续驶里程 $R_{CD}=20km$，那么电驱动行驶里程只能占到总路径的 38%。因此，这类汽车的 CO_2 排放也相应较高，同时由于车重增加，其排放水平和 HEV 差不多。REEV 的电驱动行驶比例很高，若使用可再生电力，其 CO_2 排放量可以控制在很低的水平。

生物燃料（乙醇，生物柴油，BTL）的 WtT CO_2 排放值都为负值，主要是因为植物在生长过程中可以吸收 CO_2，所以在计算时扣除了这一部分的 CO_2 排放。但是，在 TtW CO_2 排放计算时未进行扣除，因此图中的结果并不符合实际的排放情况。如果全局考虑了扣除生物燃料生长过程的 CO_2 吸收值，生物燃料驱动的 ICE－G/D 的 WtW CO_2 排放量与 BEV、REEV 和 FCEV 的相差不大。

相比原油制取的汽油和柴油，使用油砂石油提取的汽油和柴油作为燃料的 ICE－G/D 和 HEV 其 WtW CO_2 排放量要高出 20%。PHEV 和 REEV 由于其一定的电驱动行驶比例，虽然也使用油砂石油提取的汽油和柴油作为燃料，但是相应的 CO_2 排放明显低于 ICE－G/D 和 HEV。

对比 2010 年和 2020 年以后（图 43）的研究结果，可以发现所有驱动形式汽车的 WtW CO_2 排放量明显减少，原因也如前文所提到的，假定所有驱动技术的能源效率都提高了约 30%。

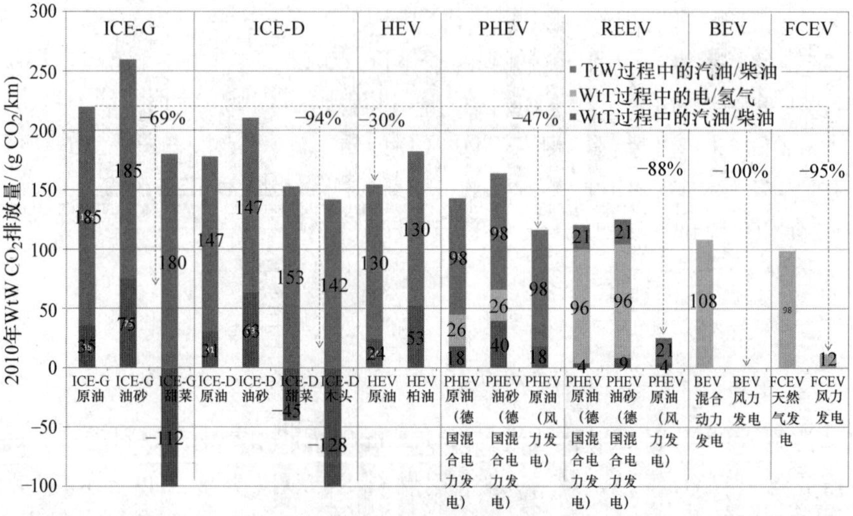

图 42　2010 年 WtW CO_2 排放量

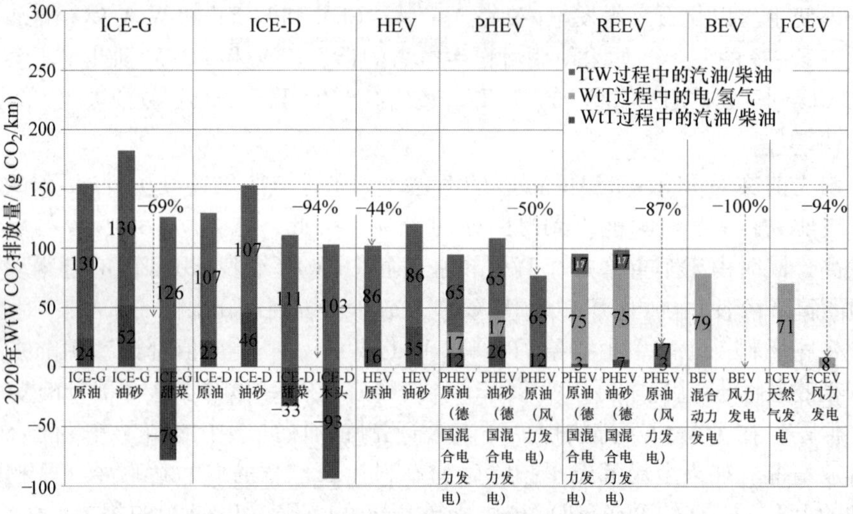

图 43　2020 年以后 WtW CO_2 排放量

4.4.2　考虑轿车生产 CO_2 排放的 WtW 分析（实际能耗）

基于2010年 UMBReLA－汽车的生产过程所致的 CO_2 排放量数据，经折算可得到2010年 EUCAR－V4 汽车相应的 CO_2 排放量【注440】。如图44所示，ICE－G/D ＝5.9t CO_2/辆，HEV＝6.1t CO_2/辆，PHEV＝7.4t CO_2/辆，REEV＝9.8t CO_2/辆，BEV＝9.8t CO_2/辆，FCEV＝8.9t CO_2/辆。如果将碳排量分摊到150000km的行驶里程上，那么可以得到图44中展示的单位为 g CO_2/km 的碳排量。图中的数据没有包括回收过程的碳排量（0.5t CO_2/辆）。

电池容量为36kW·h的BEV在生产过程中的碳排量为13.5t CO_2/辆。换算成150000km的行驶里程，相当于90g CO_2/km，是一个可以被接受的排放量。一辆电池容量为85kW·h的汽车（比如特斯拉 Model S），其生产汽车造成的碳排量为24t CO_2/辆或者说160g CO_2/km。

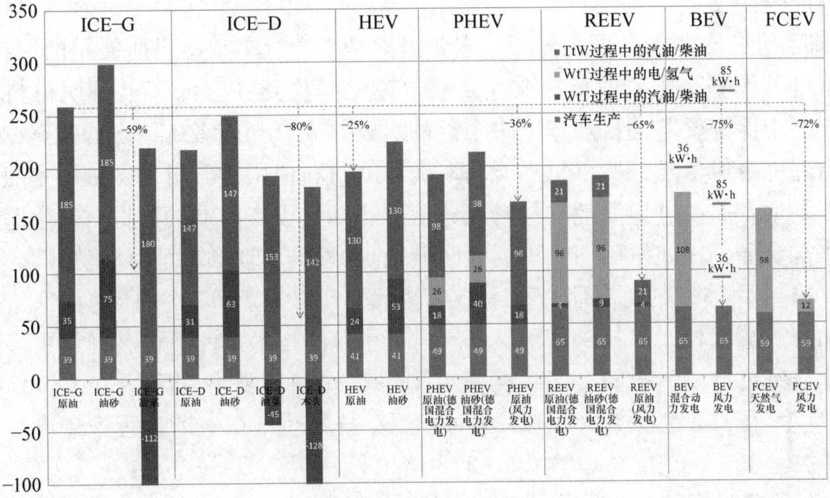

图44　2010年 WtW CO_2 排放量和生产轿车产生的 CO_2 排放量

与传统汽车（ICE－G/D）相比，可替代驱动技术汽车（REEV，BEV，FCEV）的 CO_2 排放不发生在使用阶段，而是在汽车和燃料生产阶段。对于传统汽车，汽车生产过程和燃料生产过程造成的 CO_2 排放量差不多，使用负 CO_2 排放量的生物燃料则非常有益。不过，这里暂时没有考虑使用竞争力、生物多样性和水土污染等因素。总的来说，BEV和FCEV即使主要依靠化石燃料作为驱动，但由于使用过程中几乎不造成 CO_2 排放，所以还是能够平衡生产过程中的 CO_2 排放。未来，可替代驱动技术将会致力于减少汽车生产过程中的 CO_2 排放，从而保证相比传统驱动技术具备可持续排放优势。

4.5 研究问题的总结和讨论

下面总结本章的研究结果，针对章首提出的研究问题一一给出相应的讨论。

1. 哪些方法和数据能够用于可替代驱动技术的生态平衡分析？目前已取得哪些结果？

■ 可替代驱动技术在生产、运行和回收过程中造成的环境影响可以划分为全球性、区域性和局部三类。目前讨论的重点主要是 CO_2 排放和能源使用效率，以及它们对环境造成的全球性影响。此外，因交通和种植能源植物造成的光化学烟雾、水土污染、噪声以及废气污染、自然资源的枯竭也都是目前面临的重要环境问题，这些问题已经开始对人类的生活和健康产生负面影响，并且破坏生物的多样性。上述问题在那些原材料开采过度、交通排放相关法律法规不完善的国家尤其严重。

■ 进行车辆生态平衡分析，主要因素是生产汽车和燃料所使用的原材料量。对于可替代驱动技术轿车，现有文献中还无法找到齐全的车上所用材料成分信息。出于保密要求，目前车上每个部件组成并未公开或者从给出的数据中无法反推出部件组成信息，所以也不能获取确切的材料使用量。更加困难的是获取汽车各部件生产前端过程消耗的材料成分信息。部件生产前端的数据对于生态平衡分析非常重要，比如使用回收铂就能明显减少 FCEV 造成的负面环境影响。

■ 本书涉及的所有研究显示，可替代驱动技术汽车在生产过程中造成的能源和资源消耗相比 ICE－G/D 要多，同时在目前技术条件下也会释放更多的温室气体和有害物质。比如生产一辆紧凑型轿车（如奔驰 B 级和大众 Golf）会产生 6t CO_2。由于电池和燃料电池，可替代驱动技术轿车在生产过程中造成的温室气体排放是 ICE－G/D 轿车的 1.5～1.8 倍。

2. 如何在生态平衡分析中综合考虑车用燃料在生产和使用过程中的能源消耗和温室气体排放？

■ 虽然上面展示的事例不够多，但是总的来说，目前讨论中最关注的还是能源效率和温室气体排放，这是用于分析可替代驱动技术汽车及其燃料的环境影响的两个基本参数。对此，WtW 分析法被公认是最有效的能耗和碳排量计算方法。

■ WtW 分析结果表明，即使使用化石能源作为燃料，BEV 和 FCEV 的 WtW CO_2 排放量也只是 ICE－G 的一半。比较 HEV 和 PHEV 的 WtW 能源效率与 CO_2 排放量，会发现两者之间的差别并不明显。这主要是因为 PHEV 纯电驱动行驶的比例还很小（按 MiD 2008 给出的数据仅 20km）。REEV 纯电驱动行驶的比例高达 80km，如果假定使用的是可再生电力，那么 REEV 几乎不会造成 CO_2 排放。

相比从原油或油砂中提炼汽油或柴油，生物质提取的燃料具有更高的能量密度和更低的 CO_2 排放。但是这里暂时没有考虑生物多样性、使用竞争力以及对水土造成的污染。

■ 即使主要依靠化石燃料获得能源，BEV 和 FCEV 的总排放量也比 ICE－G 低。如果 BEV 和 FCEV 使用可再生电力或氢气，那么相比汽油驱动的 ICE－G 可以少排放 2/3 的 CO_2。对比还发现，因为 BEV 和 FCEV 的续驶里程数很短，所以能发挥的优势很有限。如果要增加其续驶里程数，那么就要加大电池，这样会导致排放更多的 CO_2。比如，一辆电池容量为 85kW · h（如特斯拉 S）、电力来源于德国 2010 Mix 电网的 BEV，其 WtW CO_2 排放水平与 ICE－G 相当。

3. 电驱动能耗的影响因素有哪些？

■ BEV 和 REEV 需从动力电池能量中取用一部分用于轿车内室空调，这是这两种汽车的主要能耗之一。正如汽车能源需求计算结果所展示的，在城市工况下驱动车辆行驶所需的动能远不足以额外提供汽车加热所需的能量。在这方面，燃料电池汽车凭借燃料电池电化学反应产生的热能（也可用于车内空调）更具优势。

■ 对汽车参数和驱动参数（传动系统效率、汽车质量、空气阻力、迎风横截面积、滚动阻力等）的敏感性分析表明，减少车重和提高传动系统效率是降低 NEFZ 测试循环工况能耗的两个最关键因素。此外，在大功率充电模式和低温条件下充电效率对汽车能耗也具有很大影响，充电效率可在 60%～90% 之间变化。有必要对此开展更进一步的研究，比如 AC（交流电）和 DC（直流电）充电模式下充电效率的差别【注441】。

4. 其他研究需求

■ WtW 分析结果在方法论上的不足在于，不能或只能片面地给出能耗和温室气体排放对环境影响的空间信息。比如，空间上的最大排放值（例如大城市的高峰期）就无法通过分析得到【注442】。此外，还不能完全给出汽车生产给周围环境造成的影响（如 SO_2、NO_X、粉尘、光化学烟雾和富营养化等）。另外，使用可再生能源（如太阳能、水力、风能和生物质等）也不是完全不会对环境造成影响，它们也会影响生物多样性以及土地面积的利用。因此，未来的研究应该包括这些因素，研究的目的是实现一种可再生资源的循环经济。

■ 正确评估 PHEV 和 REEV 的环境影响（能耗和温室气体排放），需要对汽车实际行驶里程中电驱动和内燃机驱动的行驶比例进行划分，这一点对汽车的实际能耗和温室气体排放至关重要。对此，可以进行一些大规模的研究，选择不同的用户群体，对这些车辆的真实行驶情况进行调查。这些真实行驶情况可以校正根据 UN/ECE－R101 和 MiD 2008 所获取数据的偏差。这种研究的目的是获取 PHEV 和 REEV 轿车实际行驶里程中电驱动和内燃机驱动的行驶比例。美国和加拿大的一个网站 Voltstats. net 能够提供这方面详细和公开的信息，其数据主要来自 2015 年对 2000 辆雪佛兰 Volt 轿车进行的测距调查。该网站从通用的 OnStar 数据库中获取了 Volt 注册用户的行车能耗以及电驱动和内燃机驱动行驶里程[注443]。其中，雪佛兰 Volt（R_{CD-US} = 61km）的 UF 值为 0.75，明显高于 SAE - J2841 法分析得到的 0.6[注444]。由于用户群体的不同，网站上显示的电驱动行驶比例在 60% ~95% 之间[注445]。

■ 正如之前所说，可替代驱动技术汽车（REEV、BEV 和 FCEV）的 CO_2 排放主要产生于汽车和燃料生产过程，而非使用过程。其中，所用电池的大小对 CO_2 排放量影响很大。如果可替代驱动技术汽车的行驶里程数接近内燃机汽车，比如特斯拉 S（电池电量 85kW · h，续驶里程数 500km），那么其原有的环境影响优势很快会变成劣势，同时还得考虑到，BEV 的行驶里程数由于某些实际的使用限制可能会比 ICE - G/D 少些。类似的案例还有宝马 i3 的碳纤维底盘。因此，未来需要在生产、使用和回收成本以及由此产生的环境影响之间寻找一种妥协方案。

4.6 注释

注 323：也被称为生命周期评估或 LCA
注 324：参见 Frischknecht（2009），页 5 及下页
注 325：ISO（2013）
注 326：Finkbeiner（2012）
注 327：DIN - EN - ISO（2006），页 12 及以后各页
注 328：参见 Peters，Doll 等人（2012），页 130
注 329：参见 Nagel，Friedrich 等人（2013），页 3
注 330：参见 Helms，Lambrecht 等人（2013），页 11
注 331：UBA（2000）
注 332：Hampel（2012），页 14
注 333：UBA（1999）
注 334：参见第 4.1.3 节中生态平衡分析的相关数据
注 335：参见 Stubinitzky（2009），页 10
注 336：参见 Hermann（2010b），页 156
注 337：参见 DLR 和 Wuppertal 研究所（2015），页 275
注 338：参见 Wietschel 和 Bünger（2010），页 17
注 339：Igelspacher（2006）
注 340：燃烧天然气放出 1kW · h 能量会产生 200g 的 CO_2

注 341：Mauch，Corradini 等人（2010）。芬兰的方法未被展示

注 342：参见 Mauch，Corradini 等人（2010），页 9

注 343：参见 Mauch，Corradini 等人（2010），页 9

注 344：Mauch，Corradini 等人（2010），页 9 ~ 14

注 345：参见图 28（未考虑基础设施）

注 346：参见 Helms，Lambrecht 等人（2013），页 19 和表 32

注 347：可参见第 2. 3. 1 节

注 348：参见 Renault（2011），页 102

注 349：参见 Berkel（2013），页 11

注 350：参见 NEEDS（2008），页 47

注 351：Angerer，Erdmann 等人（2009），页 170

注 352：参见 DLR 和 Wuppertal 研究所（2015）

注 353：Renault（2011）

注 354：Kreyenberg，Lischke 等人（2015），页 26

注 355：参见表 32

注 356：戴姆勒（2014）

注 357：参见戴姆勒（2012），页 28

注 358：参见戴姆勒（2012），页 28

注 359：参见 Peters，Doll 等人（2012），页 139

注 360：参见 UBA（2011），页 8

注 361：参见 Braess 和 Seiffert（2011），页 245 及以后各页

注 362：指汽油或柴油车，参见 Peters，Doll 等人（2012），页 138

注 363：参见 Helms，Jöhrens 等人（2011a），页 27

注 364：参见 Dudenhöffer（2013），页 40

注 365：参见 Helms，Jöhrens 等人（2011a），页 27

注 366：参见 Peters，Doll 等人（2012），页 138 以及参见 Helms，Lambrecht 等人（2013），页 20

注 367：参见 Helms，Jöhrens 等人（2011a），页 29

注 368：参见戴姆勒（2012），页 28

注 369：参见 DLR 和 Wuppertal 研究所（2015），页 291

注 370：参见图 30（右）

注 371：参见 DLR 和 Wuppertal 研究所（2015），页 297，以及 Buchert，Jenseit 等人（2011），页 3 及下页

注 372：JRC 为欧洲联合研究中心，EUCAR 为欧洲汽车研发委员会，CONCAWE 为欧洲石油化工协会

注 373：JRC（2014b）

注 374：BP（2008），页 9 及以后各页

注 375：根据能源法第 70 条第 98 款（燃料质量准则），在生命周期中，从油砂中提炼汽油和柴油的燃烧过程造成的碳排量分别为 107g $CO_{2ä}$q. /MJ_{Benzin} 和 108.5g $CO_{2ä}$q. /MJ_{Diesel}；从油页岩中提炼时，分别为 131.3g $CO_{2ä}$q. /MJ_{Benzin} 和 133.7g $CO_{2ä}$q. /MJ_{Diesel}。从传统原油中提炼时，分别为 93.2g $CO_{2ä}$q. /MJ_{Benzin} 和 95g $CO_{2ä}$q. /MJ_{Diesel}；参见 Kreyenberg，Lischke 等人（2015），第 25 页

注 376：参见 Zahoransky（2007），页 23 及以后各页

注 377：JRC（2014a）

注 378：参见 UBA（2013），页 13

注 379：参见德文杂志 Die Welt（2014）

注 380：压裂法是产生、延伸以及稳定岩石中裂缝的一种方法。通过压裂法可以更轻松地开采原材料矿层（如石油或天然气）

注 381：参见 UBA（2014）

注 382：参见 Aicher，Blum 等人（2004），页 60

注 383：参见 Eichlseder 和 Klell（2008），页 53 及下页

注 384：本段落主要基于 Kreyenberg，Lischke 等人的出版物（2015）

注 385：德国总面积约为 35 700 万 hm^2，其中，16 700 万 hm^2 在 2013 年时为农业用地

注 386：参见第 2.1.2 节中的能源供应

注 387：参见 Bruchhof（2012），页 24 及以后各页

注 388：参见第 2.1.3 节

注 389：参见 Bruchhof（2012），页 27 及以后各页

注 390：参见 Bruchhof（2012），页 33 及以后各页

注 391：参见 Kreyenberg，Lischke 等人（2015），页 51 和表 33

注 392：参见 Kreyenberg，Lischke 等人（2015），页 77

注 393：Genose 和 Wietschel（2011）

注 394：参见 Kreyenberg，Wind 等人（2015），页 18

注 395：JRC（2014b）

注 396：用于后文的公式和计算，参见 Braess 和 Seiffert（2011），页 34 及以后页

注 397：忽略了转弯行驶中的额外阻力

注 398：参见 Haken（2008）

注 399：带有自动变速器的宝马 745i 在 NEFZ 中的能耗情况，即 30% 用于电动机械，25% 用于废气排放，45% 用于壁面温度。参见 Haupt（2013），页 9

注400：参见 Suck 和 Spengler（2014），页13

注401：参见 Suck 和 Spengler（2014），页13

注402：参见 Böcker（2011），页57

注403：参见 Liebl，Lederer 等人（2014），页255

注404：MTZ（2013）

注405：欧洲、中国、俄罗斯、印度使用 NEFZ；美国使用 FTP 城市测试、高速公路测试、US－06 测试、SC－03 测试；日本使用 JC－08 循环测试。参见 MTZ（2013），页692。其他的测试循环参见 TRL（2009）“A reference book of driving cycles”

注406：参见 Liebl，Lederer 等人（2014），页279 及以后各页

注407：参见 Liebl，Lederer 等人（2014），页188 及以后各页

注408：参见 Braess 和 Seiffert（2011），页56

注409：参见 AMS（2014），页100 和 Autobild（2014）。其他的原因如低温下电池充电效率的改变、冷轮胎行驶阻力特性较差。

注410：2010 年的数据代表的是现在的技术水平。2020 以后的数据代表的是 EUCAR－V4 车辆在技术上的上限。这个技术水平什么时候以什么代价得以实现，取决于技术的发展速度。可参照第2.3 节

注411：也被称为车辆效率。相比传动系统的效率，车辆效率需要包括其他辅助设备

注412：AMS（2014），页100

注413：参见第2.3.3 节

注414：PHEV 纯电驱动续驶里程数为 20km，REEV 为 80km

注415：UN/ECE（2012）附录8，页54 及以后各页

注416：UN/ECE（2012）附录8，页57 及以后各页

注417：表35 展示的 CD 和 CS 模式下的车辆消耗是根据加权消耗计算的，因为在 JEC（2013）中只公布了加权消耗的数据

注418：其他：公共交通占9%，步行占24%，自行车占10%，同乘车占15%。参见 infas 和 DLR（2008），页23 及以后各页

注419：参见 Hurtig（2013），页31

注420：Redelbach，Özdemir 等人（2014），页164

注421：参见 Hurtig（2013），页32 及下页

注422：参见第2.2.2 节中 MiD 2008 的年行驶里程。SAE－J2841 曲线基于2001 年 NHTS（美国国家公路交通安全管理局）的调查数据

注423：Davis（2014）

注424：参见表36

注 425：Redelbach，Özdemir 等人（2014）

注 426：参见 Liebl，Lederer 等人（2014），页 293

注 427：CADC 为普通 ARTEMIS 驾驶循环

注 428：Mock，German 等人（2013），页 12

注 429：TÜV - Süd（2010）

注 430：AMS（2014），页 100

注 431：NEFZ 中的数值为 0.97kg H_2/100km；斯图加特 - 里斯本的数值为 1.18kg H_2/100km；参见 AMS（2011）

注 432：JEC（2014b）

注 433：过程参照 JEC - WtW 研究，它没有假设燃料生产前端的变化。不过，本文使用的燃料生产过程不需要假设变化，因为除了德国混合电力，能源生产不存在大的不确定性。

注 434：JEC（2013）和图 10

注 435：电力来自 2010 德国混合供电，氢气来自天然气重整

注 436：相比 NEFZ

注 437：可参见第 4.4.2 节

注 438：电力来自 2010 德国混合供电，氢气来自天然气重整

注 439：利用欧洲混合供电的电力进行氢气压缩。

注 440：HE 和 HP 电池：210kg CO_2/(kW · h)；BZ：26.5kg CO_2/(kW · h)。剩下的部分参见图 31

注 441：充电基础设施因电流转换和待机产生的能耗，参见 Prior，Landau 等人（2013）

注 442：参见 Ritthoff 和 Schallaböck（2012），页 4

注 443：OnStar（2015）

注 444：参见图 39

注 445：VoltStats（2015）

第 5 章　可替代驱动技术的客户偏好分析

研究问题：

1. 哪些是购买汽车的评判标准？不同的汽车特性具有怎样的使用价值（客户偏好值）？

2. 如何测定可替代驱动技术汽车的客户偏好值？采用问卷调查有哪些不确定因素？

3. 哪一种驱动类型在满足何种条件下能够实现最大使用价值（客户偏好值）？

5.1　客户偏好测定的理论基础

本节讨论可替代驱动技术汽车的客户偏好测定方法和可用数据，为后续内容中涉及的取用选择做出客观分析。

5.1.1　新车购买的评判标准

客户进行购买决策前都有一套需求，这些需求需要通过产品购买得以实现。因此，客户一般会寻找能够满足自身主要需求的产品。客户在购买汽车时主要考量可直观的产品特征（比如汽车价格、汽车外观和燃料消耗）和不可直观的产品特征（比如耐用性和可靠性），并将这些产品特征纳入一套自己的目标和价值体系中进行考量，得出的结果就是顾客价值，也可称为客户偏好[注446]。

德国汽车信托股份有限公司（DAT）对客户新车购买行为进行了统计，调查了不同客户在购车过程中所看重的购买标准[注447]。同时，DAT 还进行了长达 4 个月的客户评分调查，让客户在购买后对不同的购买标准进行 1（很重要）到 4（不重要）范围内的评分[注448]（图 45，右）。图 45 中展示了 2004 年和 2014 年的调查结果。可以发现，每项标准的重要性在最近几年内基本保持稳定。

图 45 显示，汽车的可靠性、价格、外观和能耗被客户视为最重要的购车标准。声誉在 2014 年被列为“不太重要（评分 2.3）”。不过，对于一流汽车制造

商（比如奔驰）的购买用户来说，声誉依旧高于平均水平（评分 1.7）。从所有车型的评分中还可以观察到，随着排气量增加，身份象征和外观对客户也越来越重要[注450]。

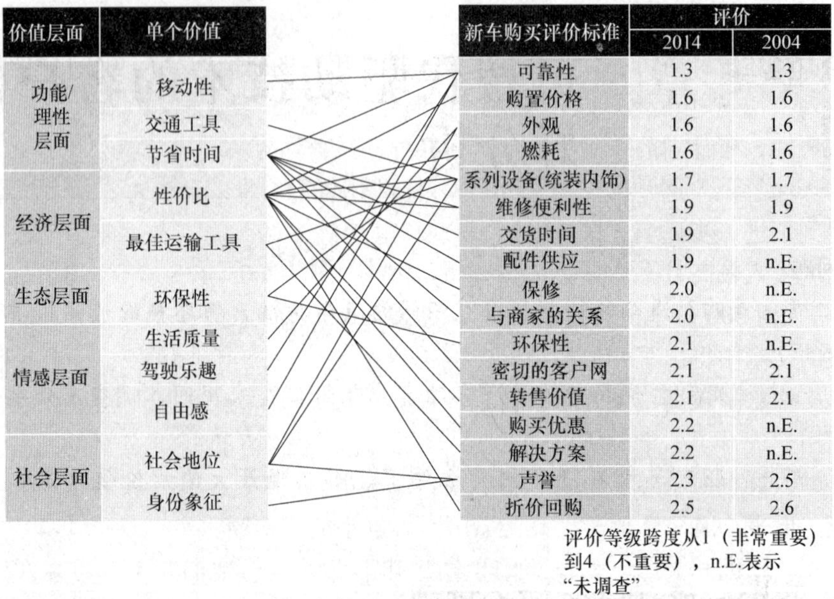

图 45　汽车客户价值和新车购买标准之间的关系[注449]

此外，图中用连线展示了客户的目标和价值体系与新车购买标准之间的关系。从中可以看出，大部分的购车标准属于经济和功能层面上的客户价值。其中，性价比和节省时间对于新车购买用户来说特别重要。对 DAT 调查的新车购买者而言，与可替代驱动技术汽车相关的环保性、驾驶乐趣和身份象征不是非常重要。此外，DAT 调查中也没有充分考虑影响可替代驱动技术汽车销售的局限性，如 1）续驶里程短；2）购置价格高；3）充电站和加氢站等配套基础设施不完备；4）可选车型少。不过，根据目前远低于政策期望的可替代驱动技术汽车销售额可以推测，客户对这些局限性应该有所了解，并在做购车决定时考虑了这些局限性。因此，本章对这些局限性进行了尽可能客观的分析。

5.1.2　学术界有关可替代驱动技术的客户偏好分析

汽车销售额和早期购买者

近年来，电动汽车在全球范围内的销售量明显上涨。2009 年，全球电动汽车的销售量为 4.5 万辆，2013 年就已经上涨到 21 万辆[注451]。其中，最大的销售市场是美国（10 万辆），其次是欧盟国家（5.5 万辆），然后为日本（3 万辆）和中国（2 万辆）。尽管上述国家和地区对电动汽车采取了扶持或补贴措施，销量不断上涨，但还远没达到国家政策和汽车制造商的期望值[注452]。

Schüle 认为这是由于客户对可替代驱动技术的接受度还很低，过去对可替代驱动技术汽车的销售预测都没有对“客户接受度”给予充分重视[注453]。Plötz 等人发表的文章“Who will buy electric vehicles? Identfying early adopters in Germany”全面综述了针对可替代驱动技术汽车早期用户的研究[注454]。通过分析这些研究发现，德国电动汽车的早期用户主要为中小城市（5000～100000 人）居住的全职男性，年计划的行驶里程数高。此外，该群体对科技比较感兴趣，也具有较高的环保意识。这些结论在 Jarass 等人对德国 3111 位电动汽车车主的问卷调查中得到了进一步证实。Jarass 等人发现，电动汽车私人购买者主要是受教育程度较高、收入较高且平均年龄为 51 岁的男性[注455]。2005 年，瑞士的 de Haan 和 Peters 等人对 300 位丰田普锐斯 II 车主的购买动机进行了问卷调查，并在同年公开发表的文章中得出了相似的结论：买主普遍是男性，年龄 54 岁，受教育程度和收入平均水平较高，爱好新科技，环保意识高[注456]。美国加利福尼亚大学在对早期用户进行了大量的研究后发现，购买者主要是具有独立式公寓的、家境状况良好的人群（独立式公寓可以给电动汽车充电）。其中，BEV 和 PHEV 购买者的家里一般平均有 2.7 辆车，高于美国平均水平的 2.1 辆[注457]。

可见，欧洲和美国电动汽车的早期用户非常相似。他们几乎都不住在大城市，这主要是因为大城市人均拥车量低、充电基础设施不完善，且车主日常的出行里程较短。至于这些早期用户具体有多少人，以及他们是否能推动电动汽车市场发展，对这一问题的研究目前还处于初期。对此，较早相关的研究认为，商用车具有推动德国电动汽车市场发展的潜力[注458]。与此相反，Propfer 等人认为，德国电动汽车市场的发展只有在特定条件下才能实现。比如，电力和氢气的价格低于不断上涨的 ICE－G/D 传统燃料价格。此外，市场起步需要相关政策和汽车制造商在价格方面的支持，从而保证人们可以购买价格较高的电动汽车。未来汽车市场的发展有赖于销量增加，可替代驱动部件价格下降，反过来大批量生产又促进市场发展[注459]。

影响可替代驱动技术客户偏好的因素

通过大量调查，德国电动汽车示范地区的跟踪研究收集了车主用户体验的第一手资料[注460]。调查发现，所有用户对新车的满意度都非常高，尤其是电动汽车加速时更强的驾驶乐趣以及行驶时悦耳的声音。同时，用户表示，用车后自己的创新意愿和环保意识都有所提高。至于电动汽车的缺点，用户指出了续驶里程数低、购买价格高以及充电时间长这三项。其中，续驶里程数和购买价格是最主要的两个不足点[注461]。

Franke 和 Krems 在其文章“What drives range prefernces in electric vehicle users?”中对续驶里程数这个问题进行了深入研究[注462]。他们将各种交通调查数

据中的日行驶里程数和问卷调查中客户反映的电驱动续驶里程期望值进行了对比，结果表明，客户对续驶里程数的期望值（大于300km）明显超出了他们平均日行驶里程数（远低于100km）。Jarass等人也通过对德国电动汽车私人车主的问卷调查得出了相似的结论，即德国私人车主的平均电驱动行驶里程约为43km/天（其中BEV为46km，PHEV为31km）。商用电动汽车的平均电驱动行驶里程则较高一些（其中BEV为51km，PHEV为47km）【注463】。尽管如此，这些问卷调查对象对电动汽车续驶里程数的期望值都很高（其中对BEV的期望值为100～300km，对PHEV的期望值为50～120km）【注464】。

根据Jarass等人的研究，除了以上提及的在德国电动汽车示范地区调查发现的影响因素外，决定这些车主购买电动汽车的主要因素还包括环境污染小、汽车保养费用低以及每千米能源价格更便宜【注465】。过去对混合动力汽车（HEV）买主动机的一些调查也证明了这一点。然而，De Haan等人在研究不利因素时发现，大部分买主往往只是粗略地或非常短期地考虑可替代驱动技术汽车的使用成本优势。同时他们认为，客户依据上述评判标准做其购车决定时，非理性因素往往占主导作用【注466】。

客户分类/客户圈

现实中某一产品对应的不是一个客户，而是一群或一类客户。除了参考典型的人口特征（如性别、年龄、家庭人数和收入等）外，对客户的消费行为进行分析还需要考虑一些其他因素。在汽车行业，对客户采用SIGMA客户分类或客户圈分类是近年来广为流行的一种方法【注467】。首先，需要根据以下标准从生活方式层面将客户划分为不同群体：1）价值取向；2）日常生活习惯；3）生活环境条件；4）人生观、欲望需求以及美学艺术观【注468】。

可替代驱动技术领域的研究中，除了上述几项对早期车主的问卷调查之外，很少有人采用SIGMA客户圈分类法对电动汽车买主进行分类。Struwe和Schüle为了模拟德国电动汽车市场化过程，曾经在他们的博士论文中采用过客户圈分类和客户聚类的方法【注469】。目前，德国电动汽车用户多为商用客户，且大部分选择购买雷诺Twizy和雷诺Kangoo EV，因此，未来对特殊客户群体的分类研究显得尤为重要【注470】。

5.1.3 客户偏好或满意度的测定方法

2012年，德国50家汽车供应商向客户推出的不同驱动技术汽车车型高达8200种【注471】。面对这么多的驱动技术车型，客户在决策时所能参考的知识通常都非常有限，很难对价格、车型和配置等各种可能性有一个全面的了解。此外，客户在购车时会有一个心理价位。因此，客户只有在所选汽车能够达到某种用户价值时才会决定购买。就本文研究的可替代驱动技术汽车来说，客户一般会选择购买预算内用户价值最大的汽车[注472]。

至于客户对于一项汽车购买是否满意，一般只有在购买之后才能进行评估。客户会比较实际的性能体验和之前的期望值，从而产生满意程度。这种对比对可替代驱动技术汽车非常重要，可以让客户在实际使用中感受可替代驱动技术的局限性（如续驶里程数短、充电或加氢基础设施不完善等）。如果受访者尚无真实使用经验，那么得到的结果是不确定的，因为受访者评估的是他尚未真实体验过的内容。Axhausen 和 Sammer 认为这对受访者提出了过高的要求，因为受访者为了回答问题必须将自己置于一个虚拟或假想的场景或市场中。此外，问卷调查中提供的可替代驱动技术汽车种类和产量往往比实际的要少，这会导致问卷过程中出现不现实的购买决策情况和失真的购买决策行为[注473]。

接下来介绍一些用于产品研发的、成熟的客户偏好测定方法，并为后面的实证调查选定适用的方法。

手段 - 目的法

手段 - 目的法建立在这样一个理论假设之上，即客户购买一项产品是为了实现其某些愿望或达到其某种目的，使用该产品是实现目的的手段。采用手段 - 目的法首先需要确定影响购买的相关产品特征（比如空调或者 ABS），然后调查这些关键的产品特征具有的顾客价值。这有点类似图 45 展示的汽车价值和购买标准的关系，不过手段 - 目的法只关注关键部分和对应价值。最后，需要建立一个手段至目的的导向梯（指标）[注474]，通过它来评估具体的、某项产品能够实现的抽象价值。这样一来，就能够确定不同的汽车特征对客户的重要程度。通常，实施手段 - 目的分析方法需要进行大量结构化的、逐级深入式的访谈[注475]。由于这种方法消耗的人力、物力过大，本文不选择使用。

Kano 模型

Kano 模型定义了产品和服务应该满足的三个层次的需求，即基本需求、功能需求和认同需求。这三种满意度需求对应的就是影响客户满意度的基本因素、功能因素和认同因素。基本因素即标准因素，是客户认为产品或服务必须具有的属性或功能。对一辆轿车而言，基本因素是促成用户购买的主要因素。BEV、PHEV 和 REEV 由于其续驶里程数短、充电时间长等特性可能无法满足一些轿车客户的基本需求。功能因素是指客户满意度的期望型需求，但不是必需的产品属性或服务行为。对一辆轿车而言，功能因素可以是客户对特殊配置如空调或导航等的功能需求。认同因素则是指企业给客户提供的一些全新的产品属性或服务行为，使客户产生认同感。可替代驱动技术汽车的认同因素可以是加速时舒适的驾驶体验。对 Kano 模型而言，时间是一个重要参数，功能因素和认同因素随时间和市场竞争都有可能变成基本因素[注476]。

通过结构化的采访或者书面问卷可以对客户预期进行实证研究，然后将得到的客户预期输入 Kano 模型，从而获取更加全面的客户需求。不过，考虑到投入的人力和物力，Kano 模型所得到的结果对解答章首提出的三个问题的帮助并不大，所以不选择使用这种方法。

联合分析

联合分析是一种基于行为科学的分析方法，目的是通过建模来解释客户购买决策的心理过程【注477】。“联合（Conjoint）”这一概念引自英语“considered jointly（整体考虑）”。联合分析法基于以下三个基本假设：1）一个产品的整体价值由产品各个特征的单独价值组合而成；2）一个产品的整体价值越高，客户偏好值就越大；3）产品某些特征的部分价值可以移植到某一新的、尚不成熟的技术【注478】。

联合分析的目的在于解决以下两个问题：1）一个产品的某项特征能给整体价值添加多少部分价值（比如对一辆汽车而言，不同的续驶里程数 100/200/400km 分别会带来何种不同的部分价值）；2）客户对不同特征的重视程度（比如续驶里程数相比价格的重要性）【注479】。Stadler 认为，联合分析法尤其适用于改善或开发新产品【注480】。实际应用中，研究人员首先给受访者展示不同配置组合的各种产品方案，然后获取受访者对产品的整体评估（即偏好值），由此得到不同产品特征及特征水平的重要程度，最后将整体评估（即偏好值）分解成部分价值（部分偏好值）【注481】。

为了让客户在购车决策过程中能够权衡汽车产品的各个方面（包括局限性），避免产生过高的、最终实现不了的期望值（比如对续驶里程数期望过高等），本书采用联合分析法。

5.2 联合分析

联合分析法最早出现在 1964 年的文献，如今已是用于分析客户偏好和模拟客户购买决策的重要手段之一【注482】。联合分析法的基本原理是，先定义产品的某些特征（如价格、品牌和颜色等），按照特征的不同组合方式模拟出各种不同产品方案，然后让受访者（客户）对各个产品方案进行整体评估。按照传统的联合分析法，某一产品的整体价值（总偏好值）由不同的部分价值（部分偏好值）线性累加而成【注483】，即：

$$U_i = \sum_{k=1}^{K} \sum_{l=1}^{L} \beta_{kl} x_{ikl} \tag{5-1}$$

式中，U_i是产品方案 i 的整体价值（总偏好值）；β_{kl}是产品特征 k 在特征水平为 l 时的部分价值（部分偏好值）；x_{ikl}是产品方案 i 是否具有特征水平 l 的产品特征 k 的赋值（有为1，无为0）。

接下来，基于受访者（客户）对各个产品方案进行的整体评估（总偏好值)，做出对产品不同特征及特征水平对应的部分价值（部分偏好值）的估计。采用联合分析法获取客户偏好主要有以下两种方式：1）直接方式，即让受访者依照个人偏好对不同产品方案进行等级划分，也称为基于偏好的联合分析；2）间接方式，即让受访者在不同产品方案间进行选择，也称为基于选择的联合分析（CBC）[注484]。本书采用 CBC 分析法，因为它对于受访者来说操作更加简单，同时也更接近真实的购买决策情景。

5.2.1　基于选择的联合分析方法

在 CBC 分析中，受访者需要从众多产品方案中选择自己最偏好的一种，当然也可以都不选择[注485]。从根本上讲，CBC 其实是离散选择分析（DCA）。两者虽有细微差别，不过一般选择用 CBC 这一概念[注486]。

通过观察受访者的决策选择过程，可以发现受访者每次都会选择使用价值相对更高的那个产品。然后，根据其购买决策，计算各个产品特征的偏好值函数，从而得到一个总的线性叠加的偏好值函数[注487]。为此，需要先将某一消费者（受访者）j 对一产品方案 i 的偏好值 U_{ij} 拆分为一个可测的（确定的）偏好值 V_{ij} 和一个不可测的（随机的）偏好值 ε_{ij}[注488]：

$$U_{ij} = V_{ij} + \varepsilon_{ij} \tag{5-2}$$

对 CBC 分析法的批判性讨论

CBC 分析只能观察到分析中采用的变量，无法获知那些分析中不涉及的变量的作用[注489]。Sammer 在其博士论文中针对上述问题发表了如下观点，CBC 最大的缺陷在于产品特征的数量和选择，因为真实情况下一个产品远比一个模拟的产品方案要复杂得多。此外，与 CBC 分析不同，在真实情况下产品特征并不是以一种相同的、系统的、可比的方式呈现在客户面前。客户在进行购买决策时甚至可能都没有关注到某些产品特征[注490]。因此，CBC 分析法一般更适合用于简单的产品如日常消费品或服务[注491]。

一辆汽车的产品特征主要包括生产商、大小、车型、形状、颜色、标准配置、价格、转售价值以及相应的购置金融支持政策。涉及可替代驱动技术汽车的产品特征还有续驶里程数、环境影响和可供使用的基础设施。对客户进行划分也非常复杂，因为每个具有驾驶证的德国公民都有可能成为购买客户。可以按如下方式进行客户划分，即私人客户、单位客户、第一辆车购车客户、第二辆车购车客户、居住区、性别、年龄、家庭情况、收入、教育和生活环境。为了获得充分的调查数据，需要对每一类客户群进行足够多的问卷调查。

总而言之，CBC 分析结果与产品特征和客户问卷对象的选择密切相关，其适用性仅限于相应的选择范围。

5.2.2 基于选择的联合分析方法的实施

本书中，实施 CBC 分析法将借助 Backhaus 等人提出的、研究领域较为通用的步骤（具体情况可以参见其书中的理论介绍[注492]）。客户调查是由位于汉诺威市的 imug 市场研究公司进行的。imug 公司在 2010 年也为 BDEW－倡议 ELAN 2020 项目进行过类似的 CBC 分析。

确定产品特征和特征水平

选择产品方案中的产品特征是一个很大的挑战。相应的特征水平应该是在市场范围内可观察的或者实际上可实现的。需要注意的是，所选的特征不能属于排除标准（比如无充电可能性不应作为产品特征）；避免采用明显降低汽车价值的特征水平（比如 20km 的续驶里程数就不适合列为特征水平）。产品特征的数量要保证受访者能够区分出不同产品方案的差别。一般来说，产品特征越多，准确性也就越高，但同时也会导致过多的受访者评估[注493]。

后续内容给出的产品特征及其特征水平基于章节 2.3 介绍的 EUCAR－V4 轿车以及章节 5.1.1 和章节 5.1.2 的背景知识。表 37 展示了本书用于 CBC 分析的产品特征及其特征水平。Struwe 之前也做过一个类似的 CBC 分析，其产品特征的选择方法更加详细和复杂（如文献检索、设立专家讨论小组和重点人群采访等），选择的产品特征也包括了本书 CBC 分析得到的部分结果，如价格、续驶里程数、养车费用、CO_2 排放量和最高时速等。此外，为了将 CBC 分析结果用于模拟可替代驱动技术汽车的市场份额，他还选择了品牌、驱动方式和功率作为产品特征[注494]。所以，表 37 中给出的产品特征是可信的。

表 37 用于联合分析法的产品特征及特征水平

产品特征	单位	特征水平		
购买价格	欧元	20 000 24 000	28 000 32 000	36 000 40 000
续驶里程数	km	100 150	200 250	400 600
充电/加氢时间	min	3 10	30 60	240 480
月使用成本①	欧元	40 70	100 130	160
最高速度	km/h	100 120	140 160	180
CO_2 排放（TtW）	g CO_2/km	0 60	95 130	180
百公里加速度（0～100km/h）	s	5 8	11 14	17 20

① 每月行驶 1000km 所需的燃料成本（汽油、柴油、氢气、电力）。

从理论上讲，根据表 37 中的 7 个产品特征以及其对应的 5～6 个特征水平可以模拟组合出 162000 种不同的产品方案。因此，必须从中选出与研究相关的产品方案，使得可选集的数量不至于过大。

采用 Sawtooth SMRT 软件工具的统计调查【注495】

调查一般可以通过多种媒介进行（如网上调查、书面调查或单独采访）。近年来，Sawtooth SMRT 软件凭借其成本低和调查速度快等优势成为 CBC 分析使用的标准软件工具【注496】，因而也被用于本书的 CBC 分析。

表 37 中给出的产品特征水平首先要输入到 Sawtooth 软件中，然后它会为受访者制定出一个网络调查问卷【注497】。同时还要确定可选集的数量。本书所用的 15 个可选集来源于 imug 公司。图 46 展示了其中一个可选集。

	车1	车2	车3	车4	车5	
购买价格	40 000€	36 000€	32 000€	20 000€	28 000€	以上均不选择
续驶里程数	150km	400km	600km	200km	250km	
充电/加氢时间	10min	4st.	8st.	1st.	3min	
月使用成本/月养车费用	130€	70€	100€	160€	40€	
最高速度	180km/h	100km/h	160km/h	140km/h	120km/h	
CO_2排放	95g/km	0g/km	180g/km	130g/km	60g/km	
百公里加速度 0～100km/h	11s	20s	8s	17s	5s	
选择	○	○	○	○	◉	○

图 46　用于 CBC 分析的可选集示例

当所有受访者完成了 15 个选择集的问卷后（即选择了一辆汽车或者放弃选择），Sawtooth 软件会根据贝叶斯等级评分方法估计每个客户对每项产品特征或特征水平的偏好值。同时，系统会通过大量的迭代步骤计算出所有受访者的购买行为模式，并附上每个客户的个人偏好值【注498】。最后，软件采用 Zero－Centred－Diffs 方法将所有数据信息进行标准化整理。其中，所有的偏好值都需要乘以一个常数，由此确保所有的部分偏好值以同样的权系数转化为一个平均值。不同客户的平均偏好值如图 47 所示。

根据选择问卷调查的结果可以确定每个产品特征的重要性。同时还可以确定每一特征最受欢迎的和最不受欢迎的特征水平之间的差以及所有特征对应的差和，某一特征相应的这个差除以所有特征对应的差和，其值（%）就是该产品特征的相对重要性（图 48）。

受访者的社会人口结构

采访对象必须要在定义的客户群中具有相应的代表性【注499】。因为客户偏好首先是由新车购买者决定的，所以受访者需要能够代表德国的新车购买者。确

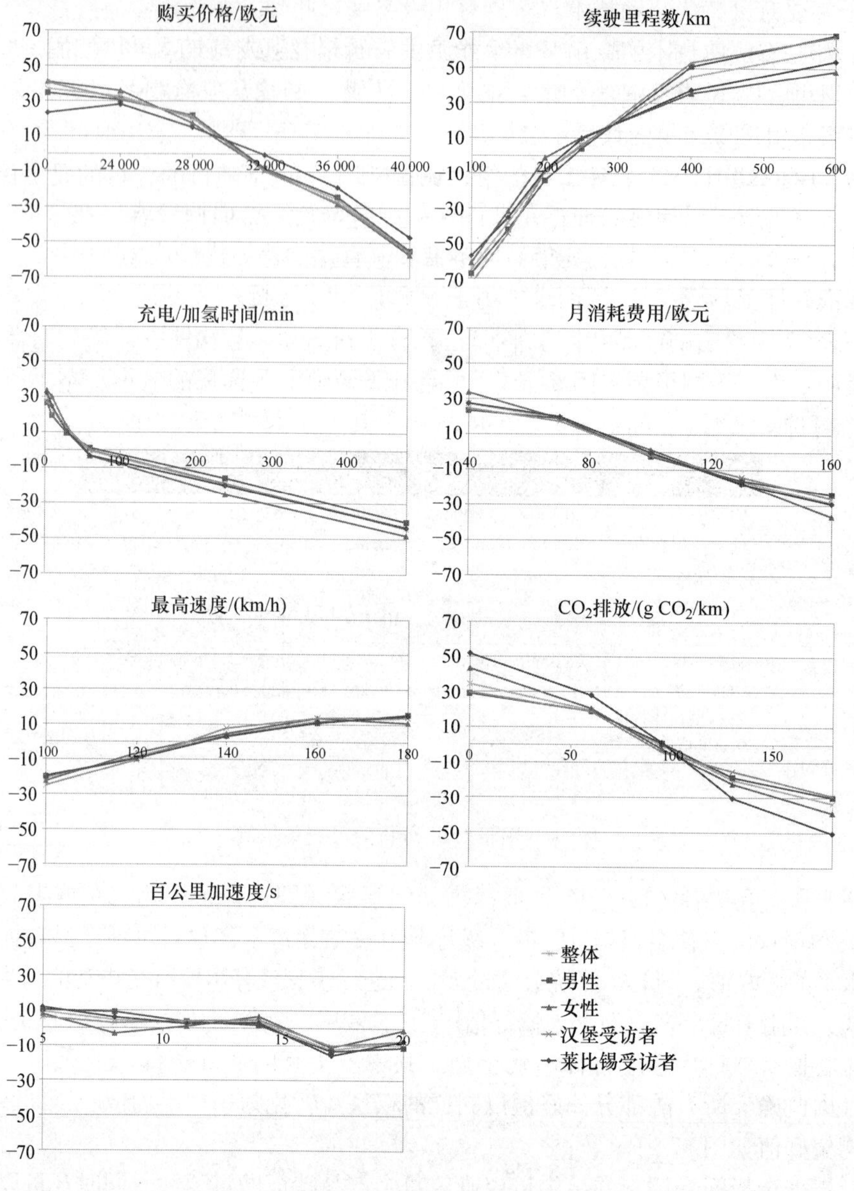

图 47　不同客户群的标准偏好值【注503】

定、划分受访群体并进行相应的调查研究，这是一项很繁琐且成本很高的工作。出于此原因，本书选择从与本文研究相关的私人客户中进行抽样，然后借助 CBC 分析法对这些客户的汽车购买动机进行分析。

抽样人群是计划购买 C/D 类汽车并且具有驾驶证的成人。同时，受访者基本上都要对可替代驱动技术汽车持有积极态度。此外，对受访者需要假设一个前提，即已有成熟技术的、由可再生能源供应的充电站或氢气站可供使用。

本项问卷调查从汉堡、法兰克福和莱比锡三个城市中抽取了 408 名受访者，通过笔记本计算机的面对面采访功能上街随机采访【注500】。采访时间为 2011 年 11 月 9 日至 2011 年 11 月 21 日。选择城市基本上也是随机的，目的是确保受访者人口分散性广。表 38 展示了在采访前记录的受访者的社会结构特征。

表 38　受访者的社会结构特征

受访者	总数		男性		女性	
	数量	比例（%）	数量	比例（%）	数量	比例（%）
总数	408	100	254	62	154	38
年龄						
18 ~ 30 岁	86	21	54	13	32	8
31 ~ 45 岁	114	28	70	17	44	11
46 ~ 65 岁	208	51	130	32	78	19
家庭孩子数量（指 0 ~ 18 岁）						
1 个	56	14	35	9	21	5
2 个或以上	42	10	30	7	12	3
家庭人口数						
1 个成年人	103	25	59	14	44	11
2 个或以上	305	75	195	48	110	27
家庭轿车数						
1 辆	325	80	196	48	129	32
2 辆或以上	83	20	58	14	25	6
车库/车位						
有车库	138	34	93	23	45	11
有车位	104	26	69	12	35	9
家庭净收入						
1500 欧元以下	61	15	31	8	30	7
1500 ~ 2600 欧元	120	29	73	18	47	12
2600 欧元以上	134	33	98	24	36	9
未给予说明	93	23	52	13	41	10
地点						
汉堡	139	34	91	22	48	12
法兰克福	136	33	84	21	52	13
莱比锡	133	33	79	19	54	13

5.2.3　基于选择的联合分析方法的应用结果

下面，将对 Sawtooth 软件的计算结果进行描述。Kreyenberg 等人在汽车杂志 ATZ 上的论文“Bewertung des Kundennutzens von Elektrofahrzeugen”发表了上述

结果[注501]。除了介绍该论文中的相关结果外，这里还分析了四个受访者群（即男性、女性、汉堡、莱比锡）对应的、区别明显的结果。

与客户相关的标准偏好值

Sawtooth SMRT 的计算基于 408 名受访者对 15 个可选集做出的共 6120 项选择决策（表 38）。对于每一个受访者，Sawtooth 软件都计算出了标准化的客户偏好值（所有产品特征水平的部分价值）[注502]。计算结果如图 47 所示。

通过分析客户偏好值曲线，可以判断一个产品特征相对所有客户群体的总偏好值。偏好值单位（NE）跨度越大，该特征水平对客户而言的重要性也越大。这一点尤其体现在续驶里程数上，其偏好值单位跨度达到 126NE，是所有产品特征中客户敏感度最高的。从客户偏好值曲线中可以看到，当续驶里程数超过 200km 时，其偏好值开始变为正数。有趣的是，女性对续驶里程数的偏好值变化只有 109NE，少于男性的 136NE。可见，续驶里程数对于男性而言更加重要。而且，续驶里程数的重要性甚至超过了购买价格（93NE）。不同客户群体对购买价格的重视程度都差不多。不过，当价格超过 30000 欧元时，其偏好值显示为负。充电/加氢时间的偏好值单位跨度为 73NE，是第三重要的产品特征。所有受访者都能接受 30min 的充电时间，一旦超过，充电时间的客户偏好值就会明显降低。其中，充电时间对女性更加重要，偏好值跨度为 82NE，男性为 67NE。对于养车费用，客户非常偏好较低的月消耗费用，月消耗值高于 100 欧元时相应的客户偏好值较低。此外，有趣的是，莱比锡的受访者对 TtW－CO_2 排放值的重视程度（跨度为 102NE）要高于汉堡的受访者（跨度为 59NE）。低于 100g CO_2/km 的排放值其偏好值会更大。在最高时速方面，较高的车速并没有明显提高其客户偏好值。在加速时间方面，男性更加看重加速性能，偏好值跨度为 22NE，女性为 9NE。

总体可以看出，不同受访群体对所有产品特征的偏好值曲线走势基本一致。

与客户相关的产品特征水平的相对重要性

上文已经对特征水平的相对重要性进行了讨论，但是还不够细化。下面将细化客户群体，然后再对相对重要性进行分析。基于细化受访群体的相对重要性对比如图 48 所示。其中，在图 47 中的客户群体上增加了法兰克福和年龄在 31～45、46～65 岁的客户群体，因为这些年龄段的人购买汽车的可能性较大。

本书用于 CBC 分析的产品特征中，续驶里程数被所有客户群体列为最重要的产品特征。紧随其后的是购买价格和充电/加氢时间。这三个特征占了所有特征相对重要性的 50% 以上。月消耗费用和 CO_2 排放加起来一共占 25%。最高时速和百公里加速度排名靠后。男性和女性客户群体的差别主要体现在，男性比女性更加看重续驶里程数、加速性能和最高时速；而女性比男性更看重购买价格、月消耗费用和 CO_2 排放。相比之下，不同年龄层客户群体的差别并不大，31～

45 岁的客户比 46 ~ 65 岁的客户要稍微更看重续驶里程数，对购买价格的重视度低一些。

从城市层面来看，莱比锡的受访者对汽车续驶里程数的要求最低（20%）。但是，他们对 CO_2 排放的重视度达到 19%，高于法兰克福的 13%；同样明显的差别还有购买价格，对莱比锡受访者而言，购买价格的相对重要性为 16%，低于法兰克福受访者的 20%。产生这种区别的详细原因尚不清楚，但是针对这个话题下文还将展开相应的分析。

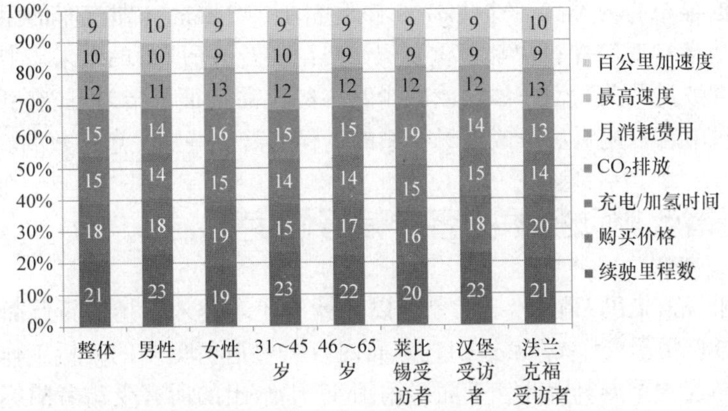

图 48　汽车产品特征的相对重要性[注504]

对 CBC 分析结果的批判性讨论

本书介绍的 CBC 分析结果具有很大的不确定性，下面对此展开相应的讨论。

1）实际情况下，客户可以获得的汽车产品选择比本书 CBC 分析中所提供的汽车产品方案要多得多（图 46）。本书所模拟的汽车产品较少，并且也不确定这其中是否有完全符合受访者理想汽车的产品方案。受访者需要在 15 个相似的可选集中分别做出选择，这就导致受访者会出现疲惫感或选择快速作答。不过，这也侧面反映出客户在进行决策时其注意力是比较集中在少数几个产品特征上的[注505]。此外，不同客户群体的决策行为的相似结果是否符合实际情况，或者说这些结果是否和问卷调查题目的顺序、数量以及客户对少数特征的关注度有关，对此尚不能给出确切的解答。

2）所有问卷调查都是在 2011 年 11 月的工作日进行的，因而反映的都是当时状态下的受访者们的心理过程。受访者是在步行街上随机挑选的，因此，出现在步行街的客户群体的社会人口结构也和工作日的时间有关。尽管章节 5.1.1 中展示的 2004—2014 年新车购买客户对各购买标准的重视程度基本没有变化，但是通过 CBC 分析结果可以看出还是存在很多不确定性。此外，问卷调查中并没有询问受访者的家庭住址，因而无法进行城镇大小层面的客户偏好分析。

3）出于条件限制，本节介绍的 CBC 分析没有对其中的一个购买影响因素即还未建立或完善的“基础设施”进行评估。不过，通过分析“续驶里程数”和“充电/加氢时间”的部分偏好值也许可以推测出“基础设施”的部分偏好值。

综上，实施的 CBC 分析能够多大程度地模拟出真实的客户购买决策，还有待商榷。Murtaugh 和 Goldwin 认为，客户在购车之前依次先考虑拟购汽车的大小、使用目的和购买价格，然后才去了解具体某一款汽车【注506】。对此，Schühle 在其博士论文中证实了以上结论，他在论文中考虑了汽车的生产商、驱动方式和功率。根据客户群的不同，这些本文未研究的影响因素（即汽车的生产商、驱动方式和功率）对潜在客户都很重要【注507】。CBC 分析所得的结果还取决于所选产品特征的数量及关联性，添加或减少其中的产品特征，结果可能会明显不同。因此，在模拟客户购买决策或市场份额的过程中需要特别注意这一点。

5.3 可替代驱动技术的客户偏好确定

一般来说，借助 CBC 分析结果可以计算出还未进入市场的新产品的市场份额或市场推广情况【注508】。不过，这方面内容需要进行更多的分析工作，而且也不是本书涉及的重点。因此，下面采用图 47 中给出的所有受访者的标准偏好值来确定本书第 2 章和第 3 章中定义的汽车的偏好值（图 49）。对于超出调查范围的产品特征及特征水平，因为没有对应的偏好值，所以统一取用调查范围的边界值。比如 2015 年 REEV 和 FCEV 的购买价格分别达到了 43426 欧元和 55777 欧元，都超出了调查范围的最高值 40000 欧元，所以都取用 40000 欧元对应的标准部分偏好值（-56%）。再如 ICE-G 的最高车速为 190km/h，也超出了调查范围的最高值 180km/h。此外，图 49 的结果还基于如下一个假设，即 2011 年的调查结果（标准部分偏好值和客户偏好值）没有发生改变。因此，相应的数据可以沿用至 2015 年和 2025 年。

图 49 显示，2015 年 ICE-G 和 ICE-D 的使用价值（客户偏好值）最高；相比之下，由于价格高、续驶里程数短和充电时间长，PHEV、REEV 和 BEV 这三类汽车的使用价值明显较低。这个结果也刚好符合章节 2.2.1 所描述的德国新车登记量中 ICE-D 比例较高的情况。2015 年 FCEV 在排除价格因素的前提下其客户偏好值还是非常高的。不过，如果把基础设施因素考虑进去，其使用价值在实际情况下要低些。

图 49 中 PHEV、REEV 和 BEV 的客户偏好值较低，符合目前市场上这些汽车的销售量低的情况。FCEV 目前的市场数量还很少，无法对其市场化成功程度进行评估。但是，根据图 49 展示的结果可以看出，如果不考虑基础设施问题和客户对该项新技术的保留态度，FCEV 还是具有非常高的汽车使用价值。

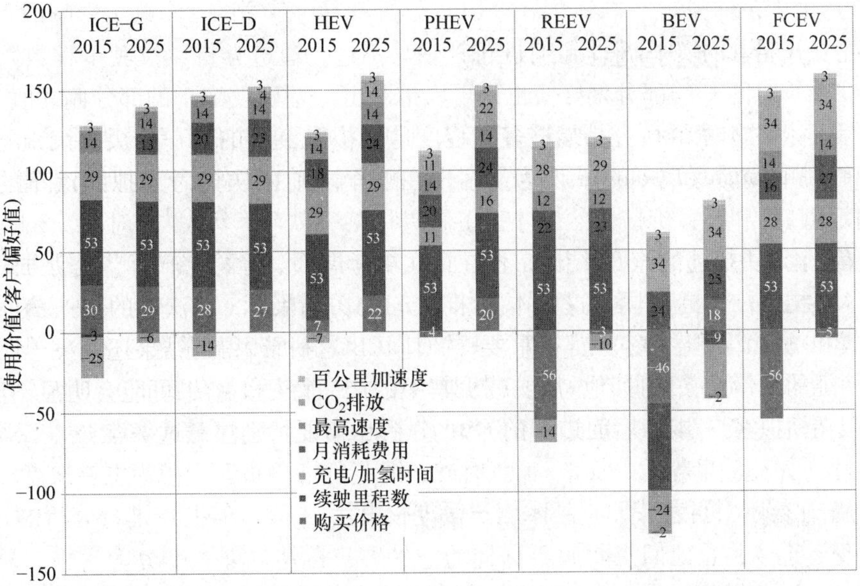

图49 累计的客户偏好值【注510】

CBC客户偏好值计算结果显示，对受访客户而言BEV、PHEV和REEV这三类轿车2015年还不具备市场竞争力。为了提高其市场竞争力和促进其推广应用，可以考虑下述两种方法。

1）针对性地选择其客户群。有些客户群对车辆的要求和私人客户群差别很大，对BEV、PHEV和REEV这三类车的偏好值也会更大。比如单位用车客户群就属于这样的客户群，其日行驶路程不超过纯电驱动续驶里程数，同时工作场所配有充电设施。虽然对这类潜在客户群进行分析不属于本文的研究对象，但是，未来相关的研究应该考虑这类客户群【注509】。

2）通过改善续驶里程数短和充电时间长等局限性提高私人客户的偏好值。如推行购置优惠政策，采用大电流交流充电或优化直流充电模式等提升充电速度。在下一章建模过程中将会对这些方法进行详细分析，评估PHEV、REEV和BEV如何才能达到较高的客户偏好值【注511】。

至2025年，由于价格降低、效率提高和续驶里程数增加，本书涉及的所有驱动技术汽车的使用价值（客户偏好值）都会上升。如果2025年图24中的新能源汽车的销售量达到千万辆以上，HEV、PHEV、ICE-G和FCEV的客户偏好值将是其中最高的。HEV的客户偏好值之所以高，主要是因为其续驶里程数高(500km)、购买价格相对较低（27250欧元）和CO_2排放量较低（70g CO_2/km)。客户对FCEV的偏好程度至2025年甚至会成为继HEV之后的第二名，与ICE-D并列。

5.4 研究问题的总结和讨论

下面将对本章的研究结果进行总结，同时对章首提出的问题分别给予解答。

1. 哪些是购买汽车的评判标准？不同的汽车特性具有怎样的使用价值（客户偏好值）？

■ 本章所描述的汽车不同价值层面（功能层面、经济层面、生态层面、感情及社会层面）与新车购买者评估标准之间的关系展示了客户购买决策的复杂性。客户非常看重“性价比”和“节约时间”。这一结果虽在意料之中，但也说明了可替代驱动汽车的其他特性（驾驶感受、环保性和身份象征）对客户来说目前不是很重要。本章后面进行的 CBC 分析也印证了，可替代驱动技术汽车的局限性（如续驶里程数、充电/加氢时间和购买价格）被客户视为主要缺点。

■ 在德国对可替代驱动技术汽车早期使用者（私人车主）进行分析的过程中发现，迄今为止他们主要属于这样的一种客户群体，即大部分为男性、55 岁左右、全职、居住于中小城市、年行驶里程高于 10000km、受教育程度和收入高于平均水平。有趣的是，这一结果也符合瑞士和美国早期使用者的情况。

2. 如何测定可替代驱动技术汽车的客户偏好值？采用问卷调查有哪些不确定因素？

■ 本书涉及的 CBC 分析其优点在于，让客户在没有最符合预设标准的情况下有意识地进行选择，其中不符合的原因要么是价格太贵，要么是某项特征水平没达到客户期望值（比如续驶里程数）。在 CBC 分析中，通过收集受访者们的整体评估可以获取汽车不同产品特征和特征水平的相对重要性。从研究结果中可以总结出可替代驱动技术汽车客户对不同产品特征水平的最低要求，如购买价格低于 30000 欧元、续驶里程数大于 200km、充电/加氢时间小于 1h、月消费小于 100 欧元、CO_2 排放小于 100g CO_2/km、最高车速大于 130km/h 和 0 ~ 100km 加速时间小于 15s 等。以上要求中如果有一个无法被满足，那么就需要通过一个附加使用价值来平衡（比如免费停车）。

■ CBC 分析的一个很大的不确定性在于，受访者需要对一些没有真实体验过的产品进行评估。这对受访者来说要求很高，因为他们必须进行假设和猜想。此外，调查提供的产品选择远没有实际中的多，这可能会导致错误的决策情景和决策行为[注512]。

3. 哪一种驱动类型在满足何种条件下能够实现最大使用价值（客户偏好值）？

■ 本文的所有研究都是基于对德国不同地区、不同年龄的 408 名私人客户的采访。不同客户对汽车各产品特性的要求基本类似。结果表明，BEV、PHEV

和 REEV 至 2015 年还不具备较高的市场竞争力，这主要是因为其购买价格高、续驶里程数短和充电时间长。

■ 从受访者的客户偏好值来看，HEV 是当前和未来最具潜力的汽车。至 2025 年 HEV 将凭借其较高的续驶里程数（500km）、相对较低的售价（27250 欧元）以及较低的碳排量（70g CO_2/km），使其客户偏好值一直持续走高。FCEV 一开始就有很高的客户偏好值，但因为高价格和尚未完备的加氢站，实际的客户偏好值可能会低一些。

4. 其他的研究需求

■ 续驶里程数或基础设施建设必须达到何种标准才能使汽车具备让客户决定购买的使用价值，针对这一问题的研究目前还处于初期。当然，也可以通过添加一些附加使用价值来提高汽车的整体使用价值。Chlond 等人针对德国车主的驾驶行为研究表明，一年中一辆汽车日行驶路程超过 100km 的行驶天数平均只有 13.3 天[注513]。

■ 未来的研究应该拓宽受访客户群的范围（比如单位用车客户群或第二辆车购买客户群），从而更加全面地了解可替代驱动技术汽车客户的偏好与需求。在 Schühle 的研究中受访客户对纯电驱动续驶里程数的最低要求为 350km，而本文研究中最低要求仅为 200km[注514]。因此，也应该借助合适的指标对这些有区别的研究结果的有效性进行判断。

■ 对尚未实施的政策或举措进行研究，考察它们的客户价值。这些政策或举措包括建设覆盖全面的充电基础设施和德国政府颁布的电交通法规如专门的停车位、停车费优惠或停车免费、可以使用一些特殊车道（公交车道）或者允许行驶在一些禁止穿越的公路[注515]。

5.5　注释

注 446：参见 Hahn（1997），页 8 及以后各页

注 447：DAT（德国汽车信托股份公司）2015 年报告共采访了 2600 名旧车和新车私人购买者

注 448：DAT（2005），页 18 和 DAT（2015），页 35

注 449：价值层面由作者根据手段 - 目的法（参阅 5.1.3 节）所确定，参照 Wachter（2006）中页 134。新车评估标准来自 DAT（2005），页 18 以及 DAT（2015），页 35

注 450：参见 DAT（2015），页 34 及下页

注 451：Mock 和 Yang（2014），页 1

注 452：参见 DLR 和 Wuppertal 研究所（2015），页 384

注 453：参见 Schühle（2014），页 3 及下页

注 454：Plötz，Schneider 等人（2014），其中也对美国的研究进行了分析

注 455：Jarass，Frenzel 等人（2014）和 Frenzel，Jarass 等人（2015）

注 456：de Haan 和 Peters（2005），页 18 及下页

注 457：参见 Turrentine 和 Garas（2014），页 67

注 458：参见 Gnann，Plötz 等人（2014）和 Hacker，Waldenfels 等人（2015）

注 459：参见 Propfe，Kreyenberg 等人（2013）

注 460：参加者人数：T0 = 835 人，T1 = 781 人，T2 = 690 人。其中，50% 为私人轿车，BEV 居多，PHEV 和 REEV 偏少

注 461：BMVBS（2011），页 16、页 28 及以后各页

注 462：Franke 和 Krems（2013）

注 463：参见 Jarass 和 Frenzel 等人（2014），页 71

注 464：参见 Trommer（2014），页 16

注 465：参见 Jarass，Frenzel 等人（2014），页 71（图 1）

注 466：参见 de Haan，Müller 等人（2007），页 13 及下页

注 467：参见 Struwe（2010），页 150 及以后各页

注 468：参见 Arnold（2005）和 Ohle（2005）

注 469：Struwe 和 Schühle（2014）

注 470：参见德国联邦议院（2014），页 13 及下页

注 471：ADAC（2012）

注 472：参见 Kotler 和 BIiemel（2001），页 57

注 473：参见 Axhausen 和 Sammer（2001），页 5

注 474：比如空调→更高的舒适度→更小的压力→获得效率→成功

注 475：参见 Schäppi，Andreasen 等人（2005），页 162 及以后各页

注 476：参见 Schäppi，Andreasen 等人（2005），页 366 及以后各页

注 477：参见 Hahn（1997），页 34 及下页

注 478：参见 Kotler 和 BIiemel（2001），页 535

注 479：参见 Backhaus，Erichson 等人（2011a），页 318

注 480：参见 Stadler（1993），页 32

注 481：参见 Backhaus，Erichson 等人（2011a），页 318

注 482：参见 Hahn（1997），页 43

注 483：参见 Böhler 和 Scigliano（2009），页 101 及下页

注 484：参见 Backhaus，Erichson 等人（2011a），页 318

注 485：参见 Backhaus，Erichson 等人（2011a），页 13

注486：参见 Balderjahn，Hedergott 等人（2009），页 129

注487：参见 Balderjahn，Hedergott 等人（2009），页 130

注488：参见 Schühle（2014），页 27

注489：参见 Günthel，Sturm 等人（2009），页 4

注490：参见 Sammer（2007），页 90

注491：参见 Albers，Becker 等人（2007）；Hampl 和 Loock（2012）

注492：参见 Backhaus，Erichson 等人（2011a），页 318 及以后各页

注493：参见 Fabian（2005），页 137 及以后各页

注494：参见 Struwe（2010），页 140

注495：Sawtooth 软件对用户来说使用方便，因而是 CBC 分析最常使用的软件

注496：参见 Schühle（2014），页 23 及下页

注497：详细介绍参见 Sawtooth（2012）

注498：详细介绍参见 Schühle（2014），页 27 及下页和 Sawtooth（2009）

注499：参见 Prein，Kluge 等人（1994），页 5

注500：调查由 imug 公司的工作人员进行

注501：Kreyenberg，Wind 等人（2013）

注502：关于计算的详细说明，参见 Sawtooth（2009）

注503：详细的数值见附录（表 53）。重标法：Zero - Centered - Diffs

注504：imug（2011）

注505：参见 Teichert（2001），页 241 及以后各页

注506：参见 Schühle（2014），页 33 及下页

注507：参见 Schühle（2014），页 198。相对重要性 - 客户集群 3（目的型客户）：生产商的相对重要性为 27%，效率为 19%，驱动方式为 13%

注508：参见 Rudolph（2015），Struwe（2010）和 Schühle（2014）

注509：首次结果参见 Gnann，Plötz 等人（2014）和 Hacker，Waldenfels 等人（2015）

注510：作者根据表 46 ~ 表 52、图 47 进行计算。中间值按线性插值计算

注511：其中对以下重要因素进行了评估：购买优惠（购置补贴）、石油税调整、快速充电

注512：参见 Axhausen 和 Sammer（2001），页 5

注513：参见 Chlond，Weiss 等人（2014）

注514：参见 Schühle（2014），页 188 及下页

注515：德国联邦议院（2014），第 3 条（给予特权）

第6章 建模和模型输出结果评估

研究问题：

1. 如何建立一种模型，用于研究前文描述的影响可替代驱动技术汽车的技术性、经济性和社会性参数之间的相互作用？

2. 车辆参数（如电池的能量密度和成本或碳纤维底盘）的改变会对该模型的输出结果产生怎样的影响？

3. 外部环境参数（如燃料价格、购置优惠政策或快速充电基础设施）的改变会对该模型的输出结果产生怎样的影响？

6.1 建模

本章介绍的模型具有以下两个功能：1）可以帮助生产商在研发之前模拟可替代驱动技术汽车的最优配置；2）通过改变车辆参数和外部环境参数（因素）可以研究可替代驱动技术汽车的市场化问题。

前面的章节详细描述和分析了评估可替代驱动技术汽车的四方面指标，即TCO、WtW - 能源效率、WtW - CO_2 排放和客户偏好（或客户价值），并对这些评估指标的适用性进行了讨论。以上述四个指标作为输出结果的模型称之为TECK模型，其具体的输入和输出参数详见附录（表54）。TECK模型可以将不同的输入参数（影响因素）相互联系起来，并考虑它们之间的相互作用。由于一定的相互依赖性，一些输入参数会对该模型的输出结果产生不同影响。比如，汽车能耗会影响TCO、CO_2 排放、能源效率，同时间接影响客户偏好值。与产量相关的汽车标价反过来又会影响客户偏好值[注516]。

一般情况下，可以将这四个评估参数合并为一个或两个参数。比如，将客户偏好值/TCO作为一个评估参数（单位：NE/欧元）。这样处理的前提条件是，两者之间的关联程度必须尽可能大，同时假定客户一般都会选择价格低、且客户价值高的汽车。也可以将 WtW - CO_2 排放量/TCO 作为一个评估参数（单位：g CO_2/欧元）。对环保意识强的客户来说，这个评估参数的值越小越好。然而，因为TECK模型不是单为某一特定问题（如客户购买决策）而设计的，所以本章不采用评估参数合并的处理方式。

6.1.1 模型的技术实现

TECK模型有两种实现方式。第一种方式是采用英巴卡迪诺（Embarcadero）公司的带有图表用户界面（GUI）的C++程序。两名学生在其导师的指导下采用该程序实现了TECK模型。C++编程语言的好处在于，作为开放性的标准语言，它可以多样化地被使用，其实现的TECK模型可以植入如MS-Visual-Studio的集成开发环境。关于该程序技术上的详细说明请参见F. Israel的论文[注517]。C++程序可以在不同计算机中对同一个数据库进行运算，该数据库可借助SQL数据库进行管理并不断更新。这种方式实现的TECK模型主要用于汽车前研发期。

第二种实现方式是作者采用MS-Excel工具实现的，它同样也作为C++编程的模板。相比之下，这种类型的模型更为灵活，与Embarcadero软件源代码模型不同，当提出的问题发生变化时，不需要调整其所有的计算或评估步骤。以上两种方式实现的TECK模型都采用表54描述的输入和输出结构。

流程图

下面将把表54（附录）中的公式和计算图表放入TECK模型中。为了方便后面的分析，所有参数被分为车辆参数（图50，左）和外部参数（图50，右）。中间部分为模型的四个输出结果。左侧虚线框示意性地描述了如何通过模型根据车辆技术参数计算出与价格相关的参数，由此“构建”一辆汽车并放入汽车数据库。右侧虚线框则为后续过程（如TCO计算）。本书作者设计了整个模型的结构和所有计算步骤，此外，也进行了模型计算所需的数据库和模型各模块的数据输入工作。

该模型的输入数据来源于以下四个数据库/模块。

汽车数据库模块：在此模块中，拟研究对象汽车由车辆参数和价格参数等表征。通过此数据库可以“构建”一辆汽车。首先，通过技术参数（驱动方式、效率、车重和能耗等）定义一辆汽车，然后根据欧洲联合研究结果和双因子经验曲线中部件成本信息确定汽车的价格。除了本书涉及的EUCAR-V4汽车外，此数据库也会引入市面上一些最新的真实汽车数据。

TCO模块：基于汽车数据库模块中的技术描述和汽车BLP价格，此模块通过前面章节介绍的公式对所有重要的费用（如资本费用、价值损失、税收、保险和维修保养费）进行计算。此外，在此模块中利息、车辆的总行驶里程数和持有期可以作为变量进行设置。

燃料数据库模块：此模块引入了JEC研究[注518]中WtT部分涉及的所有燃料的数据，其中包括这些燃料生产中发生的能耗和排放数据（表33）。此外，此模块还给出了未来燃料价格预测信息。

客户偏好值模块：此模块在上述数据库/模块的数据基础上计算汽车的客户偏好值（或使用价值）。第5章中介绍的408名受访者的标准客户偏好值将作为计算的主要依据。

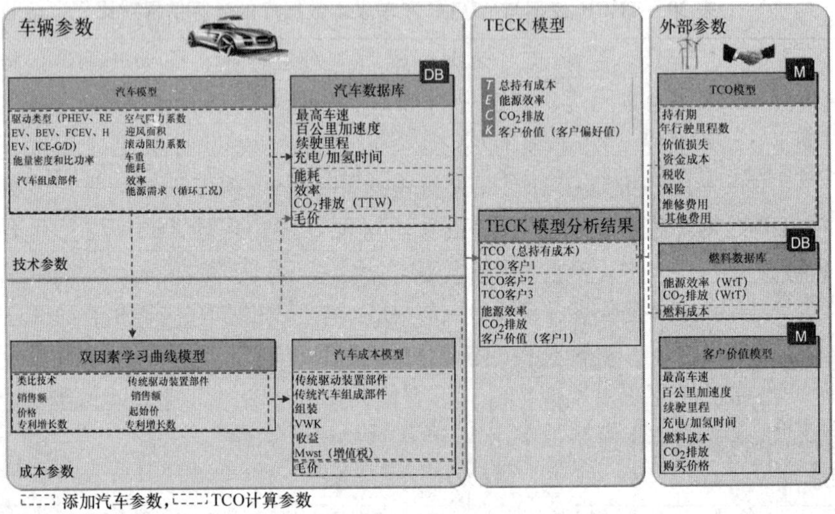

图50　TECK 模型简化流程图

模型评估

为了获取模型的适用范围，通常会对模型的输出结果进行评估，进而对模型涉及的内容进行调整和优化。TECK 模型与其他类似数据库的计算结果进行比较与分析，就是对模型的一种评估途径。

表39展示了2015年TECK模型的TCO计算结果与ADAC汽车成本数据库的对比情况。可以看出，对于大众e-Golf而言，ADAC数据库中的汽车TCO值要比TECK模型的计算结果高1000欧元/年或者高出13%，这主要是由于ADAC数据库中的汽车价值损失较高。此外，结果有差别的原因还在于保险费和税费的假设不同。ADAC数据库和TECK模型取用的燃料成本相差不大。对于大众Golf 1.6 TDI而言，ADAC数据库取用的汽车价值损失也要高于TECK模型。

由于目前还没有大众e-Golf和大众Golf 1.6 TDI详细的价值损失统计数据，TECK的所有计算都采用丰田普锐斯轿车的低价值损失值，所以计算结果会存在一定的不确定性。对汽车续驶里程数和持有期的敏感度分析证实了上面的计算结果。

最理想的模拟汽车燃料消耗（能耗）方式是，每改变一次传动系统的功率参数（如能量或功率密度），计算一次燃料消耗值，遍历所有可能的功率参数。为了简化起见，这里的计算采用汽车效率为定值，电池能量密度发生变化的方案，这样可以通过最小化NEFZ循环工况下的能量需求（E_{min}）计算出汽车燃料消耗。表 39 展示了在 TECK 模型中，如何根据车辆参数（m，C_W，A，f_R）计算两辆大众 Golf 的最小能量需求 E_{min}。大众公司没有提供大众 e－Golf 汽车效率的相关数据。不过，本文采用的汽车效率值（91%）远高于 EUCAR－V4－BEV。只有在使用轻型轮胎和充电损耗低的慢充电情况下才能达到 91% 的汽车效率。

表 39　TECK 模型与 ADAC 汽车成本数据库的计算结果对比

参数	单位	大众 e－Golf（85kW）		大众 Golf 1.6 TDI（81kW）	
		ADAC①	TECK②	ADAC①	TECK②
持有期	年	4		4	
年行驶里程数	km/年	15 000		15 000	
标价	欧元	34 900		24 650	
价值损失	欧元/年	5 712	4 711	4 584	3 328
资本成本	欧元/年		192		135
燃料成本	欧元/年	744	696	972	852
机动车税	欧元/年	56	0	166	166
保险费用	欧元/年	1 131	350	853	350
保养和维修费用	欧元/年	504	900	564	1 050
其他费用	欧元/年		200		200
TCO	欧元/年	8 147	7 048	7 139	6 081
空车净重③	kg	1 585		1 313	
空气阻力系数③	–	0.27		0.27	
迎风面积③	m^2	2.19		2.19	
滚动阻力系数③	kg	0.007		0.01	
NEFZ 能耗③	kW·h，L/100km	12.7		3.9	
NEFZ 能量需求④	kW·h/100km	—	11.53	—	11.24
NEFZ 效率④	%	—	91	—	29

① ADAC 汽车成本计算：电费＝0.26 欧元/(kW·h)，柴油＝1.20 欧元/L，保险 R4，100%，500 欧元 SB. 机油补充以及洗车和保养费用属于燃料成本。ADAC（2015g）和 ADAC（2015i）。

② TECK 模型计算结果。其中，假设：保险包括 150 欧元/年的赔偿保险和 200 欧元/年的全保险。保养和维修费用以及其他费用参见第 3.1.2 节中固定成本。

③ AMS（2015）。

④ 作者通过 TECK 模型进行的计算。

采用 JEC－WtW 研究【注519】相似的方法，TECK 模型对 WtW 能耗和 WtW－CO_2 排放进行了计算，其结果验证了 JEC－WtW 研究所公布的数据。

6.1.2　TECK 模型的分类、模型性能指标和拓展应用可能性

TECK 模型是一种基于置信度高的假设为基础的、分析不同方案的模型。TECK 模型将当前及未来数据的组合和相应的可能变化作为其输入信息，从而得出模型的预测结果【注520】。TECK 模型主要面向汽车制造商。通过使用该模型，汽车制造商可以在汽车研发前对不同的汽车驱动技术进行模拟，评测它们的客户

影响和环境影响。因为目前缺乏有关可替代驱动技术的市场反馈经验信息，所以该模型的应用可以避免一些错误的产品决策和市场推广决策。下文介绍的 TECK 模型拓展应用虽然尚未得以实现，但是展现了一些未来值得深入研究的内容。

模型性能指标

本书将模型性能指标分为两类，即产生 TECK 模型输入参数的那些子模型/模块（如双因素经验曲线模型、汽车能耗模型和 CBC 分析模型）的性能指标和 TECK 模型评估参数（TCO、能量效率、CO_2 排放和客户偏好）或输出结果的性能指标。

对于 TECK 输入参数，一般会在计算后进行一系列的统计检测，从而验证 TECK 模型的有效性。采用拟合度（R^2）和 F 测试可以对双因素经验曲线的模型性能指标进行检测【注521】。类似的检测通常也适用于第 5 章中的 CBC 分析结果。文献中推荐了一种可用于上述场合的似然 - 比例 - 检测（Likelihood - Ratio - Test）方法【注522】，本章不涉及此方面的内容。此外，本章也没有涉及针对车重改变后汽车能耗计算结果的评估指标，未来有必要对此展开进一步的研究工作。

未来可以从以下两个方面改善 TECK 模型的性能指标：1）在现有的模型结构中添加更多数据，如单位用车客户群的偏好函数或 WtT 燃料生产过程的各种成本；2）通过更接近实际的计算提高模型的准确性，比如借助双因素经验曲线对可替代驱动技术的部件进行成本估计或采用某一仿真软件计算汽车能耗。表 39 中基于不同假设得到的价值损失的差别也侧面反映了提高模型性能指标的必要性。作为 TCO 最重要的影响因素，价值损失对可替代驱动技术的经济性具有很大影响。对此，在 3.4 节的总结与讨论中给出如下建议，采用一个按不同情况区别计算的公式来计算汽车的剩余价值。

优化方法

可替代驱动技术的优化设计可视为是一种“多目标优化问题”。优化的目的在于，在多个相互之间此消彼长的产品特征水平中找到一个最优的解决方案。在航天领域，已经按照成本、续航里程数、重量和油耗以及投资回报率（ROI）等指标开展了飞机的最优设计【注523】。

接下来的分析基于本书介绍的数据库，并按照日行驶里程、快速充电设施的可用性和价格、电池价格、电池重量和汽车能耗等指标对汽车的电池大小进行优化。在此过程中，应该将客户偏好和 TCO 的权重设置得尽可能高些【注524】。

6.2 模型应用

模型应用的重点在于改变 HE 电池的能量密度和成本。此外，还需要在前几章给出的外部因素（如燃料价格、购置优惠补贴和快充电设施成本等）基本假设值上针对这些值的改变进行相应的计算。模型计算设定的时间为2015—2020年，因为在这段时间内市场会快速发展，从而为本书涉及的研究工作提供支持。下面的内容将基于相关文献和自身的假设，讨论哪些参数需要改变以及改变多少。

6.2.1 基本参数

表40展示了受到HE电池技术发展影响的车辆基本参数。例如，电池储存能量会影响电池成本，进而影响汽车的BLP；电池能量密度会影响整车重量，进而影响能耗。此外，表40还列出了TCO计算中会考虑的一些外部参数。这里没有展示燃料费用（可参见表44）。与JRC/EUCAR/CONCAWE研究中的假设不同，燃料生产过程中的WtT能耗和CO_2排放在计算过程中保持不变。另外，计算中取用了第5章中的偏好值函数。基于上述基本参数的TECK计算结果如图51所示。

表40 2015年和2020年的车辆基本参数

参数 2015/2020	单位	ICE－G	ICE－D	HEV	PHEV	REEV	BEV	FCEV
BLP①	欧元	24 889/25 512	25 409/26 048	29 782/28 508	31 334/28 972	43 426/34 398	38 710/32 357	55 777/35 716
能耗②	kW·h/100km	56.6/39.6	45.0/32.8	39.7/26.1	32.4/21.6	21.3/16.7	14.5/10.6	20.8/15.0
电池				HP	HE	HE	HE	HP
容量②	kW·h			1.4/1	3.7/2.7	14.9/11.8	17.8/22.1	1.4/1
重量②	kg			34/26	80/59	165/95	200/175	34/26
比能量密度②	W·h/kg			—	46/46	90/124	89/126	—
外部参数③								
持有期	年				4			
年行驶里程数	km/年				14 111			
剩余价值	欧元				$RW_{t,l}=0.8632^t\times0.9999^l\times\text{BLP}$			
利息	%				3			
机动车税	欧元/年	88/48	152/152	28/26	28/28	28/24	0/0	0/0
保险费用	欧元/年				350			
保养和维修费用	欧元/km	0.07	0.07	0.07	0.07	0.05	0.06	0.07
主要检查/排放检验、护理、停车费	欧元/年				200			

① 根据第3.3.1节中车辆成本计算所进行的计算。
② JEC (2013)。
③ 根据第2.2.2节年行驶里程、第3.1.1节车辆成本和第3.1.2节使用成本进行的计算和假设。

愿景	年份	车辆	燃料链前端	持有期/年	行驶里程/(km/年)	BLP/欧元	TCO/欧元	WtW能耗/(MJ/100km)	WtW-CO_2排放/(g CO_2/km)	NE
基本	2015	ICE-G	原油	4	14 111	24 889	26 151	241	178	101
基本	2015	ICE-D	原油	4	14 111	25 409	24 632	195	145	133
基本	2015	HEV	原油	4	14 111	29 782	26 907	169	126	117
基本	2015	PHEV	原油 德国混合电力	4	14 111	31 334	27 449	160	112	109
基本	2015	REEV	原油 德国混合电力	4	14 111	43 426	32 704	153	95	48
基本	2015	BEV	德国混合电力	4	14 111	38 710	30 131	140	80	-66
基本	2015	FCEV	天然气	4	14 111	55 777	41 360	141	81	92
基本	2020	ICE-G	原油	4	14 111	25 512	24 789	168	125	136
基本	2020	ICE-D	原油	4	14 111	26 408	24 126	142	106	152
基本	2020	HEV	原油	4	14 111	28 508	24 923	111	83	154
基本	2020	PHEV	原油、德国混合电力	4	14 111	28 972	25 037	106	74	146
基本	2020	REEV	原油、德国混合电力	4	14 111	34 398	27 501	129	75	92
基本	2020	BEV	德国混合电力	4	14 111	32 357	26 046	102	59	11
基本	2020	FCEV	天然气	4	14 111	35 716	28 021	101	58	134

图 51　使用 NEFZ 循环工况基本参数的模型输出结果

6.2.2　车辆参数愿景设置

接下来，将对模型应用时参数的愿景设置进行描述。参数能量密度的愿景设置为比 JEC 研究给出的值增加约一倍，即 2015 年 BEV 电池系统的能量密度为 178W·h/kg，2020 年为 252W·h/kg（表 41）。未来可以通过使用如锂硫电池实现这一目标。目前，锂硫电池的能量密度已经达到了 350W·h/kg，以后甚至可达到 400～600W·h/kg[注525]。除了能量密度之外，与 3.2 节双因素经验曲线所预测的不同，动力电池的价格至 2020 年也会发生改变。对此，Nykvist 和 Nilsson 分析了 2007—2014 年间发表的 80 多篇有关电池价格发展的文章，并得出结论如下，即 2015 年动力电池的价格已达到 300 美元/(kW·h)[注526]。因此，电池价格的愿景按如下设置，即 2015 年为 300 欧元/(kW·h)，2020 年假设为 150 欧元/(kW·h)。表 41 列出的能量密度和电池成本采用了以上的参数设置。在 CFK 研究的参数愿景设置中，假设 BEV 的一部分车身材料采用碳纤维（CFK）。宝马 i3 因为使用了 100kg 碳纤维材料，其车身重量减轻了 300kg[注527]。因此，本书相应的计算也假设车身重量因采用 CFK 会减轻。

使用 CFK 会使成本增加，但轻量化又能降低驱动系统的成本。在假设发动机和电池大小不变的前提下，轻量化能够提高车辆的行驶里程（表 41）。因为缺乏对 CFK 成本相关的愿景分析，所以针对采用 CFK 的 BEV，其 BLP 值假设不变。希望未来的研究能够完善此方面的内容。此外，相比钢和铝，CFK 材料的生产和回收所需的能量更大。生产 CFK 的能耗明显高于钢（7 倍）和铝（2.5 倍），

表 41 BEV 车辆参数愿景设置

车型	方案(愿景)	年份	电池				车辆				
			容量/kW·h	重量/kg	比能量密度/(W·h/kg)	比成本/[欧元/(kW·h)]	重量/kg	CD 模式/(kW·h, L/100km)	CS 模式/(kW·h, L/100km)	电续驶里程数/km	BLP/欧元
BEV	基本[①]	2015	17.8	200	89	582	1 490	14.5	—	120	38 710
		2020	22.1	175	126	326	1 355	10.6	—	200	32 357
BEV	能量密度[②]	2015	35.6	200	178	582	1 490	14.5	—	240	38 710
		2020	44.2	175	252	326	1 355	10.6	—	400	32 357
BEV	电池成本[③]	2015	17.8	200	89	300	1 490	14.5	—	120	32 737
		2020	22.1	175	126	150	1 355	10.6	—	200	27 729
BEV	能量密度+电池成本[④]	2015	35.6	200	178	300	1 490	14.5	—	240	32 737
		2020	44.2	175	252	150	1 355	10.6	—	400	27 729
BEV	CFK[⑤]	2015	17.8	200	89	582	1 190	12.6	—	140	38 710
		2020	22.1	175	126	326	1 055	9.1	—	240	32 357

① 来自 JEC（2013）的技术参数。电池成本来自第 3.2 节中借助双因素经验曲线进行的成本预测。BLP 来自第 3.3.1 节车辆成本计算。

② 相比 JEC（2013），成本不变的情况下，能量密度翻倍。

③ 2015 年电池成本降低至 300 欧元/（kW·h），2020 年降低至 150 欧元/（kW·h）。

④ 能量密度翻倍（参照②），电池成本降低（参照③）。

⑤ 通过使用 CFK，重量减少 300kg，可参考宝马 i3，Wiwo（2013）。能耗：根据第 4.3 节进行的计算（2015 = 9.96kW·h/100km/0.79，2020 = 7.91kW·h/100km/0.87）。续驶里程数 = 容量/能耗。

导致其生产过程中排放的温室气体和有害物更多，这对车辆的生态平衡指标产生不利影响【注528】。因此，宝马公司将车架中能量和成本所需较高的 CFK 部件放在美国生产，那里的电力相对便宜且为可再生电力。根据对宝马 i3 的环境认证，使用可再生电力能减少该车全生命周期温室气体排放 30% ~50%【注529】。本文对此不做进一步的分析。

PHEV 车辆参数的愿景设置与 BEV 相同。不同之处在于，PHEV 车辆参数愿景设置的目的不在于增加纯电驱动续驶里程数，而在于通过轻量化减少能耗，从而减小电池，具体参数见表 42。在能量密度愿景设置一栏中，PHEV 所用 HE 电池的重量减少至原重量的一半（2015 年和 2020 年分别降至 40kg 和 30kg）。轻量化使循环工况能耗降低，从而减小电池。然而，这种措施对汽车 BLP 大小几乎没有影响。只有在电池成本愿景设置中，BLP 才降低下来（2015 年降低 4%，2020 年降低 2%）。不过，如果纯电驱动续驶里程数很小（R_{CD} = 20km），不论是 HE 电池的能量密度翻倍还是价格大幅下降肯定都不会对 PHEV 的能耗和 BLP 产生特别大的影响。

REEV 车辆参数的愿景设置见表 43，当 HE 电池的能量密度增加一倍时，REEV 的电池重量在 2015 年为 83kg，2020 年设为 48kg。同样，降低重量可减少 CD 模式下的电耗（2015 年和 2020 年分别减少 3% 和 2%），但几乎不影响 BLP。REEV 所用电池一般较大，所以降低电池成本，假设 2015 年和 2020 年分别降至 300 欧元/(kW · h)和 150 欧元/(kW · h)，则会对 BLP 产生很大影响。如果组合两种愿景设置，即同时提高能量密度和降低电池成本，那么 2015 年和 2020 年 REEV 的 BLP 会分别减少 12% 和 7%。与能源密度翻倍相比，电池成本减半对 REEV 的 BLP 影响更大。

虽然市面上已经出现宝马 i3 的 REEV REX 版，但是本书没有考虑 REEV 和 PHEV 的 CFK 愿景设置。只有掌握了汽车采用 CFK 的成本信息并将其用于计算之中，才有可能进行相应的研究分析。

6.2.3 外部参数愿景设置

下面将对外部参数进行大幅改变，从而模拟它们对 TECK 模型输出结果（评估参数）的影响。对于这些参数变化愿景的概率和真实性，这里暂不予考虑。表 44 展示了外部基本参数以及它们在 ProEV 愿景下的变化设置。这里不需考虑 ContraEV 愿景，因为德国目前较低的燃油价格和尚无购车优惠政策（见表 44 中的基础愿景）已经描述了一种较为低迷的电动汽车市场现状。

这里假设汽油和柴油价格在 ProEV 愿景下比基础愿景下多一倍。需要指出的是，2014 年 6 月至 2015 年 1 月因受原油价格持续大幅下跌的影响，实际的燃料价格比表 44 中给出的基础愿景价格约低 0. 30 欧元/L。尽管如此，考虑到石

表 42 PHEV 车辆参数愿景设置

车型	方案(愿景)	年份	电池				车辆				
			容量/kW·h	重量/kg	比能量密度/(W·h/kg)	比成本/[欧元/(kW·h)]	重量/kg	CD 模式/(kW·h, L/100km)	CS 模式/(kW·h, L/100km)	电续驶里程数/km	BLP/欧元
PHEV	基本①	2015 2020	3.7 2.7	80 59	46 46	582 326	1 604 1 458	9.25 1.5 6.14 0.93	4.49 3.02	20 20	31 334 28 972
PHEV	能量密度②	2015 2020	3.6 2.6	40 30	92 92	582 326	1 564 1 428	9.02 1.46 6.01 0.91	4.38 2.96	20 20	31 264 28 934
PHEV	电池成本③	2015 2020	3.7 2.7	80 59	46 46	300 150	1 604 1 458	9.25 1.5 6.14 0.93	4.49 3.02	20 20	30 092 28 406
PHEV	能量密度 + 电池成本④	2015 2020	3.6 2.6	40 30	92 92	300 150	1 564 1 428	9.02 1.46 6.01 0.91	4.38 2.96	20 20	30 056 28 388

① 来自 JEC（2013）的技术参数。电池成本来自第 3.2 节中借助双因素经验曲线进行的成本预测。BLP 来自第 3.3.1 节车辆成本计算。

② 相比 JEC（2013），成本不变的情况下，能量密度翻倍，目的是降低 BLP。随着重量减轻，CD 模式下的电耗得到改善（2015 年减少 2.5%，2020 年减少 2.1%）。

③ 电池成本 2015 年降低至 300 欧元/(kW·h)，2020 年降低至 150 欧元/(kW·h)。

④ 能量密度翻倍（参照②），电池成本降低（参照③）。

表 43　REEV 车辆参数的愿景设置

车型	方案(愿景)	年份	电池				车辆				
			容量/kW · h	重量/kg	比能量密度/(W · h/kg)	比成本/[欧元/(kW · h)]	重量/kg	CD 模式/(kW · h, L/100km)	CS 模式/(kW · h, L/100km)	电续驶里程数/km	BLP/欧元
REEV	基本①	2015	14.9	165	90	582	1 673	15.23	4.54	80	43 426
		2020	11.8	95	124	326	1 481	12.0	3.54	80	34 398
REEV	能量密度②	2015	14.4	83	180	582	1 591	14.73	4.39	80	43 079
		2020	11.5	48	248	326	1 434	11.74	3.46	80	34 282
REEV	电池成本③	2015	14.9	165	90	300	1 673	15.23	4.54	80	38 426
		2020	11.8	95	124	150	1 481	12.0	3.54	80	31 920
REEV	能量密度 + 电池成本④	2015	14.4	83	180	300	1 591	14.73	4.39	80	38 247
		2020	11.5	48	248	150	1 434	11.74	3.46	80	31 867

① 来自 JEC（2013）的技术参数。电池成本来自第 3.2 节中借助双因素经验曲线进行的成本预测。BLP 来自第 3.3.1 节车辆成本计算。

② 相比 JEC（2013），成本不变的情况下，能量密度翻倍，目的是降低 BLP。CD 模式下的电力消耗 来自第 4.3 节中的计算：2015 = 11.98kW · h/100km/0.81，2020 = 9.61kW · h/100km/0.82；CS 模式：2015 = 11.98kW · h/100km/0.31，2020 = 9.61kW · h/100km/0.31。

③ 2015 年电池成本降低至 300 欧元/(kW · h)，2020 年降低至 150 欧元/(kW · h)。

④ 能量密度翻倍（参照②），电池成本降低（参照③）。

油市场的不稳定特征，这里还是按3.1.2节对2015年和2020年的基本假设取值。有关这一点，后文的讨论还会有所涉及。在ProEV愿景下本书此处对电及氢气价格做了如下假设，即相关的增值税会被免除。这不会对电力及氢气供应商产生影响，因为增值税是由终端客户交付的。但是，国家也应该废除针对这类清洁燃料的增值税。为了提高客户偏好，ProEV愿景假设，全国范围内都有快速充电设施（包括私人充电）。从表44可以看出，客户将不承担丝毫的附加费用。用户在所有类型充电设施（表17）充电所支付的费用基本如同使用家用插座的费用。至于这种间接补贴由谁来提供，本文暂不进行研究。

表44　基本假设和ProEV愿景下的外部参数设置

参数	单位	2015		2020	
		基本愿景	ProEV愿景	基本愿景	ProEV愿景
汽油价格①	欧元/L	1.62	3.24	1.70	3.4
柴油价格①	欧元/L	1.46	2.92	1.54	3.08
电价②	欧元/(kW·h)	0.29	0.24	0.33	0.28
快速充电设施(DC50kW)	欧元/(kW·h)	0.16~0.22	0	0.16~0.22	0
氢气价格②	欧元/kg	11.8	9.92	7.8	6.55
购置补贴金	欧元	无	5 000	无	5 000

① 在ProEV愿景中，汽油/柴油价格翻倍。

② 在ProEV愿景中，取消增值税。

ProEV愿景中的最后一种措施是，假设国家会给PHEV、REEV、BEV和FCEV的新车用户提供5000欧元的一次性购置补贴。这种奖励方式同样也可以用于其他情况，比如报废或更换掉一辆CO_2排放特别高（例如大于150g CO_2/km）的汽车。购置优惠政策通常还可以由制造商以折扣形式提供。和车辆参数相同，表44中外部参数的愿景设置也是在基础愿景参数上先逐个改变每一个参数，然后同时改变一组参数。

6.3　模型输出结果

图51展示了前文描述的基础愿景下TECK模型计算结果。横行代表汽车类型、燃料前端生产链、持有期（t）、年行驶里程（l）以及相应的BLP。这样就可以针对不同驱动技术汽车，通过改变车辆参数和外部环境参数，计算获取TECK模型的四个输出评估参数，即TCO、WtW能耗、WtW－CO_2排放量和客户偏好值NE。图51中的BLP值和TCO值与图24和图26的计算结果一致。与图40和图42不同，WtW能耗和WtW－CO_2排放量是基于NEFZ循环工况进行计算的，目的是分析NEFZ能耗和实际能耗的差别对TECK评估参数的影响。

在基础愿景下，ICE－G/D和HEV 2015年的BLP和TCO是最低的。同时，这两种车也具有很高的客户偏好值。2015 年，对受访者的调查表明，REEV、BEV 和 FCEV 因其 BLP、TCO 和客户偏好值较低，不具有市场竞争力；PHEV 的客户偏好值相对而言就较高，OEM 不断推出这类车型就很好地说明了这一点。2020 年，REEV 和 BEV 的客户偏好值依旧较低，尽管其销售量会有较大增长（图 24）。同时，REEV 和 BEV 的 BLP 和 TCO 依旧稍高于传统燃油汽车。FCEV 在 2015 年和 2020 年的客户偏好值都很高，不过这是建立在其 BLP 值较低且氢基础设施覆盖率大的假设上。与 ICE - G 相比，应用可替代驱动技术（REEV、BEV 和 FCEV）在 NEFZ 工况下可以减少约 50% 的 WtW - CO_2 排放量和约 40% 的 WtW 能耗。对于只使用可再生电能及氢气会对 TECK 模型评估参数产生哪些影响，在此不展开进一步的讨论。

6.3.1　车辆参数的敏感性分析

图 52 展示了改变车辆参数对 TECK 评估参数带来的影响。研究时间还是 2015 年和 2020 年。

通过对比图 51 和图 52 可以看出，基础愿景下 ICE - G 的实际工况 TCO 比 NEFZ 的高 5%。其他驱动技术汽车此项差别大多在 0.8% ~3.6%。实际工况能耗对 WtW 能耗和 WtW - CO_2 排放量影响较大，从而导致与 NEFZ 工况下的结果相比，差异高达 24% ~36%（表 36）。因为实际工况下的能耗成本和 CO_2 排放值较高，所以相应的客户偏好值基本都较低。但是，实际工况能耗对不同驱动技术的客户偏好值之间的差异并不产生影响。下面将针对不同驱动技术汽车，讨论 6.2.2 节介绍的车辆参数愿景设置下的 TECK 评估结果，其中重点的内容是讨论 HE 电池的影响，即提高其能量密度（ED）、降低其成本（BK）和两者组合（ED + BK）的措施对 TECK 评估结果的影响。

2015 年和 2020 年，ED 和 BK 改变对 PHEV 的 BLP 和 TCO 两项指标的影响都不大。较轻电池所致的较低能耗几乎同样也没有对 PHEV 的 WtW 能耗和 CO_2 排放量产生影响。然而，其客户偏好值因电池成本下降而有所提高（2015 年增加了 9NE）。2020 年在所有驱动技术汽车中，PHEV 在 ED 和 BK 两者组合措施下的客户偏好值仅低于 HEV。由于 PHEV 的客户偏好值本来就较高，根据所做的客户采访调查，通过改善 ED 或 BK 的措施，其客户的接受度短期内不会有大的变化。REEV 所用电池的容量为 15kW · h 或 12kW · h，因而电池更大，也更贵。电池成本降低（2015 年降低 5000 欧元，2020 年降低 2500 欧元）使 REEV 的 BLP 明显降低。因为电池成本降低后，价值损失变高，所以 BK 措施对 TCO 的影响不是很大。通过改善 ED 或 BK，REEV 的客户偏好值虽然得到了相应提高，但是相比 ICE - G/D、HEV、PHEV 和 FCEV，仍处于较低水平。对本书所研究的客户群而言，REEV 在目前和未来可能都不具备吸引力。

愿景	车辆年份	燃料链前端	持有期/年	l/(km/年)	年行驶里程/EUR	TCO/EUR	EV WtW/(MJ/100km)	CO_2 WtW/(gCO_2/km)	NE [-]
基本	2015 ICE-G	原油	4	14 111	24 889	27 541	298	220	80
基本	2015 ICE-D	原油	4	14 111	25 409	25 528	241	178	113
基本	2015 HEV	原油	4	14 111	29 782	27 885	209	154	92
基本	2015 FCEV	天然气	4	14 111	55 777	42 259	171	98	82
基本	2015 PHEV	原油，德国混合电力	4	14 111	31 334	28 495	204	143	84
ED	2015 PHEV	原油，德国混合电力	4	14 111	31 264	28 340	199	141	87
BK	2015 PHEV	原油，德国混合电力	4	14 111	30 092	27 803	204	143	93
ED + BK	2015 PHEV	原油，德国混合电力	4	14 111	30 056	27 667	199	141	95
基本	2015 REEV	原油，德国混合电力	4	14 111	43 426	32 782	201	121	41
ED	2015 REEV	原油，德国混合电力	4	14 111	43 079	32 536	194	117	43
BK	2015 REEV	原油，德国混合电力	4	14 111	38 426	29 998	201	121	53
ED + BK	2015 REEV	原油，德国混合电力	4	14 111	38 247	29 846	194	117	54
基本	2015 BEV	德国混合电力	4	14 111	38 710	31 177	189	108	-72
ED	2015 BEV	德国混合电力	4	14 111	38 710	31 177	189	108	-33
BK	2015 BEV	德国混合电力	4	14 111	32 737	27 851	189	108	-37
ED + BK	2015 BEV	德国混合电力	4	14 111	32 737	27 851	189	108	1
CFK	2015 BEV	德国混合电力	4	14 111	38 710	30 651	164	94	-58
基本	2020 ICE-G	原油	4	14 111	25 512	25 803	209	154	110
基本	2020 ICE-D	原油	4	14 111	26 408	24 811	176	130	138
基本	2020 HEV	原油	4	14 111	28 508	25 593	138	102	142
基本	2020 FCEV	天然气	4	14 111	35 716	28 451	123	71	134
基本	2020 PHEV	原油，德国混合电力	4	14 111	28 972	25 763	135	95	137
ED	2020 PHEV	原油，德国混合电力	4	14 111	28 934	25 668	132	93	138
BK	2020 PHEV	原油，德国混合电力	4	14 111	28 406	25 448	135	95	137
ED + BK	2020 PHEV	原油，德国混合电力	4	14 111	28 388	25 364	132	93	142
基本	2020 REEV	原油，德国混合电力	4	14 111	34 398	27 557	158	96	89
ED	2020 REEV	原油，德国混合电力	4	14 111	34 282	27 469	155	93	90
BK	2020 REEV	原油，德国混合电力	4	14 111	31 920	26 177	158	96	100
ED + BK	2020 REEV	原油，德国混合电力	4	14 111	31 867	26 124	155	93	101
基本	2020 BEV	德国混合电力	4	14 111	32 357	26 901	138	79	6
ED	2020 BEV	德国混合电力	4	14 111	32 357	26 901	138	79	49
BK	2020 BEV	德国混合电力	4	14 111	27 729	24 324	138	79	37
ED + BK	2020 BEV	德国混合电力	4	14 111	27 729	24 324	138	79	80
CFK	2020 BEV	德国混合电力	4	14 111	32 357	26 438	119	68	22

图 52　车辆参数（实际能耗）改变后的模型输出结果

电池成本降低后受益最大的是 BEV。2015 年和 2020 年 BEV 的 BLP 分别减少了约 7000 欧元和 5000 欧元。采用改善 BK 或组合改善 ED + BK，其 TCO 值甚至低于 ICE－G 和 HEV。使用德国混合网电，其 2015 年的 WtW－CO_2 排放量比

HEV 低 25%。从生态角度看，这一结果说明了电驱动使用可再生发电的必要性。使用 CFK 材料，因减少了能耗，2015 年和 2020 年其 TCO 可分别减少 526 欧元和 463 欧元，或 1.6% 和 1.7%，这里没有考虑 CFK 制造成本。通过组合改善 ED + BK、提高续驶里程数和降低 BLP 可以显著提高 BEV 的客户接受度，其客户偏好值 2015 年和 2020 年可分别增加 73NE 和 74NE。由于充电时间长，相比其他驱动技术，BEV 的客户偏好短板依旧很明显。使用 CFK 材料、提高续驶里程数和降低使用成本，仅能使 BEV 的客户偏好值 2015 年和 2020 年分别增加 14NE 和 16NE。

6.3.2 外部参数敏感性分析

图 53 展示了 6.2.3 节描述的外部参数变化对 TECK 评估参数（输出结果）的影响。当汽油和柴油价格翻倍并且取消电和氢的增值税时，PHEV、REEV 和 BEV 的 TCO 在 2015 年就已低于传统汽车 ICE－G，而传统燃油汽车 ICE－G 和 ICE－D 的$TCO^{2015,2020}_{4年,14111km/年}$会因此而分别上涨约 7000 欧元和 5000 欧元。只是取消电和氢的增值税，其影响不是很明显，约使 REEV、BEV 和 FCEV 的 TCO 减少 500～800 欧元。ICE－D、PHEV 和 HEV 的客户偏好值则受燃油价格上涨影响而减少 30～40NE。在 ProEV 愿景下，ICE－G 的客户偏好受燃料价格上涨的影响不大，因为根据第 5 章的分析，燃油费在 160 欧元/月内是可以接受的。但是，2015 年的燃油费如果是 254 欧元/月，ICE－G 的实际客户偏好值会明显下降。

下面分析有关充电设施的情况。即使充电费用相当于家用电费并且快速充电设施完备，TCO 也没有明显减少，PHEV、REEV 和 BEV 的 TCO 在 2015 年分别降低约 200 欧元、750 欧元和 900 欧元[注530]。然而，这些措施对 BEV 的客户偏好影响非常大，因为它不存在充电时间过长的缺点，其客户偏好值由此将上涨 40NE 以上（前提是不考虑 DC50kW 充电的额外费用）。对于本文涉及的受访者而言，即使具有快速充电设施，相比其他驱动技术汽车，BEV 依然不具备足够的市场竞争力。

5000 欧元的购置补贴使 PHEV、REEV、BEV 和 FCEV 的客户偏好值提高 30～35NE。PHEV 的客户偏好值在 2015 年甚至已经高于 ICE－G。购置补贴可以降低汽车折旧，但这仅使$TCO^{2015}_{4年,14111km/年}$值减少了 2700 欧元。在所有的有利愿景下，FCEV 的客户偏好值都有所增加。然而，如前所述，其客户偏好值高的前提是 H_2 基础设施完备。

这里所讨论的措施不影响 WtW 能耗和 CO_2 排放量，因此，两个评估参数和基础愿景下的值保持一致。不过，这里没有考虑快充效率低导致电耗增加的因素。

6.3.3 2015 年实际车辆分析结果

表 45 列出了 2015 年市场已有汽车的实际参数，本节将以这些参数作为

愿景	年份	车辆	燃料链前端	持有期/年	行驶里程/(km/年)	BLP/欧元	TCO/欧元	WtW能耗/(MJ/100km)	WtW－CO_2排放/(g CO_2/km)	NE
基本	2015	ICE-G	原油	4	14 111	24 889	27 541	298	220	80
基本	2015	ICE-D	原油	4	14 111	25 409	25 528	241	178	113
基本	2015	HEV	原油	4	14 111	29 782	27 885	209	154	92
基本	2015	PHEV	原油 德国混合电力	4	14 111	31 334	28 495	204	143	84
基本	2015	REEV	原油 德国混合电力	4	14 111	43 426	32 782	201	121	41
基本	2015	BEV	德国混合电力	4	14 111	38 710	31 177	189	108	−72
基本	2015	FCEV	天然气	4	14 111	55 777	42 259	171	98	82
燃料	2015	ICE-G	原油	4	14 111	24 889	34 718	298	220	67
燃料	2015	ICE-D	原油	4	14 111	25 409	30 170	241	178	74
燃料	2015	HEV	原油	4	14 111	29 782	32 923	209	154	58
燃料	2015	PHEV	原油、德国混合电力	4	14 111	31 334	32 172	204	143	54
燃料	2015	REEV	原油、德国混合电力	4	14 111	43 426	33 297	201	121	37
燃料	2015	BEV	德国混合电力	4	14 111	38 710	30 658	189	108	−69
燃料	2015	FCEV	天然气	4	14 111	55 777	41 452	171	98	92
LIS	2015	PHEV	原油、德国混合电力	4	14 111	31 334	28 284	204	143	102
LIS	2015	REEV	原油、德国混合电力	4	14 111	43 426	32 017	201	121	78
LIS	2015	BEV	德国混合电力	4	14 111	38 710	30 310	189	108	−30
KPI	2015	PHEV	原油、德国混合电力	4	14 111	26 334	25 711	204	143	113
KPI	2015	REEV	原油、德国混合电力	4	14 111	38 426	29 998	201	121	75
KPI	2015	BEV	德国混合电力	4	14 111	33 710	28 393	1897 541	108	−41
KPI	2015	FCEV	天然气	4	14 111	50 777	39 474	171	98	116
基本	2020	ICE-G	原油	4	14 111	25 512	25 803	209	154	110
基本	2020	ICE-D	原油	4	14 111	26 408	24 811	176	130	138
基本	2020	HEV	原油	4	14 111	28 508	25 493	138	102	142
基本	2020	PHEV	原油、德国混合电力	4	14 111	28 972	25 763	135	95	137
基本	2020	REEV	原油、德国混合电力	4	14 111	34 398	27 557	158	96	89
基本	2020	BEV	德国混合电力	4	14 111	32 357	26 901	138	79	6
基本	2020	FCEV	天然气	4	14 111	35 716	28 451	123	71	134
燃料	2020	ICE-G	原油	4	14 111	25 512	31 085	209	154	78
燃料	2020	ICE-D	原油	4	14 111	26 408	28 374	176	130	102
燃料	2020	HEV	原油	4	14 111	28 508	29 076	138	102	107
燃料	2020	PHEV	原油、德国混合电力	4	14 111	28 972	28 329	135	95	112
燃料	2020	REEV	原油、德国混合电力	4	14 111	34 398	27 925	158	96	86
燃料	2020	BEV	德国混合电力	4	14 111	32 357	26 498	138	79	8
燃料	2020	FCEV	天然气	4	14 111	35 716	28 066	123	71	134
LIS	2020	PHEV	原油 德国混合电力	4	14 111	28 972	25 623	135	95	150
LIS	2020	REEV	原油 德国混合电力	4	14 111	34 398	26 953	158	96	120
LIS	2020	BEV	德国混合电力	4	14 111	32 357	26 267	138	79	50
KPI	2020	PHEV	原油、德国混合电力	4	14 111	23 972	22 979	135	95	156
KPI	2020	REEV	原油、德国混合电力	4	14 111	29 398	24 772	158	96	118
KPI	2020	BEV	德国混合电力	4	14 111	27 357	24 117	138	79	38
KPI	2020	FCEV	天然气	4	14 111	30 716	25 667	123	71	159

图 53　ProEV 愿景下与外部参数设置相关的 TECK 模型输出结果

TECK 模型的输入进行相关分析。表 45 中所选车型的大小和性能与本文涉及的 EUCAR－V4 参考汽车相符。因为 2015 年德国市场上还没有 FCEV 出售，所以相关分析不考虑 FCEV。从表中数据可知，不同厂家生产的 PHEV、REEV 和 BEV 的不

表 45　2015 年实际汽车

驱动类型	车辆	功率/kW	重量/kg	电池容量/kW·h	电续驶里程数/km	充电/加氢时间/min	百公里加速度/s	最高时速/(km/h)	CD 模式 ECE-R101/(kW·h+L/100km)	CS 模式 ECE-R101/(kW·h+L/100km)	CO_2 排放/(g/km)	BLP/欧元
ICE-G	大众 Golf 1.2 TSI①	81	1 210	—	—	3	9.9	195	—	4.9	114	20 275
ICE-D	大众 Golf 1.6 TDI②	81	1 317	—	—	3	10.5	195	—	3.9	102	24 650
HEV	丰田 Prius 1.8③	73	1 445	1.3	—	3	10.4	180	—	3.9	89	26 800
PHEV	大众 Golf GTE 1.4 TSI④	110	1 599	8.7	50	141	7.6	217	11.4	1.5	35	36 900
	丰田 PI Prius 1.8⑤	100	1 500	4.4	25	71	10.8	180	5.2	2.1	49	36 550
REEV	欧宝 Ampera⑥	111	1 732	16	80	259	9.0	161	13.5	1.2	27	38 620
	宝马 i3 REX⑦	125	1 390	18.8	150	305	7.9	150	13.5	0.6	13	39 450
BEV	大众 e-Golf⑧	85	1 585	24.2	190	392	10.4	140	12.7	—	0	34 900
	宝马 i3⑨	125	1 270	18.8	160	305	7.2	150	12.9	—	0	34 950

① ADAC（2015h）。
② ADAC（2015j）。
③ ADAC（2015d）。
④ ADAC（2015k）。
⑤ ADAC（2015e）。
⑥ ADAC（2015c）。
⑦ ADAC（2015b）。
⑧ ADAC（2015f）。
⑨ ADAC（2015a）。

同车型其 BLP 相差不大。这大概与实际生产成本无关，而是因为制造商对于客户的购买意愿还不够了解。总体而言，PHEV 实际的 BLP 比本书计算出的值（图 51）要多 5000 欧元；REEV 和 BEV 实际的 BLP 分别比本书计算值少 4800 欧元和 3800 欧元。至于原因是电池价格下降还是厂家愿意低价出售，车企出于市场竞争考虑没有公布这些可替代驱动技术汽车的结构参数信息，本节尚不能对此给出相应的回答。因此，下面不对车辆参数进行如 6. 3. 1 节介绍的愿景设置，而是通过改变外部参数（图 54），模拟这些外部参数在 ProEV 愿景下对实际汽车 TECK 评估结果的影响。在图 53 中，基于参考车型 EUCAR－V4 的 PHEV、REEV 和 BEV 当燃料价格上涨时其 TCO 值低于传统燃油汽车；图 54 给出的实际可替代驱动技术汽车相应的$TCO^{2015}_{4年,14111km/年}$值却高于传统燃油汽车。

愿景	车辆	车型	燃料链前端	持有期/年	行驶里程/(km/年)	BLP/欧元	TCO/欧元	WtW能耗/(MJ/100km)	$WtW-CO_2$排放/(g CO_2/km)	NE
基本	ICE-G	VW	原油	4	14 111	20 275	22 274	186	136	138
基本	ICE-D	VW	原油	4	14 111	24 650	23 691	168	124	156
基本	HEV	TOY	原油	4	14 111	26 800	24 752	148	106	147
基本	PHEV	VW	原油、德国混合电力	4	14 111	36 900	30 548	167	105	77
基本	PHEV	TOY	原油、德国混合电力	4	14 111	36 550	30 354	130	87	84
基本	REEV	Opel	原油、德国混合电力	4	14 111	38 620	30 214	176	107	49
基本	REEV	BMW	原油、德国混合电力	4	14 111	39 450	30 127	153	91	8
基本	BEV	VW	德国混合电力	4	14 111	34 900	27 640	123	70	-44
基本	BEV	BMW	德国混合电力	4	14 111	34 950	27 709	124	72	-66
燃料	ICE-G	VW	原油	4	14 111	20 275	26 754	186	136	97
燃料	ICE-D	VW	原油	4	14 111	24 650	26 912	168	124	126
燃料	HEV	TOY	原油	4	14 111	26 800	28 318	148	106	112
燃料	PHEV	VW	原油、德国混合电力	4	14 111	36 900	33 339	167	105	66
燃料	PHEV	TOY	原油、德国混合电力	4	14 111	36 550	33 144	130	87	70
燃料	REEV	Opel	原油、德国混合电力	4	14 111	38 620	31 003	176	107	41
燃料	REEV	BMW	原油、德国混合电力	4	14 111	39 450	30 368	153	91	7
燃料	BEV	VW	德国混合电力	4	14 111	34 900	27 303	123	70	-2
燃料	BEV	BMW	德国混合电力	4	14 111	34 950	27 367	124	72	-4
LIS	PHEV	VW	原油、德国混合电力	4	14 111	36 900	30 260	167	105	112
LIS	PHEV	TOY	原油、德国混合电力	4	14 111	36 550	30 065	130	87	115
LIS	REEV	Opel	原油、德国混合电力	4	14 111	38 620	29 307	176	107	92
LIS	REEV	BMW	原油、德国混合电力	4	14 111	39 450	29 221	153	91	52
LIS	BEV	VW	德国混合电力	4	14 111	34 900	26 740	123	70	44
LIS	BEV	BMW	德国混合电力	4	14 111	34 950	26 795	124	72	39
KPI	PHEV	VW	原油、德国混合电力	4	14 111	31 900	27 764	167	105	101
KPI	PHEV	TOY	原油、德国混合电力	4	14 111	31 550	27 569	130	87	109
KPI	REEV	Opel	原油、德国混合电力	4	14 111	33 620	27 429	176	107	79
KPI	REEV	BMW	原油、德国混合电力	4	14 111	34 450	29 343	153	91	40
KPI	BEV	VW	德国混合电力	4	14 111	29 900	24 856	123	70	24
KPI	BEV	BMW	德国混合电力	4	14 111	29 950	24 925	124	72	22

图 54　NEFZ 工况下基于 2015 年实际车辆参数和外部参数的 TECK 模型输出结果

此外，2015 年 5000 欧元的购置补贴也没有对 TCO 产生预想中的作用。这主要是因为 2015 年可替代驱动技术汽车的 BLP 还非常高，导致汽车贬值率高。

与之前 EUCAR－V4 研究得出的结论类似，市场目前已有的可替代驱动技术汽车的客户偏好值普遍不高。针对燃料影响的计算结果表明，汽油/柴油价格翻倍与电价降低并不能明显提升可替代驱动技术汽车的客户偏好，使其与传统燃油汽车匹敌。

相反，充电设施愿景中的快速充电设施，当其成本更低且覆盖面更大时，更能提升客户偏好值，其积极作用甚至大于 5000 欧元的购置补贴（图 54）。总体上看，表 44 列出的杠杆因素（燃料价格、快速充电设施和购置补贴）中任何一个因素的单独作用都不足以使市场目前已有的可替代驱动技术汽车在 TCO 和客户偏好两方面优于 ICE－G/D 和 HEV。

总结和讨论

客户偏好（KN）最大的汽车最有可能被购买，所以下面将总结不同愿景设置中的措施对客户偏好的作用。因为每一个措施对不同驱动技术产生的影响不同，所以将针对每一种驱动技术类型分别进行分析（图 55）。

愿景	ICE-G		ICE-D		HEV		PHEV		REEV		BEV		FCEV	
	2015	2020	2015	2020	2015	2020	2015	2020	2015	2020	2015	2020	2015	2020
基本参数愿景	80	110	113	138	92	142	84	137	41	89	−72	6	82	134
ED翻倍愿景							87	138	43	90	−33	49		
BK减半愿景							93	137	53	100	−37	37		
CFK愿景											−58	22		
燃料愿景	67	78	74	102	58	107	51	112	37	86	−69	8	92	134
快速充电愿景							102	150	78	120	−30	50		
购置补贴愿景（KPI）							113	156	75	118	−41	38	116	159
ED+BK愿景							95	142	54	101	−58	80		
快速充电+KPI愿景							131	170	112	149	0	82		

图 55　不同愿景下客户偏好的变化

对于 PHEV 而言，成本降低对客户偏好没有明显影响。因为其所用的电池相对较小（2015 年和 2020 年分别为 3.7kW·h 和 2.7kW·h），所以降低电池成本或提高能量密度的作用不明显。在提供购置补贴和完善基础设施两个措施并举的前提下，所有驱动技术汽车中 PHEV 的客户偏好值最大（2015 年为 131 NE，2020 年为 170 NE）。

对于 REEV 而言，虽然它的电池更大更贵（2015 年和 2020 年分别为 15kW·h和 12kW·h），但是改变电池的性能也没有明显改善其客户偏好。相反，基础设施和购置补贴对其客户偏好的影响最大（2015 年为 112NE，2020 年为 149NE）。对于 BEV 而言，这里的任何措施都不能弥补其续驶里程数少的不足。在购置补贴和快速充电设施双重措施并举的假设下，其客户偏好2015年为0 NE，2020年为82NE。相比之下，提高能量密度和降低电池成本对BEV的客户偏好影响最大。

总的来说，就本书涉及的客户群而言，即使采取非常极端的车辆和外部参数改善措施，BEV还是不具备足够的市场竞争力。通过分析所有驱动技术汽车的情况可以发现，大幅升高汽油/柴油价格和减免电/氢的增值税，这些与使用成本相关的举措不会改变可替代驱动技术汽车相对传统燃油汽车在客户偏好方面的劣势。短期来看，能量密度翻倍以及电池成本减半也不会对客户偏好产生较大影响。从客户角度看，便捷和低成本的快充电/氢基础设施，同时结合5000欧元的购置补贴，或许是最有效的措施。不过，基础设施的完备和普及意味着高额的建设费用。此外，实施购置补贴方案也需要国家或车企支付一笔巨额的经费。

本节所选择的愿景参数设置和模型假设具有一定的不确定性，这会影响TECK模型评估结果的适用性，下面讨论相关内容。

1）愿景参数设置的不确定性：本节的愿景参数设置中燃料价格和购置补贴是随机选择的。目前尚不能确定这些参数假设是否成立。

2）数据的不确定性：本节分析是基于JEC研究中的通用车型，其与6.3.3节的实际汽车在技术和成本上有部分相似之处。比如2015年实际的和EUCAR－V4的ICE－D和HEV在BLP和NEFZ燃耗方面相差很小。而ICE－G实际的BLP值和NEFZ燃耗比EUCAR－V4分别要少4000欧元和25%。因此，本节模拟的ICE－G分析结果会比实际情况要差些。与EUCAR－V4相关汽车相比，2015年PHEV的实际成本较高（＋5000欧元），REEV（－4800欧元）和BEV（－3800欧元）的实际成本较低。这可能和驱动系统中选用部件的非唯一性有关。有些相对成本（如以欧元/(kW・h)或欧元/kW为单位的相对成本）只能有条件地用于确定某些部件的成本，实际中部件的可支配空间、冷却或采购策略等都会影响部件的价格。所以，如果能够获得车企内部的可靠数据，本节的分析结果将会更加准确。此外，购置补贴实际上会减少车辆的剩余价值，因为新车和旧车间的价格差变小了。在美国销售的日产Leaf车就是一个典型例子，国家和车企提供的购买折扣降低了该车的剩余价值，反倒阻碍了该车的销售【注531】。本节的愿景设置中没有考虑以上这种效应。

3）与模型或方法相关的不确定性：TCO计算的模型评估结果表明，价值损失是一个重要的误差成因。此外，因为第5章中联合分析所用的偏好值函数的不确定性，必须谨慎看待愿景设置中不同措施对客户偏好的作用。尽管如此，客户偏好值的变化还是反映这些措施可能施加影响的最重要的、综合性的指标。

客户偏好值的分析基础是本文所调查的C/D车型408名私人车主。如果换成公务车用户或赛车用户，那么有关可替代驱动技术汽车的客户偏好值肯定不同。拥有一辆车和拥有第二辆车的车主对可替代驱动技术的偏好值评估可能也会相差很大。因此，本书基于这 408 名受访者得到的有关电驱动技术的各项促进措施并不适用于整个市场。

6.4 研究问题的总结和讨论

下面将对本章的研究结果进行总结，同时对章首提出的问题分别给予解答。

1. 如何建立一种模型，用于研究前文描述的影响可替代驱动技术汽车的技术性、经济性和社会性参数之间的相互作用？

■ 本书提出的愿景模型（即 TECK 模型）根据 TCO、WtW 效率、WtW－CO_2 排放和客户偏好这四个评估参数，能够对各种车辆驱动技术进行研究。模型的输入参数以多样化的、相互作用的方式影响模型的输出结果。例如，汽车能耗的变化对上述四个评估参数都会产生影响；与产量密切相关的 BLP 的变化既对 TCO 也对客户偏好产生影响。

■ 下一步是一项极具挑战性的工作，即研发一种性能优越、可靠的市场模型。常用的德国汽车市场模型，如 DLR（德国航空航天中心）的 VECTOR21 模型或者 Fraunhofer ISI（弗劳恩霍夫研究所）的 ALADIN 模型，按通用车型并假设新车买主愿意出较高价购买，模拟各种可替代驱动技术汽车的市场推广愿景。尽管计算已经很详细，但市场上已售的可替代驱动技术汽车的 BLP 与按通用车型计算出来的 BLP 相差仍然很大。此外，与 ICE－G/D 相比较，虽然假设了最有利的外部条件，但是实际可替代驱动技术汽车依然保持其原有的客户偏好劣势。即使客户主要是商用客户，未来也很有必要知道 ICE－CNG、BEV 和 PHEV 的价值损失以及如何将这些汽车的实际销售数据用于市场模型的验证。至于本书选择的 CBC 分析方法能否作为新车购买的评估参考，目前还无法确定。应用于比较复杂的产品（如汽车），CBC 分析方法的缺点尤为明显。为了全面反映汽车的整体市场，必须要对超多样本数的受访用户群进行调查。至于受访者做出的“虚拟”决策能否与实际保持一致，还是一个未解的问题。

2. 车辆参数（如电池的能量密度和成本或碳纤维底盘）的改变会对该模型的输出结果产生怎样的影响？

■ 模型输出结果表明，能量密度翻倍和电池费用减半虽然一定程度上降低了 BEV 和 REEV 的 BLP，但都没能使这两类车的客户偏好高于 ICE－G/D、HEV、PHEV 和 FCEV。其原因在于续驶里程短和充电时间长，而这两个问题被受访者视为主要缺点。

■ HEV 和 PHVE 在日后的市场中可能会非常成功，这是由于这两类车能够以较小的代价将电驱动与传统驱动结合起来，在一开始就拥有很高的客户偏好值。此外，HEV 和 PHEV 有望明显降低能耗和 CO_2 排放，且公共充电/加氢设施对其而言也不是必要条件。

■ CFK 材料的应用能明显减少 BEV 的能耗。当车重减少 300kg 时，NEFZ 能耗在 2015 年可减少 13%，2020 年可减少 14%。能耗下降有利于增加纯电驱动续驶里程数（2015 年从 120km 提高至 140km，2020 年从 200km 提高至 240km）。然而，受 BLP 高和充电时间长等的影响，上述续驶里程数的增加也无法改变 BEV 的客户偏好劣势。因为没有涉及汽车结构所用 CFK 材料的制造成本数据（包括费用、能耗及资源消耗等），所以无法评估其经济效益和环境影响。

3. 外部环境参数（如燃料价格、购置优惠政策或快速充电基础设施）的改变会对该模型的输出结果产生怎样的影响？

■ 假设汽油/柴油价格翻倍，同时免除电/氢的增值税，那么基于 EURCAR－V4 车辆参数计算出的 PHEV、REEV 和 BEV 的 $TCO^{2015}_{4年,14111km/年}$ 值低于 ICE－G。然而这一结果和 2015 年实际车辆数据并不吻合。原因在于，PHEV 的实际价格更高（＋5000 欧元）以及传统燃油汽车和可替代驱动技术汽车的实际 BLP 差异更大。因此，可替代驱动技术汽车其使用成本较低的优势无法弥补其价值损失较高的劣势。

■ 当前备受关注的快速充电基础设施可使 PHEV、REEV 和 BEV 的客户偏好值提高 40 NE，这相当于 ICE－G/D 和 HEV 因汽油/柴油价格翻倍所减少的客户偏好值。相比 ICE－G/D 和 HEV，PHEV 和 REEV 的客户偏好劣势可以通过购置补贴得以弥补。对于本文涉及的私车受访客户群而言，即使满足所有假设措施，BEV 仍然不具备市场竞争力。

■ 总的来说，表 44 列出的任何一种外部影响因素（燃料价格、快速充电/加氢设施和购置补贴）都无法单独使 2015 年市场已有可替代驱动技术汽车的 TCO 或者客户偏好值明显优于 ICE－G/D 和 HEV。此外，还需要再一次指出的是，这里得到的有关电驱动技术的各项促进措施是基于 408 名受访者的，并不适用于整个市场。

4. 进一步的研究需求

■ 汽油/柴油价格急剧上涨可能会产生本文没有提及的效应。比如，燃油价格快速上涨会使客户产生一种心理作用，去购买短期内能够降低运行成本且较便宜的替代交通工具。这又会产生对新的或者二手的电动汽车的强烈需求，从而提高电动汽车的剩余价值。由此可以推测，随着燃油价格的提高，可替代驱动技术汽车的价值损失会减少，从而进一步导致 TCO 下降。

■ TECK 模型的分析结果显示，任何一种影响因素（能量密度、电池成本、燃料价格、快速充电/加氢设施和购置补贴）单独作用都不足以使可替代驱动技术汽车 PHEV、REEV、BEV 和 FCEV 的客户偏好明显优于传统燃油汽车 ICE－

G/D。因此，未来的研究应该将上述影响因素和其他尚未考虑的影响因素（如停车免费优惠举措或长途交通换驶 ICE - D/G 服务等）相结合，然后考察这些影响因素对客户偏好的综合作用。另外，这些影响因素介入的时间顺序可能也具有决定性的作用。

■ 对客户偏好的研究这里仅限于私人客户群。可以推测，如果换一个其他不一样的客户群，那么 BEV 和 REEV 的客户偏好值可能就不会那么低了。商用车（比如公务或邮车）通常都有固定的路线和充电地点，所以它们对续驶里程和充电时长的要求不高。对这样的客户群，应该还有其他不一样的影响因素需要考虑，比如电动汽车特殊折旧率或银行提供的购车贴息贷款等。一些初步研究结果表明，对可替代驱动技术商用车的客户偏好，这些影响因素具有较大的作用[注532]。

■ 在所有愿景设置中，FCEV 不是重点研究的对象。为了保证正确使用联合分析法，对 FCEV 客户偏好进行评估时，必须假设存在完备的加氢基础设施。因此，FCEV 初期就具有和 PHEV 同水平的客户偏好。通过购置补贴措施，FCEV 的客户偏好甚至还可以得到更大提高。当市场上开始销售 FCEV 时，研究者可以通过 TECK 模型和进一步的客户调查来验证本书有关改善客户偏好的相关举措。在缺少加氢站的长途路段上提供换驶 ICE - G/D 服务，这样一种措施对客户偏好会产生什么影响，也可以是未来的一个研究内容。

6.5 注释

注 516：参见第 3.1.1 节车辆成本计算以及第 5.2.3 节 CBC 分析结果

注 517：关于 TECK 软件研发的记录参见 Israel（2012）

注 518：JEC（2014a）

注 519：JEC（2014b）

注 520：参见 Proff，Fojcik 等人（2014），页 35

注 521：参见第 3.2.5 节模型应用和模型输出结果

注 522：参见 Günthel，Sturm 等人（2009），页 20

注 523：参见 Alfaris（2010）

注 524：关于优化的进一步说明参见 Burke，Kendall 和 Pourabdollah（2013）

注 525：参见 Althues（2014）；Brünglinghaus（2015）；Gerssen - Gondelach 和 Faaij（2012）和 VDMA（2014），页 23

注 526：Nykvis 和 Nilsson（2015）。下面将假设汇率为 1 美元 = 1 欧元

注 527：Wiwo（2013）

注 528：Fraunhofer（2013），页 22 及以后各页

注 529：BMW（2015），此外还使用回收铝和风力发电

注 530：基于第 3.3.2 节中的假设：60% 的充电来自私人充电站（AC，3.7kW），20% 的充电来自半公共（AC，22kW，DC，50kW），20% 来自公共充电站（AC，22kW，DC，50kW），同时扣除表 17 中的基础设施费用

注 531：参见 Rogers（2015）

注 532：参见 Plötz，Gnann 等人（2015）和 Hacker，Waldenfels 等人（2015）

第7章　总结、结论和展望

7.1　总结与结论

2010年德国联邦政府宣布了至2020年前100万辆电动汽车上路的计划，作者由此产生了撰写本书（博士论文）的想法。随着联邦政府计划的宣布，许多研究和学术性文献不断出现，它们主要研究电池和燃料电池的成本与功能目标。许多汽车整车厂也相继推出了相应的概念车。可替代驱动技术汽车的应用由此拉开序幕。因其能量转换效率高和几乎零排放等优点，可替代驱动技术汽车被公众和业界视为交通领域节能减排的解决方案。很多研究工作把目光投向2030年、2050年甚至更远。

然而，真正能够推动可替代驱动技术汽车市场化的是一些近期可实施的举措（影响因素）和它们之间的相互作用，当时这些问题还没有明确的解答。因此，本书重点研究2010—2030年影响可替代驱动技术汽车市场化的经济和生态因素。此外，客户接受度作为市场化成功的重要因素，也被纳入研究重点。本书的内容按序涉及如下三个主要问题：1）近期能够促进可替代驱动技术汽车市场化的举措（影响因素）以及它们之间的相互作用是什么？什么情况下可替代驱动技术才具备明显的生态优势？2）满足哪些条件才能实现可替代驱动技术深具挑战性的目标成本？3）在初期电池成本高、续驶里程短和充电时间长的情况下，如何建立可替代驱动技术汽车的客户偏好（客户使用价值）？如何量化和获取客户偏好值？

本书涉及的学术内容，重点在于建立并应用一种评估方法，能够评估可替代驱动技术关键部件深具挑战性的目标成本。为此，拓展了双因素经验曲线的功能，用于电驱动关键技术的成本分析。此外，采用联合分析法对408名受访者进行了电动汽车的客户偏好调查。最后，将客户偏好调查结果用于相关的建模之中。

下面根据本书前面章节介绍的内容，对以上三个主要问题做出总结性回答。

1）近期能够促进可替代驱动技术汽车市场化的举措（影响因素）以及它们

之间的相互作用是什么?

政策

国家征收柴油的税额较汽油低以及欧盟制定了越来越严格的轿车排放限额标准，这些政策使得柴油轿车在技术上取得了巨大进步，对消费者的吸引力也越来越大。通过分析不同燃料发动机轿车的年行驶里程后发现，柴油发动机轿车的年行驶里程（21100km/年）明显高于汽油发动机轿车（11800km/年）。很多客户之所以决定购买柴油发动机轿车，是考虑到柴油车的低燃料成本可以抵消其高购车费用和高机动车税。在各种有利因素影响下，2014 年德国约 50% 的新上牌登记轿车是柴油发动机轿车，占当年柴油发动机轿车市场保有量的 31%。

就可替代电驱动汽车而言，除了作用不大的机动车减税和欧盟针对排放小于 50g CO_2/100km 轿车的总量限额优惠之外，德国目前几乎没有相应的优惠促进政策。加利福尼亚州的 ZEV 立法和科学与工业部门的资金支持，被视为当前全球范围内快速推动可替代驱动技术发展的重要政策【注533】。

相关数据显示，2002—2011 年，轿车的燃油消耗在 NEFZ 工况下虽然持续减少，但在实际工况下却只有微小下降。同时，轿车的年行驶里程不断增加，因此近年来轿车的能耗几乎保持不变【注534】。由此可见，交通领域中的汽车能耗与排放不会随着汽车 NEFZ 燃耗的减少而降低。为了实现德国联邦政府提出的节能减排目标，应用能量转换效率高的可替代驱动技术被视为非常关键的举措【注535】。生态平衡分析结果显示，汽车使用阶段对所用可替代驱动技术的 CO_2 排放总量起决定性作用。因此，如果使用可再生电力或氢气，BEV、REEV 和 FCEV 在生产、使用和回收过程中产生的 CO_2 排放总量相比 ICE - G 要减少 2/3【注536】。对于 PHEV 和 REEV，立法机构颁布了一项检测标准（UN/ECE - R101），用于准确划分电驱动和内燃机驱动的行驶里程并进行相应的能耗计算。但是，该方法与现实存在一定差距。UN/ECE - R101 的计算前提是车辆在行驶前已经充满电，并且在行驶路途中不再重新充电。此外，该方法的数学划分也不符合 2008 年 MiD 调查中德国车主的实际驾驶行为。对于电驱动续驶里程数小于 35km 和大于 35km 的 PHEV 和 REEV，UN/ECE - R101 划分的电驱动行驶比例分别高于和低于 MiD 调查中获得的实际结果。如果未来以实际的行驶比例作为检测标准进行划分，那么对 PHEV 和 REEV 的环境影响计算结果以及此类驱动技术汽车的设计都会产生相应的影响。同时，符合欧盟总车排放限额（小于 50g CO_2/100km）的车辆数量也会发生变化。

相关研究表明，合适的、长期性的法律、法规或标准能够有效推进可替代驱动技术的发展和规划。这一点不仅对汽车生产厂商重要，同时也与基础设施运营商和客户息息相关，他们需要对他们的投资有尽可能长远的安全感。此外，相关政策应该重视以下一点，即充电设施和加氢站必须提供可再生能源生产的电力和氢气。

汽车整车厂或供应商

为了评估2030年不同车辆驱动技术及关键部件的成熟度，在EUCAR－V4研究报告[注537]的基础上还进行了大量文献检索调查。基于2020年以后的参考车型，对驱动系统和整车功率密度的研究结果表明，不同车辆驱动技术未来还会存在很大差别。其中，BEV是目前和未来能量转换效率最高的驱动形式；然而，其所用动力电池的能量密度低，即使采用锂硫电池或优化的锂离子电池将电池能量密度提升至350W·h/kg（这一数值远远低于ICE－D的能量密度12000W·h/kg），BEV在续驶里程数方面未来也无法与柴油车或汽油车竞争。BEV和REEV的空调由动力电池供电，是一个大耗能负载。采用本书提出的汽车能耗模型计算所得的结果显示，市内工况下汽车供暖所需热能远大于汽车行驶所需的能量。燃料电池汽车因燃料电池电化学放热反应，在供暖方面具有一定优势。基于汽车能耗模型的敏感性分析显示，减少车重和提高传动系统效率是降低NEFZ能耗最重要的措施。

除了技术成熟度之外，经济因素也是影响客户购买决策的要素之一。因此，本书基于EUCAR－V4参考车型和欧洲联合研究报告中相关的成本数据[注538]，对可替代驱动技术2015年、2020年和2030年的TCO进行了详细分析。分析结果表明，价值损失是所有驱动技术决定性的成本因素。对于客户是否愿意承担可替代驱动技术汽车可能的贬值风险，目前还未展开相关的研究。可替代驱动技术汽车供应商可以通过承诺汽车保修等方式，在一定程度上支撑汽车的市场剩余价值，这一点有助于提高汽车销量。对所有驱动技术汽车而言，燃料成本以及基础设施建设成本只占TCO的较小部分，为10%～20%。油井至油箱的燃料链（或能源链）前端过程对可替代驱动技术的生态作用（或环保性）影响最大。

近年来，由于技术发展以及客户对安全性和舒适性的更高要求，车重不断增加。生态平衡分析结果显示，随着车重增加，汽车制造需要使用和消耗更多的各种材料。对于可替代驱动技术汽车而言，所用的电机、燃料电池堆和电池需要较多的稀有贵金属以及钴、锂和铂等稀缺资源。与传统燃油汽车相比，可替代驱动技术汽车生产过程的CO_2排放量更大，为1.5～1.8倍。因此，整车厂可以通过替代或回收这些稀有材料的方式来改善可替代驱动技术汽车在生产过程中的生态影响。

客户

为了理解客户的交通需求，本书首先介绍了针对人们出行交通工具选择的调查分析工作。交通工具的选择主要取决于出行成本、出行距离、出行目的、运输任务以及对出行舒适度的要求。个人出行交通选择还与其生活状况、居住环境以及附近可用的公共交通设施密切相关。通过观察不同人群和交通工具使用情况可以发现，在下班时间和节假日以自驾私车出行为主，其次是驾驶公车。在选择轿车作为交通工具出行的路程中，2/3 的车上都只有驾驶人一人。因此，除了电驱动化之外，提高轿车的载荷率（或占座率）也是实现交通领域节能减排目标的重要手段。

有环保意识的客户在使用可替代驱动技术汽车时应该始终关注以下一点，即电力和氢气是由可再生能源生产的，因而所有车辆在行驶时都会造成资源和能源消耗以及 CO_2 排放。

本书介绍的 TCO 分析结果显示，所有可替代驱动技术汽车的日常运行成本从一开始就低于传统燃油汽车。但是，对客户而言，如果没有国家或车企的购置优惠政策，可替代驱动技术汽车的购置价格还是太高，只有年行驶里程足够多时才能弥补其购置价格高这一不利因素。然而，考虑到目前充电或加氢基础设施尚不完备，要达到足够多的年行驶里程是不现实的。因此，对可替代驱动技术汽车的客户而言，在购车前需要明确自己对年行驶里程的要求，这样才可能使低运行成本的优点尽快抵消高购置价格的缺点。

2）满足哪些条件才能实现可替代驱动技术深具挑战性的目标成本？

为了评估可替代驱动技术各部件未来的成本，本书在传统双因素曲线公式基础上提出了一个新型的双因素经验曲线公式，克服或弱化了迄今为止文献中已有公式的局限性或缺点。书中相关部分用了大量篇幅，采用这个新公式探讨是否以及如何能够实现可替代驱动技术各关键部件（如燃料电池堆、能量型/功率型锂离子电池等）2020 年的目标成本。本书涉及的目标成本取自欧洲联合研究报告。为了建立成本衰减的经验模型，针对批量生产的技术类产品，本书对影响成本衰减的五大因素进行了研究，即①固定成本衰减；②规模经济效应；③单位成本衰减；④生产工艺优化；⑤技术进步。研究表明，前四项都与生产数量相关，最后一项与专利数量相关。因此，本书按如下方式建立成本预测模型，即单位预测成本是学习率、假设的累计生产量和累计专利数量的函数。采用类推法计算该函数中的学习率（或衰减系数），虽然存在一定的不确定性，但确实是本书提出的一个创新点。本书的研究结果表明，为了实现欧洲联合研究报告中提出的 2020 年可替代驱动技术各部件的目标成本［燃料电池堆 43 欧元/kW，能量型电池 300 欧元/(kW · h)，功率型电池 32 欧元/kW］，燃料电池堆和功率型电池的产量必须每年提高 85%，能量型电池（包括用于笔记本计算机等的日用电器电池）的产量必须每年提高 26%。如果这些部件的总产量在 2020 年远低于按上述年增长率应达到的数量，那么只有假设专利数量有一个不现实的剧增，才可能实现上述各部件的目标成本。

基于 EUCAR – V4 参考车型的技术参数，根据欧洲联合研究报告中给出的部件成本数据和作者对双因素经验曲线的分析结果，本书建立了汽车价格与汽车产量、燃料电池堆/能量型电池/功率型电池相关的专利量之间的预测函数关系。此项研究结果表明，当各自的累计汽车产量达到10万辆时，REEV、BEV和FCEV的价格会明显下降。因此，汽车生产商、零配件供应商可以通过相互合作谋求汽车成本的降低。可替代驱动技术汽车的成本要达到传统燃油汽车的成本水平，就欧洲而言其累计产量必须达到百万辆以上。按目前全球范围内的汽车增长趋势看，这个累计产量不是高不可攀的。

总而言之，产量和研发投入（其效应有一定的时间延后）都会对新技术的成本衰减产生影响。因此，示范项目和研发投入不仅短期可提升销售量，长期还可减少可替代驱动技术汽车的成本，使其价格被市场接受。其他直接促销的措施，如购置补贴或设置专门行驶车道等，也能起到类似的作用。

3）在初期电池成本高、续驶里程短和充电时间长的情况下，如何建立可替代驱动技术汽车的客户偏好（客户使用价值）？如何量化和获取客户偏好值？

一般文献经常使用“经济人”的概念模拟可替代驱动技术汽车的客户。与之相反，本书尝试把不同驱动技术类型的各种性能呈现在客户面前，供其做出相应的评估。经过比较、分析各种可能的方法后，本书选择使用联合分析法，因为该方法对受访者而言操作方便，能较真实地反映客户的购买决策行为。在联合分析法中，如同真实情况下人们购物会在产品的性能与价格之间权衡一样，客户不只是对某一个产品特征（如续驶里程数或充电时间）进行评估，而是对整个产品进行评估。这样可以为受访者营造一个接近真实的购买决策环境，从而获得较真实的问卷反馈信息。

本书介绍的问卷调查对象是408名潜在的买主。这些受访者满足以下条件之一：①原则上可以考虑购买一辆C/D级别的可替代驱动技术轿车；②已购一辆这样的新车；③计划购买一辆这样的新车。受访者需要假设购买一辆具有可替代驱动的C/D级别的车辆。问卷调查的时间是2011年11月，地点在德国汉堡、法兰克福和莱比锡这三个城市。问卷调查中给受访者提供了多种不同产品特征水平组成的各类驱动技术轿车，供其做出相应的评估。列出的汽车产品特征为购买价格、续驶里程数、充电/加氢时间、使用成本、最高速度、CO_2排放和加速性能。借助Sawtooth SMRT市场分析软件，根据每一个受访者做出的购买决策评估，可计算出各产品特征水平对应的客户价值。综合上述计算结果，最后可以得到每一个产品特征对应的客户偏好值函数（或客户价值函数）。

通过分析客户偏好值函数的斜率可以确定，对这408位受访者而言汽车购买价格、续驶里程数和充电时间是影响客户偏好最重要的三个特征。最高速度和加速性能对受访者而言就不如以上三个特征重要。由此可见，当前的可替代驱动技术汽车正是由于续驶里程数短、充电时间长和购买价格高，使得这些受访者对其的偏好评估非常低。这一点在主要由电驱动的BEV和REEV上表现尤为明显。

FCEV 则因其续驶里程数较高和加氢时间短，具有相对较高的客户偏好值。由于所用方法的局限性，这里没有将充电/加氢设施的可用性作为一个特征对此进行研究。

联合分析法不仅能计算出每种驱动技术汽车的客户价值，同时也可以让整车厂和零配件供应商根据潜在客户的需求，有目的、有导向地进行研发。为了更全面地了解可替代驱动技术汽车的潜在用户，未来还需要对更多客户和其他不同客户群（比如商用车/公用车客户群或第二辆车客户群）进行调查。尽管如此，这里给出的分析结果已经表明，了解可替代驱动技术汽车潜在客户的偏好，能够使各种驱动技术汽车以合理的产量和相应的附加功能进入市场【注539】。

应用 TECK 模型得到的分析结果

在本书涉及的建模过程中，TCO、WtW 能量转换效率、WtW－CO_2 排放以及客户偏好这四个评估参数被确认为最合适的模型输出，提出的模型因此被称为 TECK 模型。此模型可应用于以下两个方面：①帮助车企在研发开始之前对可替代驱动技术汽车进行最优配置仿真；②通过改变车辆参数和外部环境参数研究可替代驱动技术汽车市场化面临的各种问题。本书介绍的模型应用重点是，对 2015—2020 年间影响德国可替代驱动技术汽车市场化进程的各种因素（或举措）进行评估。

模型分析结果表明，尽管在能量密度翻倍和能量型电池成本减半的前提下，BEV 和 REEV 的 BLP 值依然较低，2015—2020 年间其客户偏好值还是不能达到 ICE－G/D、HEV、PHEV 和 FCEV 的水平。导致以上结果的主要原因在于尚存的两个瓶颈，即续驶里程数短和充电时间长，这也是被受访者评估为最主要的两个缺点。

假设汽油/柴油价格翻倍，同时免除电/氢的增值税，那么基于 EURCAR－V4 车辆参数计算出的 PHEV、REEV 和 BEV 的$TCO^{2015}_{4年,14111km/年}$值就已低于 ICE－G。然而这一结果和 2015 年实际车辆数据并不吻合。其原因在于：一方面，PHEV 的实际价格更高（+5000 欧元）；另一方面，传统燃油汽车和可替代驱动技术汽车间的实际 BLP 差异更大。因此，可替代驱动技术汽车其使用成本较低的优势无法弥补其价值损失较高的劣势。

当前备受关注的快速充电基础设施可使 PHEV、REEV 和 BEV 的客户偏好值提高约 40 NE【注540】，这相当于 ICE－G/D 和 HEV 因汽油/柴油价格翻倍所减少的客户偏好值。相比 ICE－G/D 和 HEV，PHEV 和 REEV 的客户偏好劣势可以通过购置补贴得以弥补。对于本文涉及的私车受访客户群而言，即使满足所有假设措施下的 BEV 仍然不具备吸引力。

总的来说，任何一种影响因素（电池能量密度翻倍、电池成本减半、燃料价格翻倍、快速充电/加氢设施完善和 5000 欧元购置补贴）都无法单独使 2015

年市场已有可替代驱动技术汽车（PHEV、REEV 和 BEV）的 TCO 或者客户偏好值明显优于 ICE - G/D 和 HEV。此外，还需要再一次指出的是，这里得到的有关电驱动技术的各项促进措施是基于 408 名受访者的，并不适用于整个市场。

7.2 展望

在市场化初期，如果缺少国家扶持政策，可替代驱动技术汽车则无法拥有具备市场竞争力的性价比。对此，立法机构已经通过金融措施（比如研究项目资助基金、机动车税收优惠等）和尾气排放标准推动了可替代驱动技术汽车的市场化。如何最有效、可持续地从环境、经济和社会层面上推动可替代驱动技术汽车的发展，以及未来涉及整车厂、能源供应商和终端客户的扶持政策如何更加具体和更有针对性，诸如此类问题还需要不断深入研究。对此，可以根据以下评估标准对拟实施的推进举措或扶持政策进行评估研究，即 1）有效性；2）经济性；3）可行性[注541]。例如，某一项举措的有效性表示，因该举措实施所致的电动汽车销量增加或者温室气体排放量减少是可检测到的[注542]。经济性评估标准是指评估哪项举措能够以最少的投入（如每减少一定量的 CO_2 需投入的欧元数）实现某一目标。最后，还需要对相关举措或政策的可行性进行评估，即评估其是否符合政治、社会环境和公众对其的接受度。也需要对提高交通效率的措施进行可行性评估，如提高轿车载荷率（或占座率）。为了合理地模拟尚未实施的不同调控政策（或举措）和财政措施的应用效果，可以采用本书介绍的 TCO 和客户偏好评估参数并结合现有的轿车能源和排放模型（如 TREMOD 模型），建立一个轿车需求模型。同时，相关研究对象还应该包括商用车主群，尤其是他们的车辆持有时长、税收减免、真实的驾驶行为和充电情况。

可替代驱动技术的关键部件一旦开始批量生产，并且积累了足够的相关数据，就可以获取真实的学习率（或曲线衰减系数），用于进一步地完善本书提出的双因素经验曲线。此外，为了改善经验曲线的预测功能，还可以将其他的独立变量（如原材料价格）作为自变量添加至经验曲线函数中。

本书提出的 TECK 模型可以对可替代驱动技术汽车的 TCO、WtW 能量转换效率、WtW - CO_2 排放量以及客户价值进行评估。通过不同的客户偏好数据（比如商业车主群和第二辆车主群），整车厂可以有针对性地按照客户群体的需求进行汽车研发。在此还要再重提一下基于 408 名受访者的客户偏好分析结果和第 6 章有关电驱动技术的各项促进措施的适用性。为了获得对整个汽车市场更加全面的了解，日后必须对不同客户群体进行调查，从而获得更多客户偏好数据。

下面列举一些本书尚未涉及的研究问题，抛砖引玉，供读者参考：

■ 对于 PHEV 和 REEV 而言，应该根据真实的驾驶行为划分电和内燃机驱动的行驶路程。行驶工况需要根据目前的 ECE－R101 标准以及本书建议的相关方法进行相应调整，使得未来的标准对电驱动和内燃机驱动的行驶路程划分更加接近实际情况。随着充电基础设施不断完善，这两类汽车电驱动的比例会越来越高。

■ 可替代驱动技术汽车的价值损失是其 TCO 的最大影响因素。应该通过更复杂的公式计算价值损失，除了考虑车辆持有期和总行驶里程外，还需要考虑其他决定价值损失的外部和内部因素。此外，有必要获取市场上已有可替代驱动技术汽车“真实”的价值损失。未来借助于二手可替代驱动技术汽车的售价以及技术特征（比如 Autoscout24. de 或 Mobile. de 网站上就有这些信息）可以计算出相应的价值损失。

■ 本书没有涉及 LPG、CNG 和 CNG 混合动力汽车。相比传统燃油汽车，这类混合动力汽车及相关基础设施的有害物质排放更少。

■ 本书没有研究基础设施可用性对客户偏好的影响。对比汽油/柴油加油站的高分布密度，此项客户偏好研究或许很有意义。这可以参照已有的 LPG/CNG 天然气加气站情况。充电/加氢基础设施的分布可能也会影响 PHEV 和 REEV 的电驱动行驶比例。

■ 既要研究主要发生在汽车行驶过程中的温室气体排放的全局环境影响，还应研究主要在生产汽车过程中发生的 SO_2、NO_x、粉尘、烟雾以及富营养物质的局部环境影响。

■ 燃料可用性和电/氢气价格可能会随着可再生能源推广应用而改变。当用于汽车的电/氢气价格在未来明显低于汽油/柴油价格时，一定会对可替代驱动技术汽车的市场销售产生积极影响。

7.3 注释

注 533：参见 DLR 和 Wuppertal 研究所（2015），页 367 及以后各页

注 534：BMVBS（2013），页 297。MIV：1991 年为 1507 PJ，2000 年 1514 PJ，2010 年 1435 PJ

注 535：进一步内容参见 Kreyenberg，Lischke 等人（2015）

注 536：2010 年的车辆，每辆车的总行驶里程数为 150000km

注 537：EUCAR TtW 研究第 4 版由欧洲汽车工业的专家在 AVL 公司的领导下进行。研究目标：尽可能对不同驱动的性能进行对比。研究中的样车相当于一辆大众 Golf 的大小。JEC（2013）

注 538：欧洲联合研究“A portfolio of power－trains for Europe”由咨询公司 McKinsey 领导，与许多汽车制造商合作进行。目的是评估可替代驱动的成本目

标。欧盟联合（2010）

注 539：Kreyenberg，Wind 等人（2013）

注 540：价值单位（NE）是针对客户的标准化的部分价值，需通过 Sawtooth SMRT 软件进行计算

注 541：可参见 Enzensberger 和 Wietschel（2003），页 36 及以后各页

注 542：也可能是其他排放物如一氧化氮或粉尘

附　录

表 46　2010—2030 年 ICE – G 的技术参数和成本

ICE – G 汽油内燃机	公式符号	单位	2010	2015	2020	2025	2030	来源
技术参数								
排量	H	L	1.4	1.4	1.4	1.4	1.4	JEC (2013)
内燃机功率	P^{VKM}	kW	90	90	85	85	85	
空气阻力系数	c_w	–	0.3	0.3	0.24	0.24	0.24	
迎风面积	A	m^2	2.2	2.2	2.2	2.2	2.2	
滚动阻力系数	f_R	–	0.007	0.007	0.005	0.005	0.005	
空车净重（包括驾驶人和 90% 的汽车燃料）	m	kg	1 310	1 310	1 200	1 200	n. B.	e. B.
NEFZ 能量需求	E_{min}	kW · h/100km	11.19	11.19	9.12	9.12	n. B	
NEFZ 效率	η	%	19.8	19.8	23.0	23.0	n. B	JEC (2013)
NEFZ 消耗	$v_{ICE-G}^{K\ NEFZ}$	L/100km	6.3	6.3	4.4	4.4	4.0	
TtW – CO_2 排放								
最高速度	v_{max}	km/h	180	180	180	180	180	
续驶里程数	R_{ICE-G}	km	500	500	500	500	500	
百公里加速度	$a_{0\sim100}$	s	11	11	11	11	11	
充电/加氢时间	$t_{ICE-G}^{Tank/Lade}$	min	3	3	3	3	3	e. A.
成本明细								
动力系统	k_{ICE-G}^{PT}	欧元	2 293	2 607	2 703	2 703	2 703	欧洲联合研究①
效率提升措施	k_{ICE-G}^{ESM}	欧元	2 268	2 579	2 674	2 479	2 299	
传统部件	k_{ICE-G}^{KT}	欧元	7 900	8 983	9 315	9 315	9 315	
安装	k_{ICE-G}^{M}	欧元	2 665	2 665	2 655	2 665	2 665	
销售和管理费用	VWK	欧元	2 741	2 741	2 741	2 741	2 741	
收益	G	欧元	1 341	1 314	1 314	1 314	1 314	
净标价	NLP_{ICE-G}	欧元	19 207	20 915	21 439	21 244	21 064	e. B.
增值税	$MwSt$	%	19	19	19	19	19	
毛价	BLP	欧元	22 856	24 889	25 512	25 281	25 066	

注：1. e. B.：作者的计算。

2. e. A.：作者的假设。

3. n. B.：未计算。

① 欧洲联合研究（2010）：成本近似传统汽车情况下，C/D 级别的 ICE 汽油车的基本数据。

表 47　2010—2030 年 ICE－D 的技术参数和成本

ICE－D 柴油内燃机	公式符号	单位	2010	2015	2020	2025	2030	来源
技术参数								
排量	H	L	1.6	1.6	1.6	1.6	1.6	JEC（2013）
内燃机功率	P^{VKM}	kW	85	85	85	85	85	
空气阻力系数	c_w	–	0.3	0.3	0.24	0.24	0.24	
迎风面积	A	m^2	2.2	2.2	2.2	2.2	2.2	
滚动阻力系数	f_R	–	0.007	0.007	0.005	0.005	0.005	
空车净重（包括驾驶人和90%的汽车燃料）	m	kg	1 370	1 370	1 260	1 260	n. B.	e. B.
NEFZ 能量需求	E_{min}	kW · h/100km	11.49	11.49	9.39	9.39	n. B.	
NEFZ 效率	η	%	25.5	25.5	28.6	28.6	n. B	
NEFZ 消耗	$v_{ICE-D}^{K\ NEFZ}$	L/100km	4.5	4.5	3.3	3.3	3.0	JEC（2013）
TtW－CO_2 排放	$E_{ICE-D}^{CO_2}$	g CO_2eq. /km	120	120	88	88	79	
最高速度	v_{max}	km/h	190	190	190	190	190	
续驶里程数	R_{ICE-D}	km	500	500	500	500	500	
百公里加速度	$a_{0\sim100}$	s	11	11	11	11	11	
充电/加氢时间	$t_{ICE-D}^{Tank/Lade}$	min	3	3	3	3	3	e. A.
成本明细								
动力系统	k_{ICE-D}^{PT}	欧元	3 409	3 622	3 755	3 755	3 755	欧洲联合研究①
效率提升措施	k_{ICE-D}^{ESM}	欧元	1 828	1 943	2 014	1 867	1 731	
传统部件	k_{ICE-D}^{KT}	欧元	8 509	9 041	9 373	9 373	9 373	
安装	k_{ICE-D}^{M}	欧元	2 665	2 665	2 665	2 665	2 665	
销售和管理费用	VWK	欧元	2 741	2 741	2 741	2 741	2 741	
收益	G	欧元	1 341	1 341	1 341	1 341	1 341	
净标价	NLP_{ICE-D}	欧元	20 493	21 352	21 889	21 743	21 607	e. B.
增值税	$MwSt$	%	19	19	19	19	19	
毛价	BLP	欧元	24 387	25 409	26 048	25 874	25 712	

注：1. e. B.：作者的计算。

2. e. A.：作者的假设。

3. n. B.：未计算。

① 欧洲联合研究（2010）：成本近似传统汽车情况下，C/D 级别的 ICE 柴油车的基本数据。

表 48 2010—2030 年 HEV 的技术参数和成本

HEV 汽油混合	公式符号	单位	2010	2015	2020	2025	2030	来源
技术参数								
排量	H	L	1.4	1.4	1.3	1.3	1.3	JEC (2013)
内燃机功率	P^{VKM}	kW	90	90	70	70	70	
HP 电池功率	P^{HP-B}	kW	30	30	30	30	30	
电机功率	$P^{E-Motor}$	kW	24	24	24	24	24	
空气阻力系数	c_w	–	0.3	0.3	0.24	0.24	0.24	
迎风面积	A	m^2	2.2	2.2	2.2	2.2		
滚动阻力系数	f_R	–	0.007	0.007	0.005	0.005	0.005	
空车净重（包括驾驶人和90%的燃料）	m	kg	1 417	1 417	1 288	1 288	n. B.	e. B.
NEFZ 能量需求	E_{min}	kW · h/100km	11.73	11.73	9.51	9.51	n. B.	
NEFZ 效率	η	%	29.5	29.5	36.4	36.4	n. B.	JEC (2013)
NEFZ 能耗	$v_{HEV}^{K\ NEFZ}$	L/100km	4.4	4.4	2.9	2.9	2.6	
TtW – CO_2 排放	E_{HEV}^{CO2}	g CO_2eq. /km	106	106	70	70	63	
最高速度	v_{max}	km/h	180	180	180	180	180	
续驶里程数	R_{HEV}	km	500	500	500	500	500	
百公里加速度	$a_{0\sim100}$	s	11	11	11	11	11	
充电/加氢时间	$t_{HEV}^{Tank/Lade}$	min	3	3	3	3	3	e. A.
成本明细								
HP 电池	k_{HEV}^{HP-B}	欧元	7 290	2 760	1 260	630	300	e. B. 基础 FCEV
动力系统	k_{ICE-G}^{PT}	欧元	2 293	2 607	2 703	2 703	2 703	e. A. = ICE – G
效率提升措施	k_{ICE-G}^{ESM}	欧元	2 268	2 579	2 674	2 479	2 299	
混合模型	k_{HEV}^{HM}	欧元	4 700	1 351	1 257	1 025	857	e. B. 基础 FCEV
传动部件	k_{ICE-G}^{KT}	欧元	7 900	8 983	9 315	9 315	9 315	e. A. = ICE – G
安装	k_{ICE-G}^{M}	欧元	2 665	2 665	2 665	2 665	2 665	
销售和管理费用	VWK	欧元	2 741	2 741	2 741	2 741	2 741	
收益	G	欧元	1 341	1 341	1 341	1 341	1 341	
净标价	NLP_{HEV}	欧元	31 197	25 027	23 956	22 899	22 221	e. B.
增值税	$MwSt$	%	19	19	19	19	19	
毛价	BLP	欧元	31 125	29 782	28 508	27 250	26 443	

注：1. 欧洲联合研究中不存在基础数据，所以汽车成本的计算依靠欧盟联合中作者的假设所进行。

2. e. B.：作者的计算。

3. e. A.：作者的假设。

4. n. B.：未计算。

表 49　2010—2030 年 PHEV 的技术参数和成本

PHEV 汽油插电式混合	公式符号	单位	2010	2015	2020	2025	2030	来源
技术参数								
排量	H	L	1.4	1.4	1.4	1.4	1.4	
内燃机功率	P_{PHEV}^{VKM}	kW	90	90	70	70	70	
电机功率	$P_{PHEV}^{E-Motor}$	kW	40	40	38	38	38	
HE 电池容量	E_{PHEV}^{HE-B}	kW · h	3.7	3.7	2.7	2.7	2.7	JEC（2013）
空气阻力系数	c_w	–	0.3	0.2	0.24	0.24	0.24	
迎风面积	A	m^2	2.2	2.2	2.2	2.2	2.2	
滚动阻力系数	f_R	–	0.007	0.007	0.005	0.005	0.005	
空车净重（包括驾驶人和 89% 的燃料）	m	kg	1 479	1 479	1 333	1 333	n. B.	
NEFZ 能量需求	E_{min}	kW · h/100km	12.04	12.04	9.72	9.72	n. B.	
NEFZ 效率（CD + CS 模式）	η	%	37.2	37.2	37.2	37.2	n. B.	
NEFZ 能耗（CS 模式）	$v_{CS\ PHEV}^{K\ NEFZ}$	L/100km	4.49	4.49	3.02	3.02	n. B.	e. B.
NEFZ 能耗（CD 模式）	$v_{CD\ PHEV}^{K\ NEFZ}$	L/100km	1.5	1.5	0.93	0.93	n. B.	
NEFZ 能耗（CD 模式）	$v_{CD\ PHEV}^{S\ NEFZ}$	kW · h/100km	9.25	9.25	6.14	6.14	n. B.	
利用因素	UF_{PHEV}	–	0.44	0.44	0.44	0.44	n. B.	
NEFZ 中的 TtW – CO_2 排放	$E_{PHEV}^{CO_2}$	g CO_2 eq. /km	75	75	50	50	n. B.	
最高速度	v_{max}	km/h	180	180	180	180	180	
电续驶里程数	$R_{CD\ PHEV}$	km	20	20	20	20	22	JEC（2013）
内燃机续驶里程数	$R_{CS\ PHEV}$	km	480	480	480	480	480	
百公里加速度	$a_{0\sim100}$	s	11	11	11	11	11	
充电/加氢时间	$t_{PHEV}^{Tank/Lade}$	min	29	29	22	22	n. B.	e. B.
成本明细								
HE 电池	k_{PHEV}^{HE-B}	欧元	3 223	2 153	880	551	389	
电机 + 电力电子元件 + 充电器	$k_{PHEV}^{E-Motor,LE,L}$	欧元	8 432	2 270	1 658	1 352	1 132	e. B. 2 – EFK
动力系统	k_{ICE-G}^{PT}	欧元	2 293	2 607	2 703	2 703	2 703	
效率提升措施	k_{ICE-G}^{ESM}	欧元	2 268	2 579	2 674	2 479	2 299	e. B. 基础 BEV
传统部件	k_{FCEV}^{KT}	欧元	12 997	9 974	9 683	9 643	9 603	e. A. = ICE – G
安装	k_{PHEV}^{M}	欧元	2 665	2 665	2 665	2 665	2 665	e. A. = ICE – G
销售和管理费用	VWK	欧元	2 741	2 741	2 741	2 741	2 741	e. A. = FCEV
收益	G	欧元	1 341	1 341	1 341	1 341	1 341	
净标价	NLP_{PHEV}	欧元	35 959	26 331	24 346	23 476	22 872	欧洲联合研究①
增值税	$MwSt$	%	19	19	19	19	19	
毛价	BLP	欧元	42 791	31 334	28 972	27 936	27 218	e. B.

注：1. 欧洲联合研究中不存在基础数据，所以汽车成本的计算依靠作者的假设所进行。

2. e. B.：作者的计算。

3. e. A.：作者的假设。

4. n. B.：未计算。

① 欧洲联合研究（2010）：成本近似传统情景中 C/D 级别的所有车辆的基础数据。

表 50　2010—2030 年 REEV 的技术参数和成本

REEV 汽油增程式电动汽车	公式符号	单位	2010	2015	2020	2025	2030	来源
技术参数								
HE 电池电容	E_{REEV}^{HE-B}	kWh	14.9	14.9	11.8	11.8	11.8	JEC（2013）
排量	H	L	1.4	1.4	1.2	1.2	1.2	
内燃机功率	P_{REEV}^{EKM}	kW	55	55	47	47	47	
电机功率	$P_{REEV}^{E-Motor}$	kW	90	90	75	75	75	
发电机功率	$P_{REEV}^{Generator}$	kW	57	57	50	50	50	
空气阻力系数	c_w	–	0.3	0.3	0.24	0.24	0.24	
迎风面积	A	m^2	2.2	2.2	2.2	2.2	2.2	
滚动阻力系数	f_R	–	0.007	0.007	0.005	0.005	0.005	
空车净重（包括驾驶员和90%的燃料）	m	kg	1 548	1 548	1 356	1 356	n. B.	
NEFZ 能量需求	E_{min}	kW·h/100km	12.39	12.39	9.82	9.82	n. B.	e. B.
NEFZ 效率（CD + CS 模式）	η	%	58.2	58.2	58.8	58.8	n. B.	
NEFZ 能耗（CS 模式）	$v_{CS\ REEV}^{k\ NEFZ}$	L/100km	4.54	4.54	3.54	3.54	n. B.	
NEFZ 能耗（CD 模式）	$v_{CD\ REEV}^{S\ NEFZ}$	kW·h/100km	15.23	15.23	12.0	12.0	n. B.	
利用因子	UF_{REEV}		0.76	0.76	0.76	0.76	n. B.	
NEFZ TtW – CO_2 排放	$E_{REEV}^{CO_2}$	g CO_2 eq. /km	26	26	20	20	n. B.	JEC（2013）
最高速度	v_{max}	km/h	160	160	160	160	160	
电续驶里程	$R_{CD\ PHEV}$	km	80	80	80	80	80	
内燃机续驶里程	$R_{CS\ PHEV}$	km	420	420	420	420	420	
百公里加速度	$a_{0\sim100}$	s	11	11	11	11	11	
充电/加氢时间	$t_{REEV}^{Tank/Lade}$	min	187	187	148	148	n. B.	e. B.
成本明细								
HE 电池	k_{BEV}^{HE-B}	欧元	12 978	8 672	3 852	2 407	1 699	e. B. 2 – EFK
电机 + 电力电子元件 + 充电器	$k_{PHEV}^{E-Motor,LE,L}$	欧元	21 080	5 676	3 928	3 203	2 680	e. A. = BEV
内燃机	k_{REEV}^{PT}	欧元	2 083	2 214	2 076	2 076	2 076	e. B. 基础 ICE – G
发电机	k_{REEV}^{G}	欧元	11 163	3 209	2 619	2 136	1 786	e. B. 基础 FCEV
传统部件	k_{FCEV}^{KT}	欧元	12 997	9 974	9 683	9 643	9 603	e. A. = FCEV
安装	k_{PHEV}^{M}	欧元	2 665	2 665	2 665	2 665	2 665	欧洲联合研究①
销售和管理费用	VWK	欧元	2 741	2 741	2 741	2 741	2 741	
收益	G	欧元	1 341	1 341	1 341	1 341	1 341	
净标价	NLP_{REEV}	欧元	67 049	36 492	28 906	26 212	24 592	e. B.
增值税	$MwSt$	%	19	19	19	19	19	e. B.
毛价	BLP	欧元	79 788	43 426	34 398	31 193	29 264	

注：1. 欧洲联合研究中不存在基础数据，所以汽车成本的计算依靠欧洲联合研究中作者的假设所进行。

2. e. B.：作者的计算。

3. e. A.：作者的假设。

4. n. B.：未计算。

① 欧洲联合研究（2010）：成本近似传统情景中 C/D 级别的所有车辆的基础数据。

表 51　2010—2030 年 BEV 的技术参数和成本

BEV 电池电动汽车	公式符号	单位	2010	2015	2020	2025	2030	来源
技术参数								
HE 电池容量	E_{BEV}^{HE-B}	kW · h	17. 8	17. 8	22. 1	22. 1	22. 1	
电机功率	$P_{BEV}^{E-Motor}$	kW	100	100	90	90	90	
空气阻力系数	c_w	–	0. 3	0. 3	0. 24	0. 24	0. 24	
迎风面积	A	m^2	2. 2	2. 2	2. 2	2. 2	2. 2	JEC（2013）
滚动阻力系数	f_R	–	0. 007	0. 007	0. 005	0. 005	0. 005	
空车净重（包括驾驶人和 90% 的燃料）	m	kg	1 365	1 365	1 230	1 230	n. B.	
NEFZ 能量需求	E_{min}	kW · h/100km	11. 47	11. 47	9. 26	9. 26	n. B.	e. B.
NEFZ 效率	η	%	79. 1	79. 1	87. 4	87. 4	n. B.	
NEFZ 能耗（电力）	$v_{BEV}^{S\ NEFZ}$	kW · h/100km	14. 5	14. 5	10. 6	10. 6	9. 5	
NEFZ 中的 TtW – CO_2 排放	$E_{BEV}^{CO_2}$	g CO_2eq. /km	0	0	0	0	0	
最高速度	v_{max}	km/h	130	130	130	130	130	JEC（2013）
NEFZ 续驶里程	R_{BEV}	km	120	120	200	200	200	
百公里加速度	$a_{0\sim100}$	s	11	11	11	11	11	
充电/加氢时间	$t_{BEV}^{Tank/Lade}$	min	289	289	358	358	n. B.	e. B.
成本明细								
HE 电池	k_{BEV}^{HE-B}	欧元	15 504	10 360	7 205	4 508	3 182	e. B. 2 – EFK
电机 + 电力电子元件 + 充电器	$k_{BEV}^{E-Motor,LE,L}$	欧元	21 080	5 676	3 928	3 203	2 680	
传统部件	k_{BEV}^{KT}	欧元	11 384	9 747	9 311	9 270	9 232	欧洲联合研究①
安装	k_{BEV}^{M}	欧元	2 665	2 665	2 665	2 665	2 665	
销售和管理费用	VWK	欧元	2 741	2 741	2 741	2 741	2 741	
收益	G	欧元	1 341	1 341	1 341	1 341	1 341	e. B.
净标价	NLP_{BEV}	欧元	54 715	32 530	27 191	23 728	21 841	
增值税	$MwSt$	%	19	19	19	19	19	e. B.
毛价	BLP	欧元	65 111	38 710	32 357	28 237	25 991	

注：1. e. B.：作者的计算。

2. e. A.：作者的假设。

3. n. B.：未计算。

① 欧洲联合研究（2010）：费用近似传统情景中 C/D 级别的 BEV 的基础数据。

表 52 2010—2030 年 FCEV 的技术参数和成本

FCEV 燃料电池汽车	公式符号	单位	2010	2015	2020	2025	2030	来源
技术参数								
燃料电池堆功率	$P_{FCEV}^{BZ-Stack}$	kW	70	70	55	55	55	JEC (2013)
HP 电池功率	P_{FCEV}^{HP-B}	kW	30	30	30	30	30	
电机功率	$P_{FCEV}^{E-Motor}$	kW	85	85	70	70	70	
燃料容量	T_{H2}	kgH_2	3	3	2. 3	2. 3	2. 3	
空气阻力系数	c_w	–	0. 3	0. 3	0. 24	0. 24	0. 24	
迎风面积	A	m^2	2. 2	2. 2	2. 2	2. 2	2. 2	
滚动阻力系数	f_R	·	0. 007	0. 007	0. 005	0. 005	0. 005	
空车净重（包括驾驶人和90%的燃料）	m	kg	1 458	1 458	1 278	1 278	n. B.	
NEFZ 能量需求	E_{min}	kW · h/100km	11. 94	11. 94	9. 47	9. 47	n. B.	e. B.
NEFZ 效率	η	%	44	47	50	52. 5	n. B.	
NEFZ 能耗（电力）	$v_{FCEV}^{S\ NEFZ}$	kW · h/100km	20. 8	20. 8	14. 9	14. 9	n. B.	JRC/EUCAR/CONCAWE (2013)
NEFZ 能耗（H_2）	$v_{FCEV}^{H2\ NEFZ}$	kg H_2/100km	0. 62	0. 62	0. 45	0. 45	n. B.	
TtW – CO_2 排放	$E_{FCEV}^{CO_2}$	g CO_2eq. /km	0	0	0	0	0	
最高速度	V_{max}	km/h	180	180	180	180	180	
续驶里程	R_{FCEV}	km	500	500	500	500	500	
百公里加速度	$a_{0\sim100}$	s	11	11	11	11	11	
充电/加氢时间	$t_{PCEV}^{Tank/Lade}$	min	5	5	5	5	5	e. A.
成本明细								
燃料电池堆	$k_{FCEV}^{BZ-Stack}$	欧元	35 000	9 030	2 365	1 210	660	e. B. 2 – EFK
燃料电池外围设备	$k_{FCEV}^{BZ-Periph}$	欧元	38 565	9 516	3 804	3 101	2 595	欧洲联合研究①
HE 电池	k_{FCEV}^{HP-B}	欧元	7 290	2 760	1 260	630	300	e. B. 2 – FLK
储氢瓶	$k_{FCEV}^{H2-Tank}$	欧元	10 923	4 058	2 488	2 203	2 023	欧洲联合研究①
电机 + 电力电子元件	$k_{FCEV}^{E-Motor,LE}$	欧元	16 647	4 786	3 667	2 990	2 501	
传统部件	k_{FCEV}^{KT}	欧元	12 997	9 974	9 683	9 641	9 603	
安装	k_{FCEV}^{M}	欧元	2 665	2 665	2 665	2 665	2 665	
销售和管理费用	VWK	欧元	2 741	2 741	2 741	2 741	2 741	
收益	G	欧元	1 341	1 341	1 341	1 341	1 341	
净标价	NLP_{PCEV}	欧元	128 170	46 871	30 014	26 522	24 429	e. B.
增值税	$MwSt$	%	19	19	19	19	19	e. B.
毛价	BLP	欧元	152 522	55 777	35 716	31 561	29 070	

注：1. e. B.：作者的计算。

2. e. A.：作者的假设。

3. n. B.：未计算。

① 欧洲联合研究（2010）：费用近似传统情景中 C/D 级别的 FCEV 的基础数据。

表53 根据数据中心化处理后的部分偏好值

特征水平		总数	男性	女性	31~45	46~65	汉堡	莱比锡	法兰克福
购买价格	20 000 欧元	36.76	34.34	40.75	39.02	31.14	40.33	23.11	40.33
	24 000 欧元	32.50	30.56	35.70	34.02	28.45	31.14	28.02	31.14
	28 000 欧元	20.15	21.85	17.41	20.83	17.79	20.98	15.20	20.98
	32 000 欧元	-8.41	-8.11	-8.91	-9.43	-4.96	-9.66	-0.44	-9.66
	36 000 欧元	-25.50	-23.99	-27.98	-26.77	-21.52	-27.24	-18.72	-27.24
	40 00 欧元	-55.50	-54.61	-56.98	-57.6.6	-50.91	-55.56	-46.98	-55.56
续驶里程	100km	-64.91	-67.23	-61.06	-61.97	-75.84	-72.90	-57.18	-72.90
	150km	-38.30	-42.34	-31.63	-35.44	-49.17	-44.46	-35.36	-44.46
	200km	-9.33	-14.16	-1.37	-7.90	-14.33	-9.24	-8.49	-9.24
	250km	6.30	3.94	10.21	7.92	-0.35	5.43	9.53	5.43
	400km	45.17	50.99	35.58	41.82	56.31	53.28	37.44	53.28
	600km	61.06	68.81	48.27	55.57	83.38	67.88	54.06	67.88
充电/加氢时间	3min	29.21	26.52	33.64	28.76	29.79	26.75	32.08	26.75
	10min	23.39	19.41	29.94	23.10	22.79	24.53	24.67	24.53
	30min	10.85	9.45	13.16	10.07	12.87	11.89	10.39	11.89
	1h	-0.65	1.04	-3.45	-0.68	0.72	-0.10	-3.32	-0.10
	4h	-19.40	-15.91	-25.15	-19.03	-20.19	-18.88	-20.07	-18.88
	8h	-43.39	-40.51	-48.15	-42.22	-45.99	-44.19	-43.74	-44.19
使用成本	40 欧元/m	27.22	23.39	33.55	28.04	26.54	24.55	27.40	24.55
	70 欧元/m	18.97	18.97	18.98	18.94	17.80	17.39	20.00	17.39
	100 欧元/m	-1.02	-2.42	1.29	-1.25	0.43	-1.89	-0.28	-1.89
	130 欧元/m	-16.55	-16.02	-17.42	-17.10	-15.08	-13.98	-17.99	-13.98
	160 欧元/m	-28.64	-23.92	-36.41	-28.62	-29.69	-26.07	-29.12	-26.07
最高速度	100km/h	-21.16	-20.22	-22.70	-20.65	-22.96	-25.24	-19.86	-25.24
	120km/h	-8.53	-9.68	-6.63	-8.53	-7.10	-10.46	-9.43	-10.46
	140km/h	3.88	3.36	4.73	4.76	0.01	7.76	3.06	7.76
	160km/h	11.91	10.91	13.57	11.03	15.50	13.65	11.17	13.65
	180km/h	13.90	15.64	11.03	13.39	14.55	14.29	15.06	14.29
CO_2排放	0g/km	34.34	28.99	43.15	34.43	36.56	29.67	51.63	29.67
	60g/km	19.53	18.91	20.55	20.02	16.46	18.81	27.98	18.81
	95g/km	-0.34	0.88	-2.36	0.17	-1.38	-4.02	1.35	-4.02
	130g/km	-20.09	-18.67	-22.42	-20.22	-20.34	-15.28	-30.46	-15.28
	180g/km	-33.44	-30.11	-38.92	-34.39	-31.30	-29.18	-50.51	-29.18
百公里加速度	5s	9.34	10.28	7.80	9.63	7.13	6.05	11.72	6.05
	8s	4.51	9.14	-3.13	3.22	8.59	2.84	6.05	2.84
	11s	2.59	3.59	0.96	2.02	2.84	4.00	2.43	4.00
	14s	3.54	1.69	6.59	4.53	0.60	4.65	2.99	4.65
	17s	-26.56	-13.42	-11.13	-12.54	-10.99	-10.06	-15.80	-10.06
	20s	-7.43	-12.27	-1.09	-6.86	-8.27	-7.48	-7.39	-7.48
	None	-55.82	-53.11	-60.29	-60.76	-37.41	-31.83	-81.57	-55.17

表 54 TECK 模型涉及的公式及计算流程

说明	输入①	输出
部件成本	$k_t = KumP^{b}_{t-V_t}KumX^{c}_{t}k_1$	TCO 总持有成本
ICE－G 净标价	$NLP_{ICE-G} = k^{PT}_{ICE-G} + k^{ESM}_{ICE-G} + k^{KT}_{ICE-G} + k^{M}_{ICE-G} + VWK + G$	
ICE－D 净标价	$NLP_{ICE-D} = k^{PT}_{ICE-D} + k^{ESM}_{ICE-G} + k^{KT}_{ICE-D} + k^{M}_{ICE-D} + VWK + G$	
HEV 净标价	$NLP_{HEV} = k^{PT}_{ICE-G} + k^{ESM}_{ICE-G} + k^{KT}_{ICE-G} + k^{HP-B}_{HEV} + k^{HM}_{HEV} + k^{M}_{ICE-G'} + VWK + G$	
PHEV 净标价	$NLP_{HPEV} = k^{PT}_{ICE-G} + k^{ESM}_{ICE-G} + k^{KT}_{FCEV} + k^{RE-B}_{PHEV} + k^{E-Motor,LE,L}_{PHEV} + k^{M}_{PHEV} + VWK + G$	
REEV 净标价	$NLP_{REEV} = k^{PT}_{REEV} + k^{G}_{REEV} + k^{KT}_{FCEV} + k^{HE-B}_{REEV} + k^{E-Motor,LE,L}_{BEV} + k^{M}_{PHEV} + VWK + G$	
BEV 净标价	$NLP_{BEV} = k^{KT}_{BEV} + k^{HE-B}_{BEV} + k^{E-Motor,LE,L}_{BEV} + k^{M}_{PHEV} + VWK + G$	
FCEV 净标价	$NLP_{FCEV} = k^{KT}_{FCEV} + k^{HP-B}_{FCEV} + k^{E-Motor,LE,L}_{FCEV} + k^{BZ-Stack}_{FCEV} + k^{BZ-Periph}_{FCEV} + k^{H2-Tank}_{FCEV} + k^{M}_{FCEV} + VWK + G$	
资本成本	$k^{Kap}_{A} = \frac{(BLP_{t,P,X} + RW_{A,t,l})}{2}i$	
价值损失	$RW_{t,l} = \alpha^{t}\beta^{l}BLP$	
燃料成本(汽油/柴油)	$k^{K}_{A} = v^{K}_{A}k^{K}l_{A}$	$TCO_{A.t.}l = k^{Fzg}_{A} + k^{Kap}_{A} + k^{K}_{A} + k^{S}_{A} + k^{H2}_{A} + k^{W+R}_{A} + k^{S+V}_{A} + k^{So}$
燃料成本(电力)	$k^{S}_{k} = v^{S}_{A}k^{S,H}l_{A} + k^{S,I}$	
燃料成本(氢气)	$k^{H2}_{A} = v^{H2}_{A}k^{H2,P+D}l_{A}MuSt + k^{H2,I}$	
加权能耗	$X_{UN/ECE} = UFX_{CD} + (1-UF)X_{CS}$	
车辆能耗	$W_R = \int F_R d_S = \int f_R mg d_S$ $W_L = \int F_L d_S = \int c_W A\rho \frac{v^2}{2} d_S$ $W_B = \int F_B d_S = \int ma_B d_S$ $W_{ges} = W_R + W_L + W_B = E_{min}$ $\eta_{A,Z} = \frac{E_{min}}{\sum v^{K,Strom,H_2}_{A}}$	WtW 能耗和 CO_2 排放 $EV_{A,WtW} = EV_{K,WtT} + V^{K}_{A,TtW}$ $E^{CO2}_{A,WtW} = (E^{CO2}_{K,WtT}v^{K}_{A,TtW}) + E^{CO2}_{A,TtW}$
客户偏好	$U_i = \sum_{k=1}^{K}\sum_{l=1}^{L}\beta_{kl}x_{ikl}$	偏好单位

注：未列出项：保养和维修成本、税收、保险和其他成本。

① 通过从表 46 ~ 表 52 中选择输入参数，可以获得与时间相关的汽车价格。

参考文献

ACEA (2013a): *The Automobile Industrie Pocket Guide*. European Automobile Manufactures Association.

ACEA (2013b): *Overview of purchase and tax incentives for electric vehicles in the EU*. European Automobile Manufactures Association.

ADAC (2012): ADAC Autokosten-Rechner. url: http://www.adac.de/infotestrat/autodatenbank/autokosten/autokosten-rechner/default.a, zuletzt zugegriffen am 05.06.2012.

ADAC (2013a): *ADAC Autokosten 2013*. Kostenübersicht für über 1.800 aktuelle Neuwagen-Modelle.

ADAC (2013b): *Finanzierung oder Leasing*. Juristische Zentrale – Verbraucherschutz Recht. Allgemeiner Deutscher Automobil-Club e.V. (ADAC).

ADAC (2015a): BMW i3. url: https://www.adac.de/infotestrat/autodatenbank/autokosten/, zuletzt zugegriffen am 14.06.2015.

ADAC (2015b): BMW i3 (inkl. Range Extender). url: https://www.adac.de/info-testrat/autodatenbank/autokosten/, zuletzt zugegriffen am

ADAC (2015c): Opel Ampera E-REV. url: https://www.adac.de/infotestrat/autodatenbank/autokosten/, zuletzt zugegriffen am 14.06.2015.

ADAC (2015d): Toyota Prius 1,8 Hybrid. url: https://www.adac.de/infotestrat/autodaten-bank/autokosten/, zuletzt zugegriffen am 14.06.2015.

ADAC (2015e): Toyota Prius Plug-In Hybrid Life. url: https://www.adac.de/infotestrat/autodatenbank/autokosten/, zuletzt zugegriffen am 14.06.2015.

ADAC (2015f): VW e-Golf. url: https://www.adac.de/infotestrat/autodatenbank/autokosten/, zuletzt zugegriffen am 14.06.2015.

ADAC (2015g): VW e-Golf ADAC Autokosten-Rechner. url: https://www.adac.de/infotestrat/autodatenbank/detail.aspx?KFZID=240387&activeTab=3&info=VW+e-Golf+, zuletzt zugegriffen am 22.04.2015.

ADAC (2015h): VW Golf 1,2 TSI BMT Trendline. url: https://www.adac.de/infotestrat/autodatenbank/autokosten/, zuletzt zugegriffen am 14.06.2015.

ADAC (2015i): VW Golf 1,6 TDI ADAC Autokosten-Rechner. url: https://www.adac.de/infotestrat/autodatenbank/detail.aspx?KFZID=240901&activeTab=3&info=VW+Golf+1.6+TDI+BMT+Trendline+DSG+(7-Gang), zuletzt zugegriffen am 22.04.2015.

ADAC (2015j): VW Golf 1,6 TDI BMT Trendline DSG (7-Gang). url: https://www.adac.de/infotestrat/autodatenbank/autokosten/, zuletzt zugegriffen am 14.06.2015.

ADAC (2015k): VW Golf GTE DSG. url: https://www.adac.de/infotestrat/autodatenbank/autokosten/, zuletzt zugegriffen am 14.06.2015.

Adolf, J., Fehrenbach, H., Fritsche, U. und Liebig, D. (2013): Welche Rolle können Biokraftstoffe im Verkehrssektor spielen? In: *Wirtschaftsdienst* 93 (2):S. 124-131. doi: 10.1007/s10273-013-1496-2.

Aicher, Blum und Specht (2004): Wasserstoffgewinnung aus Erdgas – Anlagenentwicklung und Systemtechnik. In: *FSV*:S. 60-64.

AKA (2010): *AKA Kennzahlen 2010-2009*. Arbeitskreis der Banken und Leasinggesellschaften der Automobilwirtschaft.

Albers, S., Becker, J., Clement, M., Papies, D. und Schneider, H. (2007): Messung von Zahlungsbereitschaften und ihr Einsatz für die Preisbündelung - Eine anwendungsorientierte Darstellung am Beispiel digitaler TV-Programme. In: *Marketing ZFP* Heft 1:S. 7-23.

Alfaris, A. (2010): *Multiobjective Optimization (I)*. Multidisciplinary System Design Optimization (MSDO). Massachusetts Institute of Technology (MIT) - Prof. de Weck and Prof. Willcox. Engineering Systems Division and Dept. of Aeronautics and Astronautics.

Althues, H. (2014): Was man über Lithium-Schwefel-Akkus wissen muss. elektroniknet.de. url: http://www.elektroniknet.de/power/energiespeicher/ artikel/105459/, zuletzt zugegriffen am 14.04.2015.

AMS (2010): Diese Autos mobilisierten die Ostdeutschen. url: http://m.auto-motor-und-sport.de/news/autos-in-der-ddr-diese-autos-mobilisierten-die-ostdeutschen-1463442.html, zuletzt zugegriffen am 07.03.2014.

AMS (2011): Mercedes F-Cell World Drive Ein Tag am Meer. url: http://www.auto-motor-und-sport.de/news/mercedes-f-cell-world-drive-ein-tag-am-meer-und-neuer-minimalverbrauch-3434039.html, zuletzt zugegriffen am 18.12.2014.

AMS (2014): Reichweitentest. In: *Auto-Motor-und-Sport* 16/2014:S. 96-100.

AMS (2015): Technische Daten: VW Golf VII. url: http://www.auto-motor-und-sport.de/news/vw-golf-vii-die-technischen-daten-des-neuen-golf-5642207.html, zuletzt zugegriffen am 22.04. 2015.

Angerer, G., Erdmann, L., Marscheider-Weidemann, F., Schrap, M., Lüllmann, A., Handke, V. und Marwede, M. (2009): *Rohstoffe für Zukunftstechnologien*. Fraunhofer ISI.

Arnold, D. (2005): Die SIGMA Milieus - das globale Zielgruppen- und Trendsystem der BMW Group. url: http://www.sigma-online.com/de/Articles and Reports/Planung Analyse/, zuletzt zugegriffen am 03.03.2015.

Autobild (2014): Kälte ist der Feind des Elektro-Autos. url: http://www.bild.de/auto/autonews/elektroauto/wintertetst-reichweite-34053450.bild.html, zuletzt zugegriffen am 08.01.2015.

AVERE (2012): Norwegian Parliament extends electric car iniatives until 2018. url: http://www.avere.org/www/newsMgr.php?action=view&frmNewsId=611&section=&type=&SGLSESSID=tqiice0pmjdclt7l4q0s3s1o27, zuletzt zugegriffen am 18.11.2013.

Axhausen, K. W. und Sammer, G. (2001): *„stated responses": Überblick, Grenzen, Möglichkeiten*. Arbeitsbericht 73 Verkehrs-und Raumplanung. IVT Institut für Verkehrsplanung, Transporttechnik, Strassen und Eisenbahnbau an der ETH-Zürich.

Backhaus, K., Erichson, B., Plinke, W. und Weiber, R. (2011a): *Fortgeschrittene Multivariate Analysemethoden: Eine anwendungsorientierte Einführung* Springer, Heidelberg. ISBN: 978-3-642-15248-1.

Backhaus, K., Erichson, B., Plinke, W. und Weiber, R. (2011b): *Multivariate Analysemethoden. Eine anwendungsorientierte Einführung.* Springer, Heidelberg. ISBN: 978-3-642-16490-3.

BAFA (2009): *Richtlinie zur Förderung des Absatzes von Personenkraftwagen*. Bundesamt für Wirtschaft und Ausfuhrkontrolle.

Balderjahn, I., Hedergott, D. und Peyer, M. (2009): *Choice-Based Conjointanalyse*. In: *Conjointanalyse*, edited by D. Baier und Brusch, M.: Springer Berlin Heidelberg, 129-146, ISBN: 978-3-642-00753-8.

BASt (2002): *Fahrleistungserhebung 2002*. Bundesanstalt für Straßenwesen.

BBE (2010): *Auto Finance*. BBE Retail Experts.

BCG (2013): *Trendstudie 2030+*. The Boston Consulting Group.

BDEW (2013): *BDEW-Strompreisanalyse Mai 2013*. BDEW Bundesverband der Energie- und Wasserwirtschaft e.V.

BDL (2013): *Fahrzeugleasing*. Bundesverband Deutscher Leasing-Unternehmen.

Becker, U. J., Becker, T. und Gerlach, J. (2013): *Externe Autokosten in der EU-27 Überblick über existierende Studien*. T. Dresden. Fakultät Verkehrswissenschaften „Friedrich List", Institut für Verkehrsplanung und Straßenverkehr.

Berdichevsky, G., Kelty, K., Straubel, J. und Toomre, E. (2006): The Tesla Roadster Battery System. url: http://webarchive.teslamotors.com/display_data/TeslaRoadsterBattery-System.pdf, zuletzt zugegriffen am 02.12.2011.

Berkel, M. (2013): Abschied von seltenen Erden. In: *Technology Review*:S. 10-11.

BGBI (2012): *Hauptuntersuchung und Sicherheitsprüfung der Fahrzeuge*. Anlage VIII (§ 29 Absatz 1 bis 4, 7, 9, 11 und 13).

Biedermann, P., Birnbaum, K. U., Grube, T., Höhlein, B., Linßen, J., Lokurlu, A., Menzer, R., Walbeck, M., Hake, J.-F. und Stolten, D. (2002): *Brennstoffzellensysteme für mobile Anwendungen*. Forschungszentrum Jülich GmbH - Programmgruppe Systemforschung und Technologische Entwicklung.

BMU (2011): *Erfahrungsbericht 2011 zum Erneuerbare-Energien-Gesetz (EEG-Erfahrungsbericht)*. gemäß § 65 EEG.

BMU (2012): *Informationen zur Kalkulation der EEG-Umlage für das Jahr 2012*. Bundesministerium für Umwelt, Naturschutz und Reaktorsicherheit (BMU).

BMU (2013): *Erneuerbare Energien 2012*. Daten des Bundesministeriums für Umwelt, Naturschutz und Reaktorsicherheit zur Entwicklung der erneuerbaren Energien in Deutschland im Jahr 2012 auf der Grundlage der Angaben der Arbeitsgruppe Erneuerbare Energien-Statistik (AGEE-Stat).

BMVBS (2000): *Verkehr in Zahlen 2000*. DIW Berlin, Berlin. ISBN: 978-3-871-54259-6.

BMVBS (2011): *Roadmap zur Kundenakzeptanz - Zentrale Ergebnisse der sozialwissenschaftlichen Begleitforschung in den Modellregionen*. Technologie-Roadmapping am Fraunhofer ISI. Konzepte - Methoden - Praxisbeispiele Nr. 3.

BMVBS (2013): *Verkehr in Zahlen 2012/2013*. DIW Berlin, Berlin. ISBN: 978-3-871-54473-6.

BMVI (2013): *Sozio-ökonomische und verkehrspolitische Rahmenbedingungen der Verkehrsprognose*. im Rahmen der Verkehrsverflechtungsprognose 2030 sowie Netzumlegungen auf die Verkehrsträger.

BMW (2015): *Enviromental Certification BMW i3*.

BMWI (2012): *Energiedaten*. Bundesministerium für Wirtschaft und Technologie.

BMWI (2013a): *Energie in Deutschland: Trends und Hintergründe zur Energieversorgung*. Bundesministerium für Wirtschaft und Technologie.

BMWI (2013b): *Energiedaten: Gesamtausgabe*. Bundesministerium für Wirtschaft und Technologie.

Böcker, J. (2011): *Antriebe für umweltfreundliche Fahrzeuge*. Universität Paderborn - Fachgebiet Leistungselektronik und Elektrische Antriebstechnik.

Böhler, H. und Scigliano, D. (2009): *Traditionelle Conjointanalyse*. In: *Conjointanalyse*, edited by D. Baier und Brusch, M.: Springer Berlin Heidelberg, 101-112, ISBN: 978-3-642-00753-8.

BP (2008): *Erdöl bewegt die Welt - Von der Quelle bis zum Verbraucher*. Deutsche BP Aktiengesellschaft.

Braess, H.-H. und Seiffert, U. (2011): *Handbuch Kraftfahrzeugtechnik*. Vieweg+Teubner, Wiesbaden. ISBN: 978-3-834-81011-3.

Breitinger, M. (2014): *Die Schweizer, ein Volk von Carsharern*. Die Zeit.

Bruchof, D. (2012): *Möglichkeiten und Grenzen alternativer Kraftstoffe und Antriebe in Deutschland und der EU-27*, Institut für Energiewirtschaft und Rationelle Energieanwendung, Universität Stuttgart, Stuttgart.

Brünglinghaus, C. (2015): Wie sich die Batterietechnik für Elektroautos entwickelt. Springer Professional. url: http://www.springerprofessional.de/wie-sich-die-batterietechnik-fuer-elektroautos-entwickelt/5695218.html, zuletzt zugegriffen am 24.04.2015.

Buchert, M., Jenseit, W., Dittrich, S., Hacker, F., Schüler-Hainsch, E., Ruhland, K., Knöfel, S., Goldmann, D., Rasenack, K. und Treffer, F. (2011): *Ressourceneffizienz und ressourcenpolitische Aspekte des Systems Elektromobilität*. Arbeitspaket 7 des Forschungsvorhabens OPTUM: Optimierung der Umweltentlastungspotenziale von Elektrofahrzeugen.

Buchmann, I. (2011): Battery Statistics. url: www.batteryuniversity.com/learn/article/battery_statistics, zuletzt zugegriffen am 04.10.2011.

Bundesrat (2013): *Gesetz zur Umsetzung der Amtshilferichtlinie sowie zur Änderung steuerlicher Vorschriften (Amtshilferichtlinie-Umsetzungsgesetz-AmtshilfeRLUmsG)*.

Bundesregierung (2010): Energiekonzept für eine umweltschonende, zuverlässige und bezahlbare Energieversorgung: bmwi, bmu.

Burke, E. K. und Kendall, G. (2013): *Search Methodologies: Introductory Tutorials in Optimization and Decision Support Techniques*. Imprint: Springer, ISBN: 978-1-461-46940-7.

CEP (2013): *Gemeinsame Pressemitteilung vom 14. März 2013*. Umweltminister Franz Untersteller weiht „autarke" Wasserstoff-Tankstelle in Stuttgart ein. Clean Energy Partnership.

Chlond, B., Weiss, C., Heilig, M. und Vortisch, P. (2014): Hybrid Modeling Approach of Car Uses in Germany on Basis of Empirical Data with Different Granularities. In: *Transportation Research Record: Journal of the Transportation Research Board* 2412 (-1):S. 67-74. doi: 10.3141/2412-08.

Coenenberg, A. G., Fischer, T. M. und Günther, T. (2009): *Kostenrechnung und Kostenanalyse*. Schäffer-Poeschel, Stuttgart. ISBN: 978-3-791-02844-6.

Continental (2012): *Neue Generation der Leistungselektronik von Continental macht elektrisches Fahren noch effizienter*. Pressemitteilung.

Daimler (2012): *Umwelt-Zertifikat für die neue B-Klasse*. Abteilung: Umweltgerechte Produktentwicklung (GR/PZU) in Zusammenarbeit mit Globale Produktkommunikation Mercedes-Benz Cars (COM/MBC).

Daimler (2014): Umweltzertifikat. url: http://www.daimler.com/nachhaltigkeit/produkt-verantwortung, zuletzt zugegriffen am 09.10.2014.

DAT-Report (2014): Markt- und Konsumforschung für die Automobilwirtschaft. url: http://www.dat.de/angebote/verlagsprodukte/dat-report.html, zuletzt zugegriffen am 13.02.2014.

DAT (2005): *DAT-Report Autohaus*. Deutsche Automobil Treuhand GmbH.

DAT (2013): *DAT-Report 2013 Autohaus*. Deutsche Automobil Treuhand GmbH.

DAT (2015): *DAT-Report 2015 Autohaus*. Deutsche Automobil Treuhand GmbH.

Davis, J. (2014): *How Assumptions About Consumers Influence Estimates of Electric Vehicle Miles Traveled of Plug-in Hybrid Electric Vehicles: A Review of PHEV Use Data and Possible Implications for the SAEJ2841 Utility Factor (UF) Standard*. Research Report – UCD-ITS-RR-14-03. Institute of Transportation Studies.University of California, Davis.

de Haan, P., Müller, M. G. und Peters, A. (2007): *Anreizsysteme beim Neuwagenkauf: Wirkungsarten, Wirksamkeit und Wirkungseffizienz*. Bericht zum Schweizer Auto-kaufverhalten Nr. 14. ETH Zürich, IED-NSSI, report EMDM1561.

de Haan, P. und Peters, A. (2005): *Charakteristika und Beweggründe von Käufern des Toyota Prius 2*. Forschungsbericht zum Projekt Hybridfahrzeuge. ETH Zürich.

DEKRA/IFA (2008): *Das Management der Cost of Ownership*. Dekra und Institut für Automobilwirtschaft.

Denkena, B., Blümel, P. und Lorenzen, L. E. (2007): Total Benefits of Ownership. In: *wt Werkstattstechnik online* 7/8:S. 560-566.

Denkena, B., Rudzio, H., Eikötter, M. und Blümel, P. (2009): Total Cost and Benefit of Ownership Technologiebewertung mittels Lebenszykluskosten- und - Nutzenbetrachtung. In: *Industrie Management* 25:S. 35-38.

DeutscherBundestag (2014): *Elektromobilitätsgesetz – EmoG Entwurf eines Gesetzes zur Bevorrechtigung der Verwendung elektrisch betriebener Fahrzeuge. Stand 03.12.2014*. Deutscher Bundestag 18. Wahlperiode. Drucksache 18/3418.

DieWelt (2009): Schwacke-Chef über die Folgen der Abwrackprämie. url: http://www.welt.de/motor/article3520777/Schwacke-Chef-ueber-die-Folgen-der-Abwrackpraemie.html?config=print, zuletzt zugegriffen am 01.03.2014.

DieWelt (2014): Stromproduktion aus Kohle klettert auf Rekordwert. url: http://www.welt.de/wirtschaft/article123614018/Stromproduktion-aus-Kohle-klettert-auf-Rekordwert.html?config=print, zuletzt zugegriffen am 11.11.2014.

DIN-EN-ISO (2006): Ökobilanz – Anforderungen und Anleitungen (ISO 14044:2006).

DLR und Wuppertal-Institut (2015): *Begleitforschung zu Technologien, Perspektiven und Ökobilanzen der Elektromobilität (STROMbegleitung). Abschlussbericht im Rahmen der Förderung des Themenfeldes „Schlüsseltechnologien für die Elektromobilität (STROM)" an das Bundesministerium für Bildung und Forschung (BMBF)*. Stuttgart, Wuppertal, Berlin.

Dudenhöffer, K. (2013): Lärmemissionen von Elektroautos. In: *HZwei* 01/2013:S. 40-41.

Duschl, A., Mauch, W., Boermans, T., Fritsche, U. und Patyk, A. (2003): *Kumulierter Energieverbrauch (KEV) – ein praktikabler Bewertungs- und Entscheidungsindikator für nachhaltige Produkte und Dienstleistungen*. Umweltbundesamt.

EEA (2013): *Monitoring CO2 emissions from new passenger cars in the EU: summary of data for 2012*. European Environment Agency.

EEG (2000): *Gesetz für den Vorrang Erneuerbarer Energien (Erneuerbare-Energien-Gesetz - EEG)*.

EG (2013): *Verordnung 715/2007*. über die Typgenehmigung von Kraftfahrzeugen hinsichtlich der Emissionen von leichten Personenkraftwagen und Nutzfahrzeugen (Euro 5 und Euro 6) und über den Zugang zu Reparatur- und Wartungsinformationen für Fahrzeuge.

Ehrlenspiel, K., Kiewert, A. und Lindemann, U. (2007): *Kostengünstig Entwickeln und Konstruieren*. Springer, Berlin Heidelberg. ISBN: 978-3-540-74222-7.

Ehrlenspiel, K., Kiewert, A. und Lindemann, U. (2010): *Cost-Efficient Design*. Springer, Berlin Heidelberg New York. ISBN: 978-3-540-34647-0.

Eichlseder, H. und Klell, M. (2008): *Wasserstoff in der Fahrzeugtechnik*. Vieweg+Teubner, Wiesbaden. ISBN: 978-3-834-80478-5.

Ellram, L. M. (1994): *Total Cost Modeling in Purchasing*. National Association of Purchasing Management, Tempe-Arizona. ISBN: 0-945968-17-5.

Ellram, L. M. (1995): Total cost of ownership - An analysis approach for purchasing. In: *International Journal of Physical Distribution & Logistics Management* 25 No.8:S. 4-23.

Emmermann, R. (2008): *Klimawandel: Ursachen und Verursacher, Klimawandel schafft Wirtschaftsklima*. Management Engineers - Klimawandel schafft Wirtschaftsklima - Zukunftsszenarien für Ökologie und Ökonomie: Forum, Berlin.

EnergieStG (2012): *Energiesteuergesetz (EnergieStG)*. Ausfertigungsdatum: 15.07.2006.

Enzensberger, N. und Wietschel, M. (2003): *Klassifizierung umweltpolitischer Instrumente und Bewertungskriterien*. Ecomed Verlagsgesellschaft, Karlsruhe. ISBN: 978-3-527-62555-0.

EPA (2011): Espacenet. url: http://www.epo.org/searching/free/espacenet_de.html, zuletzt zugegriffen am 18.10.2011-14.11.2011.

ERGO (2014): *ERGO Versicherungsbedingungen*. für Pkw Haftpflicht- und Kaskoversicherung.

EStG (2013): *Einkommensteuergesetz (EStG)*. Bundesministeriums der Justiz. zuletzt geändert durch Art. 1 G v. 15.7.2013 I 2397.

EU-Coalition (2010): *The role of Battery Electric Vehicles, Plug-in Hybrids and Fuel Cell Electric Vehicles*. www.zeroemissionvehicles.eu.

EU (2009a): *Richtlinie 2009/28/EG*. zur Förderung der Nutzung von Energie aus erneuerbaren Quellen und zur Änderung und anschließenden Aufhebung der Richtlinien 2001/77/EG und 2003/30/EG.

EU (2009b): *Richtlinie 2009/30/EG*. zur Änderung der Richtlinie 98/70/EG im Hinblick auf die Spezifikationen für Otto-, Diesel- und Gasölkraftstoffe und die Einführung eines Systems zur Überwachung und Verringerung der Treibhausgasemissionen sowie zur Änderung der Richtlinie 1999/32/EG des Rates im Hinblick auf die Spezifikationen für von Binnenschiffen gebrauchte Kraftstoffe und zur Aufhebung der Richtlinie 93/12/EWG.

EU (2009c): *Zur Festsetzung von Emissionsnormen für neue Personenkraftwagen im Rahmen des Gesamtkonzepts der Gemeinschaft zur Verringerung der CO2-Emissionen von Personenkraftwagen und leichten Nutzfahrzeugen*. 443/2009.

EUCAR/CONCAWE/JRC (2011): *Well-to-Tank (WTT) Report, Version 3c*.

Eurostat (2010): *Europa in Zahlen*. Eurostat Jahrbuch 2010, ISBN: 978-92-79-14883-5.

Fabian, S. (2005): *Wettbewerbsforschung und Conjoint-Analyse: Bestimmung der Präferenzen von Managern mittels Conjoint-Analyse zur Erklärung ihres Verhaltens im Wettbewerb, insbesondere ihres Reaktionsverhaltens bei Konkurrenzaktionen*. Deutscher Universitätsverlag, Wiesbaden. ISBN: 978-3-824-48205-4.

Finkbeiner, M. (2012): From the 40s to the 70s—the future of LCA in the ISO 14000 family. In: *The International Journal of Life Cycle Assessment* 18 (1):S. 1-4. doi: 10.1007/s11367-012-0492-x.

Fischer, R. (2004): *Elektrische Maschinen*. Carl Hanser Verlag, München, Wien. ISBN: 978-3-446-22693-7.

Flottenmanagement (2010): Der klägliche Rest(wert). In: *Flottenmanagement* 02/2010 (Special Kauffuhrpark):S. 68-71.

Franke, T. und Krems, J. F. (2013): What drives range preferences in electric vehicle users? In: *Transport Policy* 30:S. 56-62. doi: 10.1016/j.tranpol.2013.07.005.

Fraunhofer-ISI (2012): *Technologie-Roadmap Energiespeicher für die Elektromobilität*. Schriftreihe des Fraunhofer ISI.

Fraunhofer (2013): *Leichtbau in Mobilität und Fertigung - Ökologische Aspekte*. e-mobil BW GmbH – Landesagentur für Elektromobilität und Brennstoffzellentechnologie Baden-Württemberg. Ministerium für Finanzen und Wirtschaft Baden-Württemberg. Ministerium für Wissenschaft, Forschung und Kunst Baden-Württemberg. Fraunhofer-Institut für Produktionstechnik und Automatisierung IPA. Fraunhofer-Institut für Bauphysik IBP. Fraunhofer-Institut für Toxikologie und Experimentelle Medizin ITEM.

Frenzel, I., Jarass, J., Trommer, S. und Lenz, B. (2015): *Erstnutzer von Elektrofahrzeugen in Deutschland. Nutzerprofile, Anschaffung, Fahrzeugnutzung*. Berlin: Deutsches Zentrum für Luft- und Raumfahrt e. V. (DLR).

Friedrich, H. E. (2013): *Leichtbau in der Fahrzeugtechnik*. Springer Vieweg, Wiesbaden. ISBN: 978-3-834-81467-8.

Frietsch, R. (2007): *Patente in Europa und der Triade. Strukturen und deren Veränderung*. Fraunhofer ISI, Berlin.

Frischknecht, R. (2009): *Umweltverträgliche Technologien: Analyse und Beurteilung*. ETH Zürich - Studiengang Umweltnaturwissenschaften.

Genose, F. und Wietschel, M. (2011): Großtechnische Stromspeicher im Vergleich. In: *Energiewirtschaftliche Tagesfragen* 61, No.6:S. 26-31.

Geo Forschungs Zentrum (2012): Erde im Klimawandel. In: *bild der wissenschaft research GFZ*:S. 4-8.

Gerl, B. (2002): *Innovative Automobilantriebe*. Verlag Moderne Industrie, Landsberg/Lech. ISBN: 3-478-93275-0.

Gerssen-Gondelach, S. J. und Faaij, A. P. C. (2012): Performance of batteries for electric vehicles on short and longer term. In: *Journal of Power Sources* 212:S. 111-129. doi: 10.1016/j.jpowsour.2012.03.085.

Gnann, T., Plötz, P., Kühn, A. und Wietschel, M. (2014): *Modelling Market Diffusion of Electric Vehicles with Real World Driving Data - German Market and Policy Options*. Working Paper Sustainability and Innovation. No. S 12/2014. Fraunhofer ISI. Karlsruhe.

Gnann, T., Plötz, P., Zischler, F. und Wietschel, M. (2012): *Elektromobilität im Personenwirtschaftsverkehr – eine Potenzialanalyse*. Fraunhofer ISI.

Griffin, A. (1993): Metrics for Measuring Product Development Cycle Time. In: *Journal of Product Innovation Management* 10 (2):S. 112-125.

GTAI (2012): *Frankreich verschärft Bonus-Malus-System beim Autokauf*. Germany Trade & Invest.

Günthel, D., Sturm, L. und Gärtner, C. (2009): *Anwendung der Choice-Based-Conjoint-Analyse zur Prognose von Kaufentscheidungen im ÖPNV*. TU Dresden. Institut für Wirtschaft und Verkehr.

Hacker, F., Waldenfels, R. v. und Mottschall, M. (2015): *Wirtschaftlichkeit von Elektromobilität in gewerblichen Anwendungen*. Abschlussbericht. IKT für Elektromobilität.

Hahn, C. (1997): *Conjoint- und Discrete Choice-Analyse als Verfahren zur Abbildung von Präferenzstrukturen und Produktauswahlentscheidungen. Ein theoretischer und computergestützter empirischer Vergleich*. LIT Verlag, Münster. ISBN: 978-3-825-83361-9.

Haken, K. L. (2008): *Grundlagen der Kraftfahrzeugtechnik*. Hanser, München. ISBN: 978-3-446-22812-2.

Hampel, M. (2012): *Einfluss zukünftiger energetischer Standards auf die Ergebnisse der Ökobilanz (LCA) und Lebenszykluskosten (LCC) am Beispiel Einfamilienhaus*, Lehrstuhl für Bauphysik (LBP), Universität Stuttgart.

Hampl, N. und Loock, M. (2012): Sustainable Development in Retailing: What is the Impact on Store Choice? Institute for Economy and the Environment, University of St Gallen, St Gallen, Switzerland. In: *Business Strategy and the Environment* 22:S. 202-216. doi: 10.1002/bse.1748.

Handelsblatt (2013): Der Diesel-Porsche ist eine Bank. url: http://www.handelsblatt.com/auto/ratgeber-service/die-autos-mit-dem-besten-werterhalt-der-diesel-porsche-ist-eine-ba, zuletzt zugegriffen am 07.03.2014.

Haupt, C. (2013): *Ein multiphysikalisches Simulationsmodell zur Bewertung von Antriebs- und Wärmemanagementkonzepten im Kraftfahrzeug*, Lehrstuhl für Verbrennungskraftmaschinen, TU München.

Heidt, Lambrecht, Hardinghaus, Knitschky, Schmidt, Weindorf, Naumann, Majer, Müller-Langer und Seiffert (2013): *CNG und LPG – Potenziale dieser Energieträger auf dem Weg zu einer nachhaltigeren Energiever-sorgung des Straßenverkehrs*. Studie im Rahmen der Wissenschaftlichen Begleitung, Unterstützung und Beratung des BMVI in den Bereichen Verkehr und Mobilität mit besonderem Fokus auf Kraftstoffen und Antriebstechnologien sowie Energie und Klima.

Helms, H., Jöhrens, J., Hanusch, J., Höpfner, U., Lambrecht, U. und Pehnt, M. (2011a): *UMBReLA - Ergebnisbericht*. Umweltbilanzen Elektromobilität. IFEU.

Helms, H., Jöhrens, J., Hanusch, J., Höpfner, U., Lambrecht, U. und Pehnt, M. (2011b): *UMBReLA - Grundlagenbericht*. IFEU.

Helms, H., Lambrecht, U., Jöhrens, J., Pehnt, M., Liebich, A., Weiß, U. und Kämper, C. (2013): *Ökologische Begleitforschung zum Flottenversuch Elektromobilität "Twin Drive"*. IFEU.

Henderson, B. D. (1984): *Die Erfahrungskurve in der Unternehmensstrategie*. Campus Verlag, Frankfurt/New York. ISBN: 3-593-32086-X.

Herfurth, K., Peters, A. und de Haan, P. (2007): *Wer wählt welche Autoklasse?* Bericht zum Schweizer Autokaufverhalten Nr. 15. ETH-Zürich.

Hermann, C. (2010a): *Ganzheitliches Life Cycle Management*. Springer, Berlin Heidelberg. ISBN: 978-3-642-01420-8.

Hermann, C. (2010b): *Kapitel 5 Lebensphasenübergreifende Disziplinen*. doi: 10.1007/978-3-642-01421-5_5.

Hoffman, G. A. (1969): Future electric Automobiles. In: *Technological Forecasting*:S. 173 - 183.

Hofmann, P. (2010): *Hybridfahrzeuge*. Springer, Wien. ISBN: 978-3-211-89190-2.

Höpfner, U., Hanusch, J. und Lambrecht, U. (2009): *Abwrackprämie und Umwelt – eine erste Bilanz*. IFEU.

Hurtig, O. (2013): *Techno-ökonomischer Vergleich des Einsatzes von Strom, SNG und FT-Diesel aus Waldrestholz im Pkw-Bereich*, Fakultät für Maschinenbau, Karlsruher Institut für Technologie (KIT).

IEA (2012): *Energy Technology Perspectives 2012*. International Energy Agency, Paris. ISBN: 978-9-264-17488-7.

IEA (2013): *Hybrid and Electric Vehicles*. Implementing Agreement for co-operation on Hybrid and Electric Vehicle Technologies and Programmes.

IEA/OECD (2000): *Experience curves for energy technology policy*. International Energy Agency.

IFA (2010): *Droht dem Auto-Leasing die „Restwertfalle"?* Institut für Automobilwirtschaft. Presse-information.

Igelspacher, R. (2006): *Methode zur integrierten Bewertung von Prozessketten am Beispiel der Ethanolerzeugung aus Biomasse*, Lehrstuhl für Energiewirtschaft und Anwendungstechnik, TU München.

IHK (2013): *Energie- und Stromsteuer, Ermäßigungen für das produzierende Gewerbe*. Merkblatt. Industrie- und Handelskammer Ulm.

imug (2011): *Ergebnisse der Untersuchung*. Conjoint-Analyse im Aufrtrag der Daimler AG.

infas und DLR (2008): *Mobilität in Deutschland 2008*. Ergebnisbericht.

IPCC (2013a): *Fünfter Sachstandsbericht des IPCC*. Teilbericht 1 (Wissenschaftliche Grundlagen).

IPCC (2013b): Über IPCC (Intergovernmental Panel on Climate Change). url: http://www.de-ipcc.de /de/119.php, zuletzt zugegriffen am 03.10.2013.

ISO (2013): ISO 14000 - Environmental management. url: http://www.iso.org/iso/home/standards/ management-standards/iso14000.htm, zuletzt zugegriffen am 24.04.2013.

Israel, F. (2012): *TECK Praxisbericht*. Programmieren einer Software zur ganzheitlichen Bewertung von Fahrzeugtechnologien. Hochschule Esslingen.

IVT (2004): *Anhang Fahrleistungserhebung 2002*. Teil: Begleitung und Auswertung. Band 1: Inländerfahrleistung 2002.

Jarass, J., Frenzel, I. und Trommer, S. (2014): Early Adopter der Elektromobilität - Wer sie sind und wie sie fahren In: *Internationales Verkehrswesen* 66 (2):S. 70-72.

JEC (2013): *Tank-to-Wheels (TTW) Report, Version 4*. Joint Research Centre.

JEC (2014a): *WELL-TO-TANK Appendix 4 - Version 4a*. E. Jrc, Concawe. Well-to-Wheels analysis of future automotive fuels and powertrains in the european context.

JEC (2014b): *WELL-TO-WHEELS Report Version 4.a*. JEC - Joint Research Centre - EUCAR - CONCAWE.

Jones, P. D., New, M., Parker, D. E., Martin, S. und Rigor, I. G. (1999): Surface air temperature and its changes over the past 150 years. In: *Reviews of Geophysics* 37,2:S. 173-199.

Jossen, A. und Weydanz, W. (2006): *Moderne Akkumulatoren richtig einsetzen*. www.batterie-buch.de, Leipheim und München. ISBN: 3-9375360-10-9.

JRC (2014a): *WELL-TO-TANK Appendix 1 - Version 4a*. E. Jrc, Concawe. Conversion factors and fuel properties.

JRC (2014b): *WELL-TO-TANK Appendix 4 - Version 4a*. E. Jrc, Concawe. Well-to-Wheels analysis of future automotive fuels and powertrains in the european context.

Kahouli-Brahmi, S. (2008): Technological learning in energy–environment–economy modelling: A survey. In: *Energy Policy* 36 (1):S. 138-162. doi: 10.1016/j.enpol.2007.09.001.

KBA (2012): *Jahresbericht 2012*. Kraftfahrtbundesamt.

KBA (2013a): *Fahrzeugzulassungen (FZ) Neuzulassungen von Kraftfahrzeugen und Kraft-fahrzeuganhängern* Monatsergebnisse Juni.

KBA (2013b): Jahresbilanz der Neuzulassungen 2012. url: http://www.kba.de/nn_125398/DE/Statistik/Fahrzeuge/Neuzulassungen/neuzulassungen__node.html?__nnn=true, zuletzt zugegriffen am 12.07.2013.

KBA (2014): *Bestand an Personenkraftwagen am 1. Januar 2014 gegenüber 1. Januar 2013 nach Segmenten und Modellreihen*. Kraftfahrt-Bundesamt.

KBA (2015a): Bestand an Pkw am 1. Januar 2015 nach ausgewählten Kraftstoffarten. Kraftfahrt-Bundesamt. url: http://www.kba.de/DE/Statistik/Fahrzeuge/Bestand/Umwelt/2014_b_umwelt_dusl_absolut.html?nn=663524, zuletzt zugegriffen am 31.03.2015.

KBA (2015b): *Methodische Erläuterungen zu Statistiken über Fahrzeugzulassungen*. Kraftfahrt-Bundesamt.

KBA (2015c): Neuzulassungen von Pkw im Jahr 2014 nach ausgewählten Kraftstoffarten. url: http://www.kba.de/DE/Statistik/Fahrzeuge/Neuzulassungen/Umwelt/2014_n_umwelt_dusl_absolut.html?nn=652326, zuletzt zugegriffen am 31.03.2015.

Ketterer, B., Karl, U., Möst, D. und Ulrich, S. (2009): *Lithium-Ionen Batterien: Stand der Technik und Anwendungspotenzial in Hybrid-, Plug-In Hybrid- und Elektrofahrzeugen*. Institut für Materialforschung I. F. Karlsruhe,

KiD (2012): *Kraftfahrzeugverkehr in Deutschland 2010*. WVI, IVT, DLR, KBA. Erhebung zum motorisierten Wirtschaftsverkehr in Deutschland 2009/2010

KIT (2012): *Deutsches Mobilitätspanel (MOP)*. Bericht 2011/2012: Alltagsmobilität und Tankbuch. Karlsruher Institut für Technologie (KIT). Institut für Verkehrswesen.

Kley, F. (2011): *Ladeinfrastrukturen für Elektrofahrzeuge*, Fakultät für Wirtschafts-wissenschaften, Karlsruher Instituts für Technologie (KIT).

Kluge, P. D. J., Radtke, D. P., Wallentowitz, P. D. H. und Erdmann, P. D. G. (2006): *Drive - The future of Automotive Power*. McKinsey.

KOM (2011): *Fahrplan für den Übergang zu einer wettbewerbsfähigen CO2-armen Wirtschaft bis 2050*. Europäische Kommision.

Kotler, P. und Bliemel, F. (2001): *Marketing-Management: Analyse, Planung und Verwirklichung*. Schäffer-Poeschel, ISBN: 978-3-791-01689-4.

Kouvaritakis, N., Soria, A. und Isoard, S. (2000): Modelling energy technology dynamics: methodology for adaptive expectations models with learning by doing and learning by searching In: *Int. J. Global Energy Issues* 14:S. 104-115.

KraftStG (2012): *Kraftfahrzeugsteuergesetz (KraftStG)*. zuletzt geändert durch Art. 2 G v. 5.12.2012 I 2431.

Krämer, S. (2007): *Total Cost of Ownership*. VDM Verlag Dr. Müller, Saarbrücken. ISBN: 978-3-836-41933-8.

Kreyenberg, D., Lischke, A., Bergk, F., Duennebeil, F., Heidt, C., Knörr, W., Raksha, T., Schmidt, P., Weindorf, W., Naumann, K., Majer, S. und Müller-Langer, F. (2015): *Erneuerbare Energien im Verkehr- Potenziale und Entwicklungsperspektiven verschiedener erneuerbarer Energieträger und Energieverbrauch der Verkehrsträger*. Studie im Rahmen der Wissenschaftlichen Begleitung, Unterstützung und Beratung des BMVI in den Bereichen Verkehr und Mobilität mit besonderem Fokus auf Kraftstoffen und Antriebstechnologien sowie Energie und Klima.

Kreyenberg, D. und Wind, J. (2012): *Erneuerbare Energien für die Mobilität*. Tagungsband 5. Deutscher Wasserstoff Congress. Berlin, 8. und 9. Mai 2012.

Kreyenberg, D., Wind, J., Devries, J. und Fuljahn, A. (2013): Bewertung des Kundennutzens von Elektrofahrzeugen. In: *ATZ* 01/2013 (Entwicklung - Elektrische Antriebe):S. 42-74.

Kunert, U. und Radke, S. (2012): Personenverkehr in Deutschland – mobil bei hohen Kosten. In: *DIW Wochenbericht* 24:S. 3-13.

Laitko, H., Greif, S. und Parthey, H. (1998): *Wissenschaftsforschung*. BdWi, Marburg. ISBN: 3-924684-85-5.

Latif, M. (2012): *Globale Erwärmung*. UTB, Stuttgart. ISBN: 978-3-825-23586-4.

LBST (2012): *Assessment and documentation of selected aspects of transportation fuel pathways*. Ludwig-Bölkow-Systemtechnik GmbH.

Liebl, J., Lederer, M., Rohde-Brandenburger, K., Biermann, J.-W., Roth, M. und Schäfer, H. (2014): *Energiemanagement im Kraftfahrzeug*. Springer-Verlag, Wiesbaden. ISBN: 978-3-658-04451-0.

Lorenzen, L.-E., Rudzio, H. und Blümel, P. (2006): Die totale Kostenkontrolle. In: *wt Werkstattstechnik online* 7/8:S. 489-494.

Lucas, K. (2006): *Thermodynamik. Die Grundgesetze der Energie- und Stoffumwandlungen*. Springer, Berlin Heidelberg New York. ISBN: 978-3-540-26265-7.

Mauch, W., Corradini, R., Wiesemeyer, K. und Schwentzek, M. (2010): Allokationsmethoden für spezifische CO2-Emissionen von Strom und Wärme aus KWK-Anlagen. In: *Energiewirtschaftliche Tagesfragen* 55. Jg. Heft 9:S. 12-14.

Mayer, T., Kreyenberg, D., Wind, J. und Braun, F. (2012): Feasibility study of 2020 target costs for PEM fuel cells and lithium-ion batteries: A two-factor experience curve approach. In: *International Journal of Hydrogen Energy* 37:S. 14463-14474. doi: 10.1016/j.ijhydene.2012.07.022.

Mehlin, M., Nobis, C., Gühnemann, A., Lambrecht, U., Knörr, W. und Schade, B. (2002): *Flottenverbrauch 2010*. Aktivierung des Reduktionspotentials und Beitrag zum Klimaschutz.

Merki, C. M. (2008): *Verkehrsgeschichte und Mobilität*. UTB, Stuttgart. ISBN: 978-3-825-23025-8.

Miketa, A. und Schrattenholzer, L. (2004): Experiments with a methodology to model the role of R&D expenditures in energy technology learning processes; first results. In: *Energy Policy* 32:S. 1679–1692. doi: 10.1016/S0301-4215(03)00159-9.

Mock, P. (2010): *Entwicklung eines Szenariomodells zur Simulation der zukünftigen Marktanteile und CO2-Emissionen von Kraftfahrzeugen (VECTOR21)*, DLR, Institut für Verbrennungsmotoren und Kraftfahrwesen der Universität Stuttgart, Stuttgart.

Mock, P., German, J., Bandivadekar, A., Riemersma, I., Ligterink, N. und Lambrecht, U. (2013): *From laboratory to road*. A comparison of official and 'real-world' fuel consumption and CO2 values for cars in Europe and the United States. ICCT, TNO, IFEU, SIDEKICK.

Mock, P. und Yang, Z. (2014): *Driving Electrification. A global comparison of fiscal incentive policy for electric vehicles*. The International Council of Clean Transportation (ICCT).

MTZ (2013): 15. Typgenehmigung von Pkw mit elektrifizierten Antrieben. In: *MTZ-Wissen* 74:S. 692-698.

Müller, H. (2012): Staatskosten am Strompreis auf Rekordniveau. Fuldaer Zeitung.

MWV (2004): *Preisbildung am Rohölmarkt*. Saphir Druck + Verlag. Mineralöl-wirtschaftsverband e. V.

MWV (2014a): Zusammensetzung des Verbraucherpreises für Dieselkraftstoff. url: http://www.mwv.de/index.php/daten/statistikenpreise/?loc=2&jahr=2013, zuletzt zugegriffen am 18.03.2014.

MWV (2014b): Zusammensetzung des Verbraucherpreises für Superbenzin (95 Oktan, E5). url: http://www.mwv.de/index.php/daten/statistikenpreise/?loc=1&jahr=2013, zuletzt zugegriffen am 18.03.2014.

Nagel, T., Friedrich, A. und Bächlin, W. (2013): *Luftschadstoffgutachten für die Neugestaltung des Bereichs Döppersberg in Wuppertal*. Ingenieurbüro Lohmeyer GmbH & Co. KG.

Nau, K. (2012): *An Empirical Analysis of Residual Value Risk in Automotive Lease Contracts*, Institut für Financial Management, Universiät Hohenheim.

NEEDS (2008): *Final report on technical data, costs and life cycle inventories of fuel cells*. Project no: 502687.

Niemann, J., Schuh, G., Baessler, E., Eigner, M., Stolz, M., Steinhilper, R., Janusz-Renault, G. und Hieber, M. (2009): *Management des Produktlebenslaufs*. Springer, Berlin.

Nobis, C. und Luley, T. (2005): *Bedeutung und gegenwärtiger Stand von Verkehrsdaten in Deutschland*. DLR.

NPE (2010): *Bericht der AG-2 Batterietechnologie*. Nationale Plattform Elektromobilität.

NPE (2011): *Zweiter Bericht der Nationalen Plattform Elektromobilität*. Nationale Plattform Elektromobilität.

NPE (2013): *Technischer Leitfaden Ladeinfrastruktur*. Nationale Plattform Elektromobilität.

Nykvis, B. und Nilsson, M. (2015): Rapidly falling costs of battery packs for electric vehicles. In: *Nature Climate Change* Vol. 5:S. 329 - 332. doi: 10.1038/nclimate2564.

Ohle, P. (2005): *Marktsegmentierung im Automobilmarkt unter besonderer Berücksichtigung der Milieu-Modelle*. GRIN Verlag, ISBN: 978-3-638-79566-1.

Öko-Institut (2011): *Seltene Erden – Daten & Fakten*. Hintergrundpapier Seltene Erden.

OnStar (2015): Telemetrie Datenbank GM. url: https://www.onstar.com/us/en/home.html, zuletzt zugegriffen am 12.02.2015.

Oppenländer, K. H. (1984): *Patentwesen, technischer Fortschritt und Wettbewerb*. Duncker Humblot, Berlin. ISBN: 978-3-509-00772-5.

Peters, A., Doll, C., Kley, F., Möckel, M., Plötz, P., Sauer, A., Schade, W., Thielmann, A., Wietschel, M. und Zanker, C. (2012): *Konzepte der Elektromobilität und deren Bedeutung für Wirtschaft, Gesellschaft und Umwelt*. TAB Büro für Technikfolgenabschätzung beim deutschen Bundestag.

Piëch, F. (2013): Innovationsmanagement I: Entwicklung, Prozesse, Erfolgsfaktoren. In Vorlesung Innovationsmanagement WS 2013 / 2014. TU Wien.

Pillot, C. (2009): The worldwide rechargeable battery market 2008/2009-2020. In China Industrial Association of Power Sources Meeting. Beijing.

Plötz, P., Gnann, T., Kühn, A. und Wietschel, M. (2013): *Markthochlaufszenarien für Elektrofahrzeuge*. Studie im Auftrag von acatech – Deutsche Akademie der Technikwissenschaften und der Arbeitsgruppe 7 (AG 7) der Nationalen Plattform Elektromobilität (NPE).

Plötz, P., Gnann, T., Wietschel, M. und Ullrich, S. (2015): How to foster electric vehicle market penetration? – A model based assessment of policy measures and external factors. In: *ECEE Summer Study Procedings*:S. 843-853.

Plötz, P., Schneider, U., Globisch, J. und Dütschke, E. (2014): Who will buy electric vehicles? Identifying early adopters in Germany. In: *Transportation Research Part A: Policy and Practice* 67:S. 96-109. doi: 10.1016/j.tra.2014.06.006.

Pourabdollah, M. (2015): *Optimization of Plug-in Hybrid Electric Vehicles*. Chalmers University of Technology, Göteborg. ISBN: 978-9-175-97149-0.

Prein, G., Kluge, S. und Kelle, U.(1994): *Strategien zur Sicherung von Repräsentativität und Stichprobenvalidität bei kleinen Samples*. Arbeitspapier Nr. 18. Universität Bremen. Sonderforschungsbereich 186.

Prior, J., Landau, M. und Choukri-Benzaoui, S. (2013): *Messen, Bewerten, Verbessern der Weg zu effizienter Ladeinfrastruktur „TeBALE"*. Fraunhofer-Institut für Windenergie und Energiesystemtechnik (IWES), Kassel.

Proff, H., Fojcik, T. M. und Sandau, J. (2014): *Management des Übergangs in die Elektromobilität: Radikales Umdenken bei tiefgreifenden technologischen Veränderungen*. Springer Fachmedien Wiesbaden, ISBN: 978-3-658-05143-3.

Propfe, B., Kreyenberg, D., Wind, J. und Schmid, S. (2013): Market penetration analysis of electric vehicles in the German passenger car market towards 2030. In: *International Journal of Hydrogen Energy* 38 (13):S. 5201-5208. doi: 10.1016/j.ijhydene.2013.02.049.

Propfe, B., Redelbach, M., Santini, D. J. und Friedrich, H. (2012): *Cost analysis of Plug-in Hybrid Electric Vehicles including Maintenance & Repair Costs and Resale Values*. EVS26 International Battery, Hybrid and Fuel Cell Electric Vehicle Symposium.

Propfe, B. und Schmid, S. (2011): Customer Suitability of Electric Vehicles based on Battery-state-of-charge Analysis. In International Advanced Mobility Forum (IAMF). Genf, Schweiz.

PWC, F.-F., Fraunhofer-LBF (2012): *Elektromobilität – Normen bringen die Zukunft in Fahrt*. Herausgegeben vom DIN Deutsches Institut für Normung e.V.

Redelbach, M. (2012): *Analyse der Fahrleistung und Flottenzusammensetzung im deutschen PKW-Markt*. DLR Analyse.

Redelbach, M., Özdemir, E. D. und Friedrich, H. E. (2014): Optimizing battery sizes of plug-in hybrid and extended range electric vehicles for different user types. In: *Energy Policy* 73:S. 158-168. doi: 10.1016/j.enpol.2014.05.052.

Reif, K., Noreikat, K. E. und Borgeest, K. (2012): *Kraftfahrzeug-Hybridantriebe. Grundlagen, Komponenten, Systeme, Anwendungen*. Springer Vieweg, Wiesbaden. ISBN: 978-3-834-82050-1.

Renault (2011): *Fluence and Fluence Z.E.* Life Cycle Assessment.

Ritthoff, M. und Schallaböck, K. O. (2012): *Ökobilanzierung der Elektromobilität Themen und Stand der Forschung*. Teilbericht im Rahmen der Umweltbegleitforschung Elektromobilität im Förderschwerpunkt „Modellregionen Elektromobilität".

Rogers, C. (2015): Resale Prices Tumble on Electric Cars. The Wall Street Journal. url: http://www.wsj.com/articles/resale-prices-tumble-on-electric-cars-1424977378, zuletzt zugegriffen am 25.06.2015.

Rudolph, C. (2015): *Einfluss von Anreizsystemen zur Förderung alternativer Antriebe auf Kaufentscheidungen und Verkehrsverhalten*. Dissertation. Institut für Verkehrsplanung und Logistik. TU Hamburg-Harburg.

SAE (2010): *J2841 Sept 2010*. Utility Factor Definitions for Plug-In Hybrid Electric Vehicles Using 2001 U.S. DOT National Houshold Travel Survey Data.

Sammer, G., Meth, D. und Gruber, C. J. (2008): Elektromobilität – Die Sicht der Nutzer. In: *e & i Elektrotechnik und Informationstechnik* 125 (11):S. 393-400. doi: 10.1007/s00502-008-0581-5.

Sammer, K. (2007): *Der Einfluss von Ökolabelling auf die Kaufentscheidung - Evaluation der Schweizer Energieetikette mittels Discrete-Choice-Experimenten*. Dissertation der Universität St.Gallen, Hochschule für Wirtschafts-, Rechts- und Sozialwissenschaften (HSG).

Sauer, A. und Thielmann, D. A. (2013): *Energiespeicher-Monitoring für die Elektromobilität (EMOTOR)*. Fraunhofer ISI.

Sawtooth (2009): *The CBC/HB System for Hierarchical Bayes Estimation Version 5.0 Technical Paper*. www.sawtoothsoftware.com.

Sawtooth (2012): CBC - Sawtooth Software url: https://www.youtube.com/watch?v=9_EkVOZYFNA, zuletzt zugegriffen am 11.03.2015.

Schachtschneider, U. (2013): *Verteilungswirkungen ökonomischer Instrumente zur Steuerung der Energiewende*. Im Auftrag der Rosa-Luxemburg-Stiftung Berlin.

Schäppi, B., Andreasen, M. M., Kirchgeorg, M. und Rademacher, F.-J. (2005): *Handbuch Produktentwicklung*. Hanser, München. ISBN: 978-3-446-22838-2.

Schmoch, U., Grupp, H., Mannsbart, W. und Schwitalla, B. (1988): *Technikprognosen mit Patentindikatoren. Zur Einschätzung zukünftiger industrieller Entwicklungen bei Industrierobotern, Lasern, Solargeneratoren und immobilisierten Enzymen*. TÜV Rheinland, Köln. ISBN: 3-88585-492-9.

Schühle, F. (2014): *Die Marktdurchdringung der Elektromobilität in Deutschland: Eine Akzeptanz-und Absatzprognose*. Rainer Hampp Verlag, ISBN: 978-3-957-10100-6.

Schwacke (2014): Alternativ angetriebene Fahrzeuge in Europa. url: http://www.schwackepro.de/marktzahlen-und-studien/alternativ-angetriebene-fahrzeuge-in-europa, zuletzt zugegriffen am 07.03.2014.

Schwarzer, C. M. (2013): Deutschland bestraft das Elektroauto. url: http://www.zeit.de/mobilitaet/2013-10/elektroauto-subventionen-vergleich, zuletzt zugegriffen am 18.11.2013.

Sentker, A. (2012): Ein Sack voller Pläne. url: http://www.zeit.de/2012/05/Interview-Vogel, zuletzt zugegriffen am 11.03.2013.

Soderholm, P. und Sundqvist, T. (2007): Empirical challenges in the use of learning curves for assessing the economic prospects of renewable energy technologies☆. In: *Renewable Energy* 32 (15):S. 2559-2578. doi: 10.1016/j.renene.2006.12.007.

Stadler, K. (1993): Conjoint Measurement. In: *Planung und Analyse* 20/4:S. 32-38.

Stan, C. (2008): *Alternative Antriebe für Automobile*. Springer, Berlin Heidelberg. ISBN: 978-3-540-76372-7.

Statistisches Bundesamt (2009): *Energie auf einen Blick - Energieverbrauch Deutschland*. DESTATIS.

Statistisches Bundesamt (2013): *Verkehr auf einen Blick*. DESTATIS.

Stenner, F. (2010): *Handbuch Automobilbanken*. Springer, Berlin Heidelberg. ISBN: 978-3-642-01581-6.

Stenner, F. (2012): Das große Rechnen. In: *Automotive Agenda*:S. 71-73.

Stolzenburg, K., Hamelmann, R., Wietschel, M., Genoese, F., Michaelis, J., Lehmann, J., Miege, A., Stephan Krause, Sponholz, C., Donadei, S., Crotogino, F., Acht, A. und Horvath, P.-L. (2014): *Integration von Wind-Wasserstoff-Systemen in das Energiesystem*. Nationalen Organisation Wasserstoff- und Brennstoff-zellentechnologie (NOW).

StromStG (2012): *Stromsteuergesetz (StromStG)*. Zuletzt geändert durch Art. 2 G v. 5.12.2012 I 2436, 2725.

Struwe, R. (2010): *Kundenpräferenzen im Spannungsfeld technologischer, wirtschaftlicher und gesellschaftlicher Herausforderungen - am Anbeginn einer Zeitwende in der Automobilindustrie*. Universität Oldenburg, Logos Verlag Berlin GmbH. ISBN: 978-3-832-52873-7.

Stubinitzky, A. (2009): *Ökoeffizienzanalyse technischer Pfade für die regenerative Bereitstellung von Wasserstoff als Kraftstoff*. VDI-Verlag, Düsseldorf. ISBN: 978-3-183-58806-0.

Suck, G. und Spengler, C. (2014): Lösungen für das Wärmemanagement von Batteriefahrzeugen. In: *ATZ* 116.:S. 12-19.

TEHG (2011): *Gesetz über den Handel mit Berechtigungen zur Emission von Treibhausgasen*. Zuletzt geändert durch Art. 1 G v. 15.7.2013 I 2431. Treibhausgas-Emissions-handelsgesetz - TEHG.

Teichert, T. (2001): *Nutzenschätzung in Conjoint-Analysen: Theoretische Fundierung und empirische Aussagekraft*. Deutscher Universitätsverlag, ISBN: 978-3-824-49058-5.

Thöne, M., Diekmann, L., Gerhards, E., Klinski, S., Meyer, B. und Schmidt, S. (2011): *Steuerliche Behandlung von Firmenwagen in Deutschland*. FiFo Institute for Public Economics.

TNO, AEA, CE-Delft, Ökopol, TML, Ricardo und IHS-Global-Insight (2011): *Support for the revision of Regulation (EC) No 443/2009 on CO2 emissions from cars*. Final report.

TRL (2009): *A reference book of driving cycles for use in the measurement of road vehicle emissions*. Published Project Report PPR354.

Trommer, S. (2014): *Early Adopter der Elektromobilität - Motivation, Nutzungsverhalten und Anforderungen an zukünftige Fahrzeuge*. 9. Dortmunder AutoTag. Deutsches Zentrum für Luft- und Raumfahrt. Institut für Verkehrsforschung, Berlin.

Turrentine, T. und Garas, D. M. (2014): *Regional Trends in Electromobility*. Regional study North America – STROM. PH&EV Research Center.University of California, Davis.

TÜV-Süd (2010): *Reichweitenermittlung von Elektrofahrzeugen*. www.tuev-sued.de/automotive.

UBA (1999): *Bewertung in Ökobilanzen*. Methode des Umweltbundesamtes zur Normierung von Wirkungsindikatoren, Ordnung (Rangbildung) von Wirkungskategorien und zur Auswertung nach ISO 14042 und 14043 (Version ´99).

UBA (2000): *Hintergrundpapier „Handreichung Bewertung in Ökobilanzen"*. Umwelt-bundesamt.

UBA (2011): *Häufig gestellte Fragen zum Thema Stickstoffoxide (NOx)*. Umweltbundesamt.

UBA (2013): *Entwicklung der spezifischen Kohlendioxid-Emissionen des deutschen Strommix in den Jahren 1990 bis 2012*. Umweltbundesamt.

UBA (2014): *Umweltauswirkungen von Fracking bei der Aufsuchung und Gewinnung von Erdgas insbesondere aus Schiefergaslagerstätten*. Umweltbundesamt.

UN/ECE (2010): *ECE-R 101*. E/ECE/324-E/ECE/TRANS/505/Rev.2/Add.100/Rev.2.

UN/ECE (2012): R 101. Messung CO2-Emissionen und Kraftstoffverbrauch. url: http://www.unece.org/trans/main/wp29/wp29wgs/wp29gen/wp29fdocstts.html, zuletzt zugegriffen am 12.01.2015.

UNO (2012): DHC-12th session. url: http://www.unece.org/trans/main/wp29/wp29wgs/wp29grpe/wltp_dhc12.html, zuletzt zugegriffen am 18.12.2014.

VDA (2013): *Jahresbericht 2013*. Verband der Automobilindustrie e. V.

VDMA (2014): *Roadmap Batterie-Produktionsmittel 2030*. VDMA, RWTH Aachen, Fraunhofer ISI.

VoltStats (2015): Group Management. url: http://www.voltstats.net/, zuletzt zugegriffen am 12.02.2015.

VW (2010): *Umweltprädikat – Hintergrundbericht*. Volkswagen AG.

Wachter, N. (2006): *Kundenwert aus Kundensicht*. Deutscher Universitäts-Verlag, Wiesbaden. ISBN: 978-3-835-00447-4.

Wallentowitz, H., Freialdenhoven, A. und Olschewski, I. (2010): *Strategien zur Elektrifizierung des Antriebstranges*. Vieweg+Teubner, Wiesbaden. ISBN: 978-3-834-80847-9.

Wansert, J. (2012): *Analyse von Strategien der Automobilindustrie zur Reduktion von CO2-Flottenemissionen und zur Markteinführung alternativer Antriebe*. TU Braunschweig, Berlin. ISBN: 978-3-8349-4498-6.

Wenzl, H. (2007): *Korrosion - Degradation*. Institut für Energietechnik. TU Clausthal.

Wietschel, M. und Bünger, U. (2010): *Vergleich von Strom und Wasserstoff als CO2-freie Endenergieträger*. Fraunhofer-Institut für System- und Innovationsforschung. Ludwig-Bölkow-Systemtechnik GmbH. Studie im Auftrag der RWE AG. Karlsruhe.

Wietschel, M., Dütschke, E., Funke, S., Peters, A., Plötz, P. und Schneider, U. (2012): *Kaufpotenzial für Elektrofahrzeuge bei sogenannten „Early Adoptern"*. Fraunhofer-Institut für System- und Innovationsforschung (ISI) und IREES GmbH Institut für Ressourceneffizienz und Energiestrategien.

Wild, M. und Herges, S. (2000): Total Cost of Ownership (TCO) - Ein Überblick. In Lehrstuhl für allgemeine BWL und Wirtschaftsinformatik. Mainz: Universität Mainz.

Wiwo (2013): Mobilität: Der aufwendige Weg zum BMW Elektroauto i3. Wirtschaftswoche. url: http://green.wiwo.de/mobilitat-der-aufwendige-weg-zum-bmw-elektroauto-i3/, zuletzt zugegriffen am 15.04.2015.

Wright, T. P. (1936): Factors Affecting the Cost of Airplanes. In: *Journal of Aeronautical Sciences* 3:S. 122-128.

Wynstra, F. und Hurkens, K. (2005): *Total Cost and Total Value of Ownership*. Springer, Rotterdam.

Yoshio, M., Brodd, R. und Kozawa, A. (2009): *Lithium-Ion batteries*. Springer Science+Business Media, New York.

Zahoransky, R. A. (2007): *Energietechnik - Systeme zur Energieumwandlung*. Vieweg, Wiesbaden. ISBN: 978-3-834-80215-6.

Ziesing, H.-J., Görgen, R., Maaßen, U. und Nickel, M. (2012): *Energie in Zahlen: Arbeit und Leistungen der AG Energiebilanzen*. AGEB AG Energiebilanzen e.V.